稳就业 惠民生 促发展

——职业技能提升行动成果集

人力资源社会保障部职业能力建设司　组织编写

中国劳动社会保障出版社

图书在版编目（CIP）数据

稳就业　惠民生　促发展：职业技能提升行动成果集 / 人力资源社会保障部职业能力建设司组织编写 . -- 北京：中国劳动社会保障出版社，2022

ISBN 978-7-5167-5377-4

Ⅰ. ①稳…　Ⅱ. ①人…　Ⅲ. ①职业技术教育 - 教育研究　Ⅳ. ① G710

中国版本图书馆 CIP 数据核字（2022）第 100357 号

中国劳动社会保障出版社出版发行

（北京市惠新东街 1 号　邮政编码：100029）

*

北京市艺辉印刷有限公司印刷装订　新华书店经销

880 毫米 × 1230 毫米　16 开本　23 印张　356 千字

2022 年 6 月第 1 版　2022 年 6 月第 1 次印刷

定价：68.00 元

读者服务部电话：（010）64929211/84209101/64921644

营销中心电话：（010）64962347

出版社网址：http://www.class.com.cn

前　言

技能人才是中国制造、中国创造的重要支撑，是提高企业竞争能力、推动产业转型升级的重要基础，是实现高质量和更充分就业的重要保障。

党中央、国务院高度重视职业技能培训工作。2019 年，习近平总书记作出重要批示，要求“大规模开展职业技能培训，加快培养大批高素质劳动者和技术技能人才”。李克强总理在《政府工作报告》中明确提出“实施职业技能提升行动”，国务院办公厅印发《职业技能提升行动方案（2019—2021 年）》，要求三年共开展各类补贴性职业技能培训 5 000 万人次以上。

人力资源社会保障部会同财政部等部门认真贯彻落实党中央、国务院决策部署，指导各地全力推进职业技能提升行动，3 年共使用资金 1 000 多亿元，开展补贴性职业技能培训 8 300 多万人次、以工代训 3 600 多万人，为有效提高劳动者技能素质、稳定和扩大就业提供了有力支撑。

三年来，在国务院就业工作领导小组框架下，各地不断健全工作协调机制，地方政府切实承担主体责任，形成省级统筹、部门参与、市县组织实施的工作体系。各级人力资源社会保障部门制定出台技能人才培养、评价、使用等政策，形成上下联动、左右链接的“1+N”政策框架体系。会同发展改革、财政、教育、工业和信息化、退役军人、应急、原扶贫办及工青妇等 21 个部门协同推进，形成各方面齐抓共管、联动发力的工作格局。

为进一步总结经验和宣传工作成果，组织实施好“十四五”职业技能培训规划，我们整理出版了《稳就业　惠民生　促发展——职业技能提升行动成果集》，摘录了习近平总书记重要指示，汇集了国务院部署推进文件以及部门推动、各省（区、市）、地方部署实施的经验亮点材料，供各地参考学习。

本书的编制工作得到了各级人力资源社会保障部门、各有关部门和企业的大力支持，以及李荣生、张宗辉、崔秋立、黄景荣、郭昕文等专家的指导和大力帮助，在此一并表示诚挚感谢！

目 录

习近平总书记重要指示

国务院部署推进

成效评估

专项文件

部门推动

省级实践

市县实施

习近平总书记重要指示

习近平总书记关于做好“六稳”工作落实“六保”任务的重要指示

做好“六稳”工作、落实“六保”任务至关重要。“六保”是我们应对各种风险挑战的重要保证。要全面强化稳就业举措，强化困难群众基本生活保障，帮扶中小微企业渡过难关，做到粮食生产稳字当头、煤电油气安全稳定供应，保产业链供应链稳定，保障基层公共服务。同时，要在“稳”和“保”的基础上积极进取。

——2020 年 5 月 23 日，看望参加全国政协十三届三次会议的经济界委员时的讲话

要出台更多鼓励就业创业的措施，重点解决好高校毕业生、退役军人、下岗职工、农民工、返乡人员等重点人群的就业问题。

——2019 年 9 月 18 日，在河南考察时的讲话

要对就业困难人员及时提供就业指导和技能培训，确保他们就业有门路、生活有保障。

——2019 年 5 月 22 日，在江西考察时的讲话

要坚持就业优先战略，把解决人民群众就业问题放在更加突出的位置，努力创造更多就业岗位。

——2019 年 2 月 1 日春节前夕，在北京看望慰问基层干部群众时的讲话

习近平总书记对技能人才工作作出重要指示

中共中央总书记、国家主席、中央军委主席习近平2019年9月对我国技能选手在第45届世界技能大赛上取得佳绩作出重要指示，强调劳动者素质对一个国家、一个民族发展至关重要。技术工人队伍是支撑中国制造、中国创造的重要基础，对推动经济高质量发展具有重要作用。要健全技能人才培养、使用、评价、激励制度，大力发展技工教育，大规模开展职业技能培训，加快培养大批高素质劳动者和技术技能人才。要在全社会弘扬精益求精的工匠精神，激励广大青年走技能成才、技能报国之路。

国务院部署推进

李克强总理对部署推进职业技能提升行动电视电话会议作出批示

部署推进职业技能提升行动电视电话会议于 2019 年 5 月 23 日在京召开。会议深入学习贯彻习近平总书记重要指示精神，认真落实李克强总理重要批示要求，对职业技能提升行动进行安排部署，进一步推动做好职业技能培训工作。

中共中央政治局常委、国务院总理李克强作出重要批示。批示指出：开展大规模职业技能培训，是提升劳动者就业创业能力、缓解结构性就业矛盾、促进扩大就业的重要举措，是经济迈向高质量发展的重要支撑。要坚持以习近平新时代中国特色社会主义思想为指导，认真贯彻党中央、国务院决策部署，围绕落实好就业优先政策、促进比较充分的就业，用好 1 000 亿元失业保险基金和其他培训资金，扎实高效实施职业技能提升行动。适应经济转型升级需要和市场需求，完善培训内容，提高培训质量，为企业在岗职工、困难企业转岗职工、就业重点群体和贫困劳动力等提供更有针对性的技能培训服务，加大高危行业从业人员安全技能培训力度。进一步深化职业技能培训领域“放管服”改革，尊重规律，充分调动企业、职业院校和社会培训机构等参与培训的积极性，强化培训资金监管，提高使用效率，努力推进建设知识型、技能型、创新型劳动者大军，为促进经济持续健康发展和就业稳定作出新贡献！

胡春华副总理出席部署推进职业技能提升行动电视电话会议并讲话

部署推进职业技能提升行动电视电话会议于 2019 年 5 月 23 日在京召开。中共中央政治局委员、国务院就业工作领导小组组长胡春华出席会议并讲话。他强调，开展大规模职业技能培训，根本目的是要提高劳动者的职业技能、职业素质和就业创业能力。分析 2019 年的就业形势，首先要着眼于把职工稳定在岗位上，加强在岗培训，防止把待岗转岗职工推向社会。要把无技能和技能不足群体作为培训重点，切实加大帮扶力度。要努力调动各类培训机构的积极性和主动性，形成踊跃参与的良好局面。要坚持以市场为导向，以满足劳动者就业需求、企业用人需求为目标，针对不同就业群体精心设计培训内容。要切实做好培训组织工作，完善培训资源市场配置、劳动者按需选择、政府激励引导和监管服务的工作机制，加快建立社会化、市场化的职业技能培训评价体系。

国务院办公厅关于印发职业技能提升行动方案（2019—2021年）的通知

国办发〔2019〕24号

各省、自治区、直辖市人民政府，国务院各部委、各直属机构：

《职业技能提升行动方案（2019—2021年）》已经国务院同意，现印发给你们，请认真贯彻执行。

国务院办公厅

2019年5月18日

职业技能提升行动方案（2019—2021年）

扫一扫

为贯彻落实党中央、国务院决策部署，实施职业技能提升行动，制定以下方案。

一、总体要求和目标任务

（一）总体要求。以习近平新时代中国特色社会主义思想为指导，全面贯彻党的十九大和十九届二中、三中全会精神，把职业技能培训作为保持就业稳定、缓解结构性就业矛盾的关键举措，作为经济转型升级和高质量发展的重要支撑。坚持需求导向，服务经济社会发展，适应人民群众就业创业需要，大力推行终身职业技能培训制度，面向职工、就业重点群体、建档立卡贫困劳动力（以下简称贫困劳动力）等城乡各类劳动者，大规模开展职业技能培训，加快建设知识型、技能型、创新型劳动者大军。

（二）目标任务。2019年至2021年，持续开展职业技能提升行动，提高培训针对性实效性，全面提升劳动者职业技能水平和就业创业能力。三年共开展各类补贴性职业技能培训5 000万人次以上，其中2019年培训1 500万人次以上；经过努力，到2021年底技能劳动者占就业人员总量的比例达到25%以上，高技能人才占技能劳动者的比例达到30%以上。

二、对职工等重点群体开展有针对性的职业技能培训

（三）大力开展企业职工技能提升和转岗转业培训。企业需制定职工培训计划，开展适应岗位需求和发展需要的技能培训，广泛组织岗前培训、在岗培训、脱产培训，开展岗位练兵、技能竞赛、在线学习等活动，大力开展高技能人才培训，组织实施高技能领军人才和产业紧缺人才境外培训。发挥行业、龙头企业和培训机构作用，引导帮助中小微企业开展职工培训。实施高危行业领域安全技能提升行动计划，化工、矿山等高危行业企业要组织从业人员和各类特种作业人员普遍开展安全技能培训，严格执行从业人员安全技能培训合格后上岗制度。支持帮助困难企业开展转岗转业培训。在全国各类企业全面推行企业新型学徒制、现代学徒制培训，三年培训100万新型学徒。推进产教融合、校企合作，实现学校培养与企业用人的有效衔接。鼓励企业与参训职工协商一致灵活调整工作时间，保障职工参训期间应有的工资福利待遇。

（四）对就业重点群体开展职业技能提升培训和创业培训。面向农村转移就业劳动者特别是新生代农民工、城乡未继续升学初高中毕业生（以下称“两后生”）等青年、下岗失业人员、退役军人、就业困难人员（含残疾人），持续实施农民工“春潮行动”“求学圆梦行动”、新生代农民工职业技能提升计划和返乡创业培训计划以及劳动预备培训、就业技能培训、职业技能提升培训等专项培训，全面提升职业技能和就业创业能力。对有创业愿望的开展创业培训，加强创业培训项目开发、创业担保贷款、后续扶持等服务。围绕乡村振兴战略，实施新型职业农民培育工程和农村实用人才带头人素质提升计划，开展职业农民技能培训。

（五）加大贫困劳动力和贫困家庭子女技能扶贫工作力度。聚焦贫困地区特别是“三区三州”等深度贫困地区，鼓励通过项目制购买服务等方式为贫困劳动力提供免费职业技能培训，并在培训期间按规定通过就业补助资金给予生活费（含交通费，下同）补

贴，不断提高参训贫困人员占贫困劳动力比重。持续推进东西部扶贫协作框架下职业教育、职业技能培训帮扶和贫困村创业致富带头人培训。深入推进技能脱贫千校行动和深度贫困地区技能扶贫行动，对接受技工教育的贫困家庭学生，按规定落实中等职业教育国家助学金和免学费等政策；对子女接受技工教育的贫困家庭，按政策给予补助。

三、激发培训主体积极性，有效增加培训供给

（六）支持企业兴办职业技能培训。支持各类企业特别是规模以上企业或者吸纳就业人数较多的企业设立职工培训中心，鼓励企业与职业院校（含技工院校，下同）共建实训中心、教学工厂等，积极建设培育一批产教融合型企业。企业举办或参与举办职业院校的，各级政府可按规定根据毕业生就业人数或培训实训人数给予支持。支持企业设立高技能人才培训基地和技能大师工作室，企业可通过职工教育经费提供相应的资金支持，政府按规定通过就业补助资金给予补助。支持高危企业集中的地区建设安全生产和技能实训基地。

（七）推动职业院校扩大培训规模。支持职业院校开展补贴性培训，扩大面向职工、就业重点群体和贫困劳动力的培训规模。在院校启动“学历证书＋若干职业技能等级证书”制度试点工作，按《国务院关于印发国家职业教育改革实施方案的通知》（国发〔2019〕4号）规定执行。在核定职业院校绩效工资总量时，可向承担职业技能培训工作的单位倾斜。允许职业院校将一定比例的培训收入纳入学校公用经费，学校培训工作量可按一定比例折算成全日制学生培养工作量。职业院校在内部分配时，应向承担职业技能培训工作的一线教师倾斜，保障其合理待遇。

（八）鼓励支持社会培训和评价机构开展职业技能培训和评价工作。不断培育发展壮大社会培训和评价机构，支持培训和评价机构建立同业交流平台，促进行业发展，加强行业自律。民办职业培训和评价机构在政府购买服务、校企合作、实训基地建设等方面与公办同类机构享受同等待遇。

（九）创新培训内容。加强职业技能、通用职业素质和求职能力等综合性培训，将职业道德、职业规范、工匠精神、质量意识、法律意识和相关法律法规、安全环保和健康卫生、就业指导等内容贯穿职业技能培训全过程。坚持需求导向，围绕市场急需紧缺

职业开展家政、养老服务、托幼、保安、电商、汽修、电工、妇女手工等就业技能培训；围绕促进创业开展经营管理、品牌建设、市场拓展、风险防控等创业指导培训；围绕经济社会发展开展先进制造业、战略性新兴产业、现代服务业以及循环农业、智慧农业、智能建筑、智慧城市建设等新产业培训；加大人工智能、云计算、大数据等新职业新技能培训力度。

（十）加强职业技能培训基础能力建设。有条件的地区可对企业、院校、培训机构的实训设施设备升级改造予以支持。支持建设产教融合实训基地和公共实训基地，加强职业训练院建设，积极推进职业技能培训资源共建共享。大力推广“工学一体化”“职业培训包”“互联网+”等先进培训方式，鼓励建设互联网培训平台。加强师资建设，职业院校和培训机构实行专兼职教师制度，可按规定自主招聘企业技能人才任教。加快职业技能培训教材开发，规范管理，提高教材质量。完善培训统计工作，实施补贴性培训实名制信息管理，探索建立劳动者职业培训电子档案，实现培训评价信息与就业社保信息联通共享，提供培训就业一体化服务。

四、完善职业培训补贴政策，加强政府引导激励

（十一）落实职业培训补贴政策。对贫困家庭子女、贫困劳动力、“两后生”、农村转移就业劳动者、下岗失业人员和转岗职工、退役军人、残疾人开展免费职业技能培训行动，对高校毕业生和企业职工按规定给予职业培训补贴。对贫困劳动力、就业困难人员、零就业家庭成员、“两后生”中的农村学员和城市低保家庭学员，在培训期间按规定通过就业补助资金同时给予生活费补贴。符合条件的企业职工参加岗前培训、安全技能培训、转岗转业培训或初级工、中级工、高级工、技师、高级技师培训，按规定给予职业培训补贴或参保职工技能提升补贴。职工参加企业新型学徒制培训的，给予企业每人每年4 000元以上的职业培训补贴，由企业自主用于学徒培训工作。企业、农民专业合作社和扶贫车间等各类生产经营主体吸纳贫困劳动力就业并开展以工代训，以及参保企业吸纳就业困难人员、零就业家庭成员就业并开展以工代训的，给予一定期限的职业培训补贴，最长不超过6个月。

（十二）支持地方调整完善职业培训补贴政策。符合条件的劳动者在户籍地、常住

地、求职就业地参加培训后取得证书（职业资格证书、职业技能等级证书、专项职业能力证书、特种作业操作证书、培训合格证书等）的，按规定给予职业培训补贴，原则上每人每年可享受不超过 3 次，但同一职业同一等级不可重复享受。省级人力资源社会保障部门、财政部门可在规定的原则下结合实际调整享受职业培训补贴、生活费补贴人员范围和条件要求，可将确有培训需求、不具有按月领取养老金资格的人员纳入政策范围。市（地）以上人力资源社会保障部门、财政部门可在规定的原则下结合实际确定职业培训补贴标准。县级以上政府可对有关部门各类培训资金和项目进行整合，解决资金渠道和使用管理分散问题。对企业开展培训或者培训机构开展项目制培训的，可先行拨付一定比例的培训补贴资金，具体比例由各省（区、市）根据实际情况确定。各地可对贫困劳动力、去产能失业人员、退役军人等群体开展项目制培训。

（十三）加大资金支持力度。地方各级政府要加大资金支持和筹集整合力度，将一定比例的就业补助资金、地方人才经费和行业产业发展经费中用于职业技能培训的资金，以及从失业保险基金结余中拿出的 1 000 亿元，统筹用于职业技能提升行动。各地拟用于职业技能提升行动的失业保险基金结余在社会保障基金财政专户中单独建立“职业技能提升行动专账”，用于职工等人员职业技能培训，实行分账核算、专款专用，具体筹集办法由财政部、人力资源社会保障部另行制定。企业要按有关规定足额提取和使用职工教育经费，其中 60% 以上用于一线职工培训，可用于企业“师带徒”津贴补助。落实将企业职工教育经费税前扣除限额提高至工资薪金总额 8% 的税收政策。推动企业提取职工教育经费开展自主培训与享受政策开展补贴性培训的有机衔接，探索完善相关机制。有条件的地区可安排经费，对职业技能培训教材开发、师资培训、教学改革以及职业技能竞赛等基础工作给予支持，对培训组织动员工作进行奖补。

（十四）强化资金监督管理。要依法加强资金监管，定期向社会公开资金使用情况，加强监督检查和专项审计工作，加强廉政风险防控，保障资金安全和效益。对以虚假培训等套取、骗取资金的依法依纪严惩，对培训工作中出现的失误和问题要区分不同情况对待，保护工作落实层面干事担当的积极性。

五、加强组织领导，强化保障措施

（十五）强化地方政府工作职责。地方各级政府要把职业技能提升行动作为重要民生工程，切实承担主体责任。省级政府要建立职业技能提升行动工作协调机制，形成省级统筹、部门参与、市县实施的工作格局。各省（区、市）要抓紧制定实施方案，出台政策措施，明确任务目标，进行任务分解，建立工作情况季报、年报制度。市县级政府要制定具体贯彻落实措施。鼓励各地将财政补助资金与培训工作绩效挂钩，加大激励力度，促进扩大培训规模，提升培训质量和层次，确保职业技能提升行动有效开展。

（十六）健全工作机制。在国务院就业工作领导小组框架下，健全职业技能提升行动工作协调机制，充分发挥行业主管部门等各方作用，形成工作合力。人力资源社会保障部门承担政策制定、标准开发、资源整合、培训机构管理、质量监管等职责，制定年度工作计划，分解工作任务，抓好督促落实。发展改革部门要统筹推进职业技能培训基础能力建设。教育部门要组织职业院校承担职业技能培训任务。工业和信息化、住房城乡建设等部门要发挥行业主管部门作用，积极参与培训工作。财政部门要确保就业补助资金等及时足额拨付到位。农业农村部门负责职业农民培训。退役军人事务部门负责协调组织退役军人职业技能培训。应急管理、煤矿安监部门负责指导协调化工、矿山等高危行业领域安全技能培训和特种作业人员安全作业培训。国资监管部门要指导国企开展职业技能培训。其他有关部门和单位要共同做好职业技能培训工作。支持鼓励工会、共青团、妇联等群团组织以及行业协会参与职业技能培训工作。

（十七）提高培训管理服务水平。深化职业技能培训工作“放管服”改革。对补贴性职业技能培训实施目录清单管理，公布培训项目目录、培训和评价机构目录，方便劳动者按需选择。地方可采取公开招投标等方式购买培训服务和评价服务。探索实行信用支付等办法，优化培训补贴支付方式。建立培训补贴网上经办服务平台，有条件的地区可对项目制培训探索培训服务和补贴申领告知承诺制，简化流程，减少证明材料，提高服务效率。加强对培训机构和培训质量的监管，健全培训绩效评估体系，积极支持开展第三方评估。

（十八）推进职业技能培训与评价有机衔接。完善技能人才职业资格评价、职业技能等级认定、专项职业能力考核等多元化评价方式，动态调整职业资格目录，动态发布新职业信息，加快国家职业标准制定修订。建立职业技能等级认定制度，为劳动者提供便利的培训与评价服务。从事准入类职业的劳动者必须经培训合格后方可上岗。推动工程领域高技能人才与工程技术人才职业发展贯通。支持企业按规定自主开展职工职业技能等级评价工作，鼓励企业设立首席技师、特级技师等，提升技能人才职业发展空间。

（十九）加强政策解读和舆论宣传。各地区、各有关部门要加大政策宣传力度，提升政策公众知晓度，帮助企业、培训机构和劳动者熟悉了解、用足用好政策，共同促进职业技能培训工作开展。大力弘扬和培育工匠精神，落实提高技术工人待遇的政策措施，加强技能人才激励表彰工作，积极开展各类职业技能竞赛活动，营造技能成才良好环境。

成效评估

砥砺前行　奋发有为
职业技能提升行动超额完成各项目标任务

党中央、国务院高度重视职业技能培训工作。2019年，习近平总书记作出重要批示，要求“大规模开展职业技能培训，加快培养大批高素质劳动者和技术技能人才”，李克强总理在《政府工作报告》中明确提出“实施职业技能提升行动”，国务院办公厅印发《职业技能提升行动方案（2019—2021年）》。人力资源社会保障等部门认真贯彻落实党中央、国务院决策部署，指导各地全力推进职业技能行动，3年共使用资金1 000多亿元，开展补贴性职业技能培训8 300多万人次、以工代训3 600多万人，为有效提高劳动者技能素质、稳定和扩大就业提供了有力支撑。

三年来，在国务院就业工作领导小组框架下，不断健全工作协调机制，地方政府切实承担主体责任，形成省级统筹、部门参与、市县组织实施的工作体系。2019年重点推动政策落地，全面组织实施；2020年应对疫情，推动实施“互联网＋职业技能培训计划”，以训稳岗助企纾困；2021年强化质量建设，努力实现提质增效。各级人社部门制定出台技能人才培养、评价、使用等政策，形成上下联动、左右链接的“1+N”政策框架体系。会同发展改革、财政、教育、工业和信息化、退役军人、应急、原扶贫办及工青妇等21个部门协同推进，形成各方面齐抓共管、联动发力的工作格局。充分发挥企业主体作用，积极开展岗前、在岗和转岗转业培训，聚焦围绕重大战略、重大项目、重点产业，积极开展装备制造等急需紧缺和“高精尖”高技能人才培训，组织实施安全技能提升行动计划，全面开展中国特色企业新型学徒制培训，制定《提升全民数字技能工作方案》，重点开展人工智能、大数据、云计算等数字技能培训。3年累计培训企业职工3 700多万人次（不含以工代训）、培养企业新型学徒140多万人、培训并取得特种作业和特种设备操作证人员640多万人。聚焦重点群体，坚持“应培尽培、应补尽补”，大规模开展就业技能和创业培训。紧盯农民工、高校毕业生、下岗失业人员、退役军人等群体，组织实施专项培训计划，将培训补贴对象扩大到普通本科高校、中高职院校毕业年度毕业生，3 年累计培训农民工近 3 000 多万人次、高校毕业生 320 多万人次、退役军人 31 多万人次。实施“马兰花”创业培训计划，累计培训 620 多万人次。加强养老护理、家政服务等惠及百姓生活的急需紧缺职业（工种）培训。组织开展长江流域禁捕退捕渔民培训，促进退捕渔民就业。巩固技能脱贫成果，围绕乡村振兴持续开展技能培训。深入推进深度贫困地区技能扶贫行动和技能脱贫千校行动，为贫困劳动力免费培训并给予培训生活费、交通费补贴，对接受职业教育、技工教育的贫困家庭学生，落实助学金和免学费、书本费、学杂费等政策。组织全国扶贫职业技能大赛、全国乡村振兴职业技能大赛。组织开展国家乡村振兴重点帮扶地区职业技能提升工程。3 年累计培训贫困劳动力及贫困家庭子女 710 多万人次。组织抗疫集中攻坚行动，服务“六稳”“六保”，创新实施以工代训，积极开展以工代训，重点支持受疫情影响导致停工停业的中小微企业和住宿餐饮、交通运输等行业企业，拓展政策范围和实施期限。到 2021 年年底，惠及企业 180 多万家。组织实施“互联网 + 职业技能培训计划”，将企业职工线上培训纳入职业技能培训补贴范围。2020 年 3 月到 6 月底，集中组织实施“百日免费线上技能培训行动”，组织在线培训平台为湖北以及深度贫困地区和挂牌督战贫困地区举行专场活动。累计投放课程资源 11 万多个，实名注册学员超过 1 300 万人次。深化“放管服”改革，提升职业技能培训规范管理服务水平。优化培训补贴政策，提高培训资金使用效能。完善补贴方式，针对不同群体，精准施策，建立补贴资金直补企业、培训机构和劳动者个人的机制。推进“两目录一系统”，对补贴性职业技能培训实施目录清单管理，公布培训项目目录、培训和评价机构目录，实施补贴性培训实名制信息管理系统。以电子社保卡为依托，大力推行电子培训券，方便劳动者按需选择。推行“打包办”和“快速办”，建立补贴资金网上申领渠道，提高审核发放效率。开展加强职业技能培训资金管理专项工作，强化资金安全管理、风险防控和监督检查。推进“制度 + 科技”“人防 + 技防”的监管体制，建立覆盖培训资金申领、审核、支付等全过程的监管体系。完善技能人才评价制度，畅通技能人才发展通道。加强新职业开发力度，加大新职业（工种）培训，3 年来发布人工智能工程技术人员、碳排放管理员等 56 项新职业信息，颁布 258 个国家职业标准。完善技能人才评价制度，形成职业资格鉴定、职业技能等级认定、专项职业能力考核等多元化评价方式。全面推行企业技能人才自主评价，支持企业将自主评价结果与人才使用、待遇挂钩，大力推行社会化职业技能等级认定，积极探索建立八级职业技能等级制度，畅通技能劳动者纵向发展通道。加大技工院校改革发展力度，推动工学“一体化”技能人才培养模式。强化职业技能竞赛引领作用，2020 年成功举办全国第一届职业技能大赛。

职业技能提升行动有效提升广大劳动者职业技能水平和就业创业能力，助力实现以训稳岗、以训强企、以训兴业，对于稳市场主体保就业、壮大高技能人才队伍、促进科技创新和高质量发展等发挥了积极作用。一是稳步扩大技能人才总量，不断优化队伍结构。截至 2021 年年底，全国技能劳动者总量超过 2 亿人，占 7.5 亿就业人员的 26%；高技能人才超过 6 000 万，占技能劳动者的 30%，其中高级工 4 700 万人、技师 1 000 万人、高级技师 300 万人。二是释放就业优先政策红利，更好服务稳就业大局。从失业保险基金结余中拿出资金建立专账资金，面向城乡劳动者大规模开展职业技能培训，释放更加积极的就业政策红利，使失业保险受益人群从失业人员向全体职工和就业重点群体扩展。通过提升全体劳动者的就业创业能力，有效缓解就业结构性矛盾，源头上预防失业、减少失业和促进就业。实施以工代训政策，对新吸纳劳动者就业的企业、困难企业和重点行业给予支持，企业留岗人员培训可按规定享受培训补贴，鼓励企业职工在学中干、在干中练，确保就业和用工形势的稳定。三是助力做好疫情防控，助推经济高质量发展和培育壮大新动能。在应对新冠疫情对经济运行带来的冲击和挑战中，职业技能提升行动为稳定宏观经济大盘发挥了应有作用。面向经济主战场和国家发展战略，加大先进制造业、战略性新兴产业、现代服务业以及现代农业等领域高技能人才、能工巧匠培养和开展急需紧缺职业（工种）培训，不断提升企业技术创新能力和企业竞争力。技能培训通过赋能劳动者，增加人力资本积累，提升全要素生产率，推动经济发展从旧动能向新动能转换，培育引领未来经济发展的持久动力。四是技能帮扶有效带动，促进乡村振兴和共同富裕。持续加强重点帮扶地区高技能人才和乡村工匠培养，进一步筑牢防止返贫致贫防线。近 3 年来，在家庭成员享受过就业帮扶政策的 1 390 多万建档立卡户中，参加职业技能培训的 920 多万户，就读技工学校的 47 万多户，一大批贫困劳动力靠一技之长实现就业增收脱贫。贫困劳动力务工规模从 2016 年的 1 500 多万人增长到 2020 年的 3 200 万人，务工收入稳步提高。

下一步，各级人社部门将以习近平新时代中国特色社会主义思想为指导，认真组织落实“十四五”职业技能培训规划，实施失业保险基金支持稳岗和培训，全面推进技能中国行动，开展国家乡村振兴重点帮扶地区职业技能提升工程，实施制造业技能根基工程，继续扩大培训规模和提高培训质量，不断壮大高技能人才队伍，促进科技创新和高质量发展。

国家统计局调查

为了解职业技能提升行动推进情况，2021 年 5 月，国家统计局组织浙江、安徽、江西等 10 个调查总队对相关部门、培训机构和 5 684 名重点培训对象开展走访调研和问卷调查。结果显示：职业技能提升行动的知晓度和参与率较高，参训人员在得到实惠的同时，就业能力得到提升；但政府部门、培训机构、企业三方合力尚未完全发挥，部分群体参加职业技能培训积极性不高等问题待进一步解决。

一是政策知晓率和培训参与率高。调研显示，职业技能培训相关政策知晓度较高，近九成（89.9%）的受访者听说过政府相关政策；75.8% 的受访者表示参加过职业技能培训，其中 38.1% 的受访者为主动参加培训，33.3% 的受访者为人力资源社会保障部门、居（村）委会等推荐参加，23.4% 为企业组织参加。

二是培训补贴助参训人员得实惠。近年来，各地通过发放以工代训补贴、“职业培训券”等方式落实专项资金。参加过技能培训的受访者中，50.8% 的受访者获得了相应的培训补贴，其中 24.7% 的受访者是自行通过相关部门 App 申报获得，13.3% 的受访者是通过企业报销或奖励，12.8% 的受访者通过前往社区、居（村）委会报销；另有 13.6% 的受访者享受了免费培训。

三是培训效果较好。多地根据产业发展和就业需求，制定了符合当地特色的劳动者培训需求目录，技能培训项目的市场匹配度和时效性有所提升。调研显示，九成以上（98.6%）受访参训人员认为技能培训项目与自身需求相符（75.5% 的受访者认为符合，23.1% 的受访者认为基本符合）。75.3% 的受访者认为参加培训对求职选择、职位晋升等发挥很大作用；95.6% 的表示会推荐家人朋友参加培训。

● 人力资源社会保障部人社政策满意度调查

根据人力资源社会保障部对2018—2021年人社政策满意度调查评分情况反映，2018—2021年，职业技能培训政策满意度分别为74.32%、80.41%、81.92%、82.15%，4年增幅10.5%。

专项文件

人力资源社会保障部办公厅　财政部办公厅关于做好职业技能提升行动专账资金使用管理工作的通知

人社厅发〔2019〕117号

扫一扫

各省、自治区、直辖市及新疆生产建设兵团人力资源社会保障厅（局）、财政厅（局）：

为全面贯彻落实《国务院办公厅关于印发职业技能提升行动方案（2019—2021年）的通知》（国办发〔2019〕24号）等文件精神，推动实施职业技能提升行动，现就进一步明确职业技能提升行动专账资金（以下简称专账资金）使用范围和管理有关事项通知如下：

一、关于企业职工培训

（一）各类企业职工（含在企业工作的劳务派遣人员）参加岗前培训、安全技能培训（含特种作业人员、特种设备作业人员）、在岗培训、岗位技能提升培训、转岗转业培训、脱产培训，参加岗位练兵、技能竞赛、在线学习和通用职业素质等综合性培训，参加初级工、中级工、高级工、技师、高级技师培训，按规定给予职业培训补贴。企业组织一线在职职工参加高技能人才、高技能领军人才、产业紧缺人才境外培训，按规定给予职业培训补贴。上述培训补贴不含差旅费、交通费、食宿费、获奖人员奖金和工杂等其他费用。

（二）企业在职职工（含见习期）参加新型学徒制培训的，给予企业每人每年4 000元以上的职业培训补贴。培养成本高和急需紧缺职业（工种）的企业新型学徒制培训，可提高补贴标准。

（三）企业、农民专业合作社和扶贫车间等各类生产经营主体吸纳贫困劳动力就业并开展以工代训，以及参保企业吸纳就业困难人员、零就业家庭成员就业并开展以工代训的，给予一定期限的职业培训补贴，最长不超过6个月。

（四）大力支持受经济影响困难企业、高危行业企业、平台企业（电商企业）以及新业态企业开展就业技能培训、岗位技能提升培训和转岗转业培训，按规定给予职业培训补贴。

二、关于就业重点群体以及贫困劳动力职业技能培训和创业培训

（一）对贫困家庭子女、贫困劳动力、城乡未继续升学初高中毕业生（以下称“两后生”）、农村转移就业劳动者、下岗失业人员和转岗职工、退役军人、残疾人开展免费职业技能培训。对参加贫困村创业致富带头人培训的，按规定给予职业培训补贴。对贫困劳动力、就业困难人员、零就业家庭成员、“两后生”中的农村学员和城市低保家庭学员，在培训期间通过就业补助资金同时给予生活费（含交通费）补贴。

（二）毕业年度高校毕业生和离校2年内未就业高校毕业生（含技师学院）参加职业技能培训和创业培训，按规定给予职业培训补贴。

（三）农民参加新型职业农民培育工程、农村实用人才带头人素质提升和职业农民技能培训等，按规定给予职业培训补贴。

三、关于开展项目制培训

对企业开展培训或者培训机构开展项目制培训的，可先行拨付一定比例的培训补贴资金，具体比例由各省（区、市）财政、人社部门根据实际情况确定。

四、关于调整完善职业培训补贴政策

（一）各地可根据实际情况，提高通用职业素质、求职能力等综合性培训、创业培训、新产业新职业新技能培训和技能含量高、实训耗材量大的培训补贴标准。

（二）符合条件的劳动者在户籍地、常住地、培训地、求职就业地参加培训后取得证书（职业资格证书、职业技能等级证书、专项职业能力证书、特种作业操作证、特种设备作业人员证、培训合格证书等，以下简称证书）的，给予职业培训补贴，原则上每人每年可享受不超过3次（同一职业同一等级一年内不可重复享受）。

（三）对同一职业（工种）同一技能等级通过初次职业技能鉴定并取得证书（不含培训合格证书）的参训人员，给予职业技能鉴定补贴。对纳入重点产业职业资格和职业技能等级认定指导目录的，各地可根据实际情况，适当提高补贴标准。

（四）省级人力资源社会保障部门、财政部门可在规定的原则下，结合实际调整享受职业培训补贴、生活费补贴人员范围和条件要求，可将确有就业能力和培训需求、未按月领取城镇职工基本养老金的人员（年龄不设上限）纳入政策范围。

（五）市（地）以上人力资源社会保障部门、财政部门可在规定的原则下结合实际提高职业培训补贴标准。县级以上政府可对有关部门各类培训资金和项目进行整合，解决资金渠道和使用管理分散问题。

五、其他有关事项

（一）职业技能提升行动期间，优先使用职业技能提升行动专账资金开展各类职业技能培训。根据实际工作情况，各地可对本地专账资金调剂使用，适当向培训需求量大、培训任务重、培训工作好的地区倾斜。建立专账资金与培训工作绩效考核机制，提高资金使用效率。

（二）各地要认真贯彻落实“放管服”改革，进一步精简享受补贴证明材料，简化培训补贴申领程序，优化培训资金管理流程，为各类劳动者享受培训补贴提供“最多跑一次”“一次办好”等便捷服务。

（三）各地要依法加强资金监管，保障专账资金使用安全。对以虚假培训等套取、骗取资金的依法依纪严惩，对培训工作中出现的失误和问题要区分不同情况对待，保护工作落实层面干事担当的积极性。

人力资源社会保障部办公厅

财政部办公厅

2019 年 12 月 25 日

人力资源社会保障部　财政部 关于实施职业技能提升行动“互联网+职业技能培训计划”的通知

扫一扫

人社部发〔2020〕10号

各省、自治区、直辖市及新疆生产建设兵团人力资源社会保障厅（局），财政厅（局）：

为坚决贯彻党中央、国务院决策部署，助力打赢新型冠状病毒感染肺炎疫情防控阻击战，人力资源社会保障部、财政部决定在2020年至2021年实施职业技能提升行动“互联网+职业技能培训计划”，鼓励支持广大劳动者参加线上职业技能培训，现就有关事项通知如下。

一、目标任务

针对新型冠状病毒感染肺炎疫情防控工作要求，立足经济社会发展和就业创业需要，实施“互联网+职业技能培训计划”，大力推进职业技能提升行动。2020年，实现“511”线上培训目标：征集遴选50家以上面向全国的优质线上职业技能培训平台，推出覆盖100个以上职业（工种）的数字培训资源，全年开展100万人次以上的线上职业技能培训；到2021年，健全“互联网+职业技能培训”管理服务工作模式，构建线上培训资源充足、线上线下融合衔接、政策支持保障有力、监管有序到位的工作格局，进一步扩大线上培训规模，提高线上培训质量。

二、工作原则

（一）服务大局，防控第一。各地要从疫情防控大局出发，按照当地党委政府统一部署，因地因时制宜，统筹推进职业技能提升行动。疫情防控期间，暂缓开展线下集中培训，积极开展线上职业技能培训。

（二）免费开放，资源共享。加大线上培训资源供给，疫情防控期间，组织线上平台免费开放培训课程资源，加强线上培训课程开发，推动优质培训资源共享。

（三）分类施策，融合发展。大力推行线上线下结合的培训方式，分类组织实施。对理论知识、通用职业素质、疫病防治与卫生健康等综合性内容以及仿真模拟和技能视频演示等以线上培训为主；对实操性强的职业技能培训实行线上学习线下实训融合开展。

（四）夯实基础，加强服务。加强线上培训与公共就业服务和人力资源市场信息衔接，加强职业技能标准开发和技能评价工作，提升线上培训基础能力。明确线上培训激励政策措施，做好线上培训管理监管和服务。

三、组织实施

（一）大力开展线上职业技能培训。创新培训方式方法，充分利用门户网站、移动App、微信等多种渠道，扩大线上职业技能培训的覆盖面。面向社会征集资质合法、信誉良好、服务优质的线上职业技能培训平台及数字资源。根据各地产业发展和就业工作实际，组织待岗、返岗和在岗企业职工以及离校未就业高校毕业生、就业重点群体等参加线上培训。

（二）丰富线上培训课程资源。将职业道德规范、通用职业素质、就业指导、工匠精神、质量意识、法律意识和相关法律法规、安全消防环保和健康卫生、疫病防控以及新知识、新技术、新工艺等内容纳入线上课程开发内容。积极推动技工院校、企业和社会培训机构开发线上培训课程，开放线上培训资源，与线上培训平台合作开展线上培训。充分发挥技能大师等优秀高技能人才作用，组织开发绝招绝技、技能及工艺操作法等技能训练微课，提升线上培训效果。

（三）强化对企业的支持力度。在受疫情影响停工期间（整体停工或部分停工），对各类企业（包括依托互联网技术实现运营的平台企业和新业态企业）自主或委托开展的职工（含与其建立劳动关系或未建立劳动关系但通过平台提供服务获取劳动报酬）线上培训，按规定纳入职业培训补贴范围，所需资金可从职业技能提升行动专账资金中列支。对受疫情影响的企业开展项目制培训，可按规定预拨一定比例的培训补贴资金。

（四）加大培训补贴政策支持。各级人社、财政部门要制定线上培训相关政策和管理规定，对于参加线上培训并取得相应课程培训合格证明的学员，按照规定给予培训补贴，所需资金可从职业技能提升行动专账资金中列支。

（五）鼓励支持劳动者参加线上培训。各地可根据实际，对参加线上培训的建档立卡贫困劳动力、就业困难人员、零就业家庭成员、“两后生”中农村学员和城市低保家庭学员，在培训期间给予一定的生活费补贴（不含交通费补贴），所需资金可从就业补助资金中列支。

（六）做好技能人才评价。疫情防控期间，要统筹开展技能人才评价，服务支持线上培训。企业可结合生产经营实际，采取线上理论考试、生产过程考核、工作业绩考评等方式进行技能评价，指导社会培训评价组织有序开展职业技能等级认定。

（七）夯实线上培训基础。各地要结合产业发展和就业状况，将相关线上培训平台及数字资源纳入当地“两目录一系统”。做好新职业开发，加快职业技能标准和培训教材开发，为线上培训提供基础支持。

（八）优化管理服务。各地要加强对线上培训的调度、统计和管理，建立劳动者职业培训电子档案。要以提升职业培训补贴便利性和有效性为核心，实现补贴网上申请，简化补贴办理流程，缩短补贴发放周期。积极推行培训机构和培训项目、企业新型学徒制、企业技能人才自主评价等实施线上审批或备案。

四、工作要求

各级人社、财政部门要深入贯彻习近平总书记对疫情防控工作作出的重要指示精神，充分认识开展“互联网 + 职业技能培训”的重要性和紧迫性，抓紧实施职业技能提升行动。要切实强化组织领导和培训计划实施，层层分解培训任务，压实主体责任。要加强疫情防控期间开展线上培训的政策宣传，及时发布有关信息，引导各类劳动者积极参与线上培训。要加强线上培训管理和监督检查工作，定期采集培训数据，分析线上培训状况，严格监管线上培训过程，杜绝套取培训补贴资金情况的发生。对以虚假线上培训等套取、骗取资金的机构、培训平台及个人须依法依纪严惩。

人力资源社会保障部
财政部
2020 年 2 月 17 日

人力资源社会保障部 财政部
关于实施企业稳岗扩岗专项支持计划的通知

人社部发〔2020〕30号

扫一扫

各省、自治区、直辖市及新疆生产建设兵团人力资源社会保障厅（局）、财政厅（局）：

为有效应对国内外疫情形势和经济下行压力对就业的影响，做好常态化疫情防控中的稳就业工作，人力资源社会保障部、财政部决定启动实施企业稳岗扩岗专项支持计划。有关事项通知如下：

一、总体要求

坚决贯彻中央统筹推进疫情防控和经济社会发展工作部署，强化底线思维，注重精准施策，坚持援企、稳岗、扩就业、保民生并举，用足用好失业保险基金、职业技能提升行动专账资金，大力实施稳岗返还、以工代训，支持企业稳定岗位，鼓励企业吸纳就业，保障劳动者基本生活，努力保持就业局势和社会大局稳定。

二、政策举措

（一）加大稳岗返还力度。加快落实失业保险稳岗返还政策，支持参保企业不裁员、少裁员。其中，对中小微企业，2020年12月31日前返还标准最高可提至企业及其职工上年度缴纳失业保险费的100%。提高返还标准后，各级失业保险经办机构要尽快补发2020年度返还资金。对面临暂时性生产经营困难且恢复有望、坚持不裁员或少裁员的参保企业，返还标准可按不超过6个月的当地月人均失业保险金和参保职工人数确定，或按不超过3个月的企业及其职工应缴纳社会保险费确定。实施企业稳岗返还的统筹地区上年失业保险基金滚存结余应具备12个月以上备付能力，实施困难企业稳岗返还的统筹地区备付能力应达到24个月以上，对于备付能力不足的统筹地区，要充分发挥省级调剂金作用，帮助当地实施困难企业稳岗返还政策，尽可能让符合条件的企业都能享受政策支持。

（二）拓宽以工代训范围。支持企业面向新吸纳劳动者开展以工代训，扩岗位、扩就业。对中小微企业吸纳就业困难人员、零就业家庭成员、离校两年内高校毕业生、登记失业人员就业，并开展以工代训的，可根据吸纳人数给予企业职业培训补贴。

支持困难企业开展以工代训，稳岗位、保生活。对受疫情影响出现生产经营暂时困难导致停工停业的中小微企业，组织职工开展以工代训的，可根据组织以工代训人数给予企业职业培训补贴。

各地可结合实际情况，将受疫情影响较大的外贸、住宿餐饮、文化旅游、交通运输、批发零售等行业补贴范围扩展到各类企业。补贴资金主要用于开展以工代训、职工生活补助等支出。符合条件的企业申请以工代训职业培训补贴，应向当地人力资源社会保障部门提供以工代训人员花名册、当月发放工资银行对账单（其中停工停产企业需提供上一季度发放工资银行对账单）。经当地人力资源社会保障部门审核通过后，按规定每月将补贴资金支付到企业在银行开立的基本账户。补贴标准由省级人力资源社会保障、财政部门确定，补贴期限最长不超过 6 个月，所需资金从职业技能提升行动专账资金中列支。以工代训职业培训补贴政策受理期限截止到 2020 年 12 月 31 日，原有以工代训政策执行期限不变。

三、工作要求

（一）优化经办服务。各地要梳理发布专项支持计划的政策清单、申办流程、补贴标准、服务机构及联系方式、监督投诉电话等，结合本地区重点关注企业清单宣介政策、了解困难、做好帮扶。要精简申领证明材料，对同一企业同时申请多项政策的推行“打包”办理，不得要求重复提交材料。对稳岗返还政策，稳岗返还金额可依据征缴机构提供的上年度缴费记录按规定确定，不再要求提供职工花名册、工资表等；“生产经营活动应符合国家及所在区域产业结构调整和环保政策”的审核可采用企业承诺方式。要提高审核发放效率，做到随报随审，不得设定集中申报期和资金拨付期。要加快建立补贴资金网上申领渠道，推广“不见面”服务，努力实现补贴受理审核发放全程网办。

（二）强化资金保障监管。各地要加大以工代训职业培训补贴资金保障力度，确保政策落实。要按月监测失业保险基金运行状况，加强情况预判和适时调控，确保基金收支平衡和安全可持续。建立健全失业保险基金、职业技能提升行动专账资金监管机制，向社会公示享受政策的单位、额度等情况，加强监督检查和专项审计，对违规使用、骗取套取资金的要依法依规严惩，涉嫌犯罪的及时移交司法机关处理。

（三）加强组织领导。实施稳岗扩岗专项支持计划是当前稳就业、促就业、防失业的重要抓手，各地人力资源社会保障、财政部门要高度重视、精心组织。要制定实施方案，结合本地区就业工作需要，细化实化稳岗返还、以工代训政策，合理确定政策享受对象，明确操作流程和补贴标准。要依托现有信息系统，将以工代训政策实施情况纳入技能提升行动统计范围，按月上报政策落实情况。要强化宣传引导，充分运用各类媒体，及时向社会宣传专项支持计划政策举措、进展成效。专项支持计划实施情况将作为本年度稳就业工作相关督查、技能提升行动落实情况考核的重要内容。

各地实施专项支持计划的有关情况及工作中发现的困难问题，要及时报送人力资源社会保障部、财政部。

人力资源社会保障部

财政部

2020 年 5 月 9 日

人力资源社会保障部 财政部 共青团中央
关于印发百万青年技能培训行动方案的通知

扫一扫

人社部发〔2020〕59号

各省、自治区、直辖市及新疆生产建设兵团人力资源社会保障厅（局），财政厅（局），团委：

为贯彻落实党中央、国务院决策部署，深入实施职业技能提升行动，扎实做好广大青年职业培训工作，促进高校毕业生等青年就业创业，加快建设知识型、技能型、创新型劳动者大军，特实施百万青年技能培训行动。

现将《百万青年技能培训行动方案》印发给你们，请结合本地工作实际，认真贯彻执行。

人力资源社会保障部

财政部

共青团中央

2020年7月21日

百万青年技能培训行动方案

一、行动目标

深入贯彻党中央、国务院把稳就业摆在更加突出位置的要求，实施百万青年技能培训行动，以高校毕业生和其他青年群体为培训对象，以提升青年就业创业能力为核心，大规模开展青年职业技能培训。2020 年至 2021 年，面向各类青年群体开展职业技能培训 200 万人次以上，提高青年就业率和创业成功率，扩大和稳定青年就业。

二、主题

百万青年长技能，促进就业见行动

三、对象范围

14~35 周岁有就业创业意愿和培训需求的城乡各类青年劳动者。

四、实施和参与主体

各地人力资源社会保障部门具体组织实施，有关部门、行业、企业、社会团体、职业院校和有关机构积极参与，形成工作合力，健全组织实施网络，共同实施百万青年技能培训行动。

五、行动内容

（一）青年学徒培养计划。组织企业新招用高校毕业生或在职青年职工等参加 1 年以上的企业新型学徒制培训。学徒培训主要运用企业与技工院校、职业院校、职业培训机构、企业培训中心等企校双师带徒、工学交替培养模式进行。通过企校合作，重点培训与企业岗位相关的理论知识、操作技能、安全生产规范、职业素养等，强化有针对性的理论知识学习和岗位技能训练，把高校毕业生等青年培养成为适合企业发展和岗位需要的高技能人才。2020 年至 2021 年，对组织高校毕业生等开展企业新型学徒制培训的，给予企业每人每年 5 000 元以上的职业培训补贴，培训耗材较高的职业（工种），可提高补贴标准。

（二）青年以工代训计划。把企业青年职工作为企业稳岗扩岗专项支持计划的重点对象，大力开展以工代训，实现以训稳岗。支持中小微企业吸纳离校两年内高校毕业生等青年开展以工代训，支持受疫情影响出现生产经营暂时困难导致停工停业的中小微企业组织青年职工开展以工代训，支持外贸、住宿餐饮、文化旅游、交通运输、批发零售等行业的各类企业开展以工代训，并按规定给予企业职业培训补贴，受理期限截止 2020

年12月31日。

（三）青年技能研修计划。以企业、技工院校和技能大师工作室等为载体，开展青年技能研修培训。组织企业在职青年到技能大师工作室或技工院校进行职业技能研修和实训，强化实际操作技能训练和综合职业素养培养，增强和提升岗位工作能力。有条件的地区，可提高对技能大师工作室的补贴标准，补贴资金从就业补助金列支。组织技工院校、职业院校针对未就业高校毕业生等青年开设不超过3个月中长期技能训练班或进行非全日制弹性学习，开展定向、定岗培训，补强技能短板，提升青年就业能力。技能研修要对接人力资源市场、企业和青年需求，因材施教，特色办班。

（四）青年创业培训计划。加大青年创业支持力度，面向有创业意愿和培训需求的城乡青年，开展有针对性的创业培训。加强创业意识教育、创业项目指导和网络创业等培训，提高创业能力和创业成功率。要强化落实创业担保贷款、税费减免等扶持政策，提供创业咨询指导、创业孵化、融资、法律咨询和事务代理等全方位服务，健全创业培训、创业扶持和创业服务“三位一体”的工作体系。对创办企业成功且经营稳定的，按规定给予创业补贴和优先贷款支持。

（五）青年新职业培训计划。立足青年特点，面向新职业、新技能和新就业形态，重点开展人工智能、大数据、云计算等新技术培训，媒体运营、网络营销、电子竞技、健康照护等新职业培训，以及网络平台就业创业等新业态培训。大力推行线上线下相结合的培训方式，实行线上学习线下实训融合开展。鼓励各类平台机构将培训与推荐就业紧密衔接。

（六）青年职业技能竞赛计划。广泛组织各级各类职业技能竞赛，实现以赛促训。各地可设置智能制造、信息通信、生活服务等职业赛项，举办职业技能竞赛活动。积极组织青年参加中华人民共和国职业技能大赛、世界技能大赛、“振兴杯”青年职业技能竞赛等竞赛活动。创新竞赛形式，采取线上与线下相结合的方式组织竞赛活动。要动员青年参加赛前职业技能培训，不断提升技能水平。

六、组织实施

（一）加强组织领导。各地要将百万青年技能培训工作纳入职业技能提升行动总体安排，做好相关组织管理、数据统计、调度督导等工作。要以地方政府为主导，层层压实责任，人力资源社会保障、财政、共青团等密切配合、协同联动，共同推进工作落实。人力资源社会保障部门要充分发挥牵头和统筹协调作用，财政部门要做好资金保障，共青团组织要广泛动员和发动各类青年劳动者，积极参加各类职业技能培训计划。各地要根据实际统筹实施，向广大青年提供不断线的培训和就业服务。

（二）落实经费保障和相关补贴政策。对参加培训行动的各类青年，按规定给予补贴，所需资金可从职业技能提升行动专账资金中列支。

（三）营造良好环境。广泛开展主题宣传活动，大力宣传党和国家关于加强青年职业培训工作的方针政策，宣传技能成才、技能就业的典型事迹。加强政策咨询和服务保障工作，运用现场集中办公、线上咨询办理、上门服务等多种方式，推动百万青年技能培训政策落实落地，行动见到成效，为保持青年就业局势总体平稳，促进经济发展和社会大局稳定作出积极贡献。

人力资源社会保障部 民政部 财政部 商务部 全国妇联关于实施康养职业技能培训计划的通知

扫一扫

人社部发〔2020〕73号

各省、自治区、直辖市及新疆生产建设兵团人力资源社会保障厅（局）、民政厅（局）、财政厅（局）、商务厅（局）、妇联：

健康照护、养老护理、家政服务、婴幼儿照护等康养服务从业人员职业素质和工作质量，直接关系人民群众日常生活和切身利益。为贯彻落实党中央、国务院有关要求，推进职业技能提升行动，促进康养服务技能人才培养和劳动者就业创业，人力资源社会保障部、民政部、财政部、商务部、全国妇联决定组织实施“康养职业技能培训计划”。现将有关事项通知如下：

一、总体要求和目标任务

（一）总体要求。认真贯彻落实习近平总书记关于统筹做好推进疫情防控和经济社会发展工作的重要指示，围绕做好“六稳”工作，服务落实“六保”任务，聚焦当前人民群众反映强烈的康养服务从业人员数量不足、职业技能水平不高等实际问题，坚持培训先行、人人持证，大规模、高质量开展康养服务人员职业技能培训，健全培养、使用、评价和激励工作体系，加快培养数量充足、素质优良、技能高超、服务优质的康养服务技能人才。

（二）目标任务。2020年至2022年，培养培训各类康养服务人员500万人次以上，其中养老护理员200万人次以上；充分利用现有各类职业技能培训和公共实训基地，在全国建成10个以上国家级（康养）高技能人才培训基地；加强职业标准、培训师资和教材建设，不断提升康养培训基础能力。

二、健全康养服务人员培训体系

（三）建立康养服务人员培训制度。建立以地方政府为工作主体，有关部门协调支持，院校、企业、社会团体、职业培训机构、公共实训基地、养老服务机构、儿童福利机构等为实施载体，适应康养服务市场需求和人员就业需要的职业技能培训制度，全面推行康养服务人员就业上岗前培训、岗位技能提升培训、转岗转业培训和创业培训。加强康养服务实训基地建设，支持有条件的企业兴办培训实训机构。扩大职业院校（含技工院校，下同）招生和培养规模，积极面向有意愿从事康养服务的各类人员开展培养培训。

（四）全面提升康养服务人员职业技能水平。以提升职业能力为重点，强化康养服务人员的实际操作技能训练、综合职业素质培养，并将法律知识、职业道德、从业规范、质量意识、健康卫生等要求和心理学、营养学等方面的内容贯穿培训全过程。加强失能失智人员照护、老年人照护、康复护理服务、饮食起居照料、生活家务料理、婴幼儿照护、儿童照护、意外伤害预防与处理等方面的岗位技能培训，提升从业人员职业技能水平。

（五）健全康养服务培训标准体系。按照健康照护师、养老护理员、家政服务员、育婴员、保育员、孤残儿童护理员等国家职业技能标准、培训大纲和最新行业企业考核评价规范开展培训。针对不同培训对象的文化程度和就业经历，开发全面系统、简便可行的培训课程。对基础性、易操作的知识和技能，组织开发通用速成教材，帮助入职者尽快掌握职业技能要求。有关院校和培训机构要优化课程设置，构建多层次、模块化、高质量的技能课程体系。院校和培训机构要加强校企合作，推行“职业培训包”和“工学一体化”培训模式，增强培训实效。

（六）大力培育康养服务企业和培训机构。支持健康照护、养老、家政、托育服务等企业发展，推动建设产教融合型企业。探索以龙头企业和培训机构为主体，支持建设高技能人才培训基地、家政服务职业培训示范基地、家政劳务输出基地等，打造培训实训体系，引领行业发展。鼓励和支持有关职业院校开设健康管理（健康服务与管理）、康复保健、老年保健与管理（老年服务与管理）、护理（养老护理员、育婴员、保育员）、家政服务与管理（家政服务）、公共营养保健等相关专业，强化理论知识和工作实训，加强高层次、综合性专业人才培养。

三、促进康养服务人员职业发展

（七）开展康养服务人员职业技能评价。紧跟新产业、新业态、新模式，加强康养服务新职业和相关职业技能标准开发，做好康养服务技能人才评价工作，畅通从职业资格或职业技能等级五级（初级工）、四级（中级工）、三级（高级工）到二级（技师）、一级（高级技师）的职业发展通道，拓宽职业发展空间。对经评价认定合格的，纳入证书查询系统和信息管理服务平台，向社会公开。推进评价认定信息与相关业务主管部门共享，为康养服务人员培训、使用和监管提供数据支撑。要严格证书管理，加强评价工作的事中事后监管，确保评价质量和效果，防止乱发证和以次充好等不良现象。

（八）加强康养服务人员激励保障。加大康养服务人员的激励力度，强化政府激励引导，充分发挥市场机制作用，提升从业人员经济待遇和社会地位，增强职业吸引力。各地、各有关部门开展技能人才评选表彰，可适当向康养服务人员倾斜。鼓励市场主体建立从业人员薪酬待遇与职业技能等级和服务内容、时间、难易等挂钩机制，实现技高者多得，多劳者多得。鼓励家政服务员通过全国家政服务信用信息平台建立信用记录，引导消费者优先选择信用良好的家政服务员。各级政府和有关部门要加强对康养服务人员的职业指导、就业服务和关心关爱，维护其合法权益。

（九）广泛组织职业技能竞赛活动。大力开展康养服务人员职业技能竞赛，按照有关规定对获奖选手予以奖励，并晋升相应的职业技能等级。组织开展面向贫困劳动力的职业技能竞赛，将有关康养服务类职业（工种）作为竞赛项目，引导和带动更多贫困劳动力从事康养相关职业。推动世界技能大赛健康和社会照护等项目的竞赛标准转化为职业教育培训标准和课程，促进人才培养与国际接轨，提高培养质量和水平。

四、做好组织实施工作

（十）加强组织领导。各地、各有关部门要充分认识加强康养服务人员职业技能培训的重要意义，把康养职业技能培训计划作为重要民生工程，加强组织领导和统筹实施，建立地方政府主导，人社、民政、财政、商务、妇联等部门协调配合的联动机制，形成工作合力，推进培训信息与相关业务主管部门共享，加强康养服务人员信息信用管理。要将康养职业技能培训计划纳入各地职业技能提升行动，同步进行部署、落实、督导和考核。各地人社部门、民政部门共同做好养老护理员培养培训工作；各地民政部门要做好养老院院长和专兼职老年社会工作者培养培训工作。上述两项具体培训任务由各省（区、市）按2019年底当地60岁以上老年人数量占全国总数比例确定。

（十一）加大培训补贴政策落实力度。各地要将健康照护师、养老护理员、家政服务员、育婴员、保育员等作为急需紧缺职业（工种），纳入本地职业技能提升行动“两目录一系统”，按规定落实好职业技能培训补贴、创业培训补贴以及职业技能鉴定补贴政策，所需资金从职业技能提升行动专账资金中列支；按规定落实好生活费补贴政策，所需资金从就业补助资金中列支。有条件的地方，可适当提高职业技能培训补贴标准。各地不得以地域、户籍、年龄、缴纳社保等为前提条件，限制上述人员参加培训并享受培训补贴。

（十二）加大宣传和推动力度。各地要采取多种方式，做好培训计划和从业人员待遇政策解读服务。创新方式和手段，开展宣传服务周（月）活动，通过现场咨询、“12333”热线、上门宣传、发放政策宣传页、张贴宣传海报、投放公益广告等方式，提高政策知晓度。要注重培育全国知名劳务输出地，打造康养服务人员劳务品牌，扩大社会影响力。充分利用媒体，选树先进典型，营造劳动光荣的社会风尚和精益求精的敬业风气，不断增强康养服务人员的职业荣誉感和岗位吸引力，鼓励引导更多劳动者技能就业和技能成才。

人力资源社会保障部

民政部

财政部

商务部

全国妇联

2020年10月9日

人力资源社会保障部　财政部关于充分发挥职业技能提升行动专账资金效能扎实推进职业技能提升行动的通知

扫一扫

人社部函〔2021〕14号

各省、自治区、直辖市及新疆生产建设兵团人力资源社会保障厅（局），财政厅（局）：

为全面贯彻落实习近平总书记对技能人才工作的重要指示精神和党的十九届五中全会精神，进一步增强职业技能培训针对性和有效性，不断提高培训质量，培养壮大创新型、应用型、技能型人才队伍，现就充分发挥职业技能提升行动专账资金效能，扎实推进职业技能提升行动通知如下。

一、合理确定调整培训补贴标准。合理确定培训补贴标准是保证培训质量的重要因素之一。市（地）级以上（含市地，下同）人力资源社会保障部门、财政部门可结合培训工作实际，充分考虑培训课程开发、教材建设、师资培训、教学改革、实训设施设备升级改造等培训基础能力建设成本以及实训耗材、培训场租和培训时长等综合因素，科学合理确定职业培训补贴标准（含职业技能鉴定评价补贴、企业新型学徒制培训补贴，下同）。建立培训补贴标准动态评估调整机制，结合评估结果，适时调整补贴标准。2021年一季度内，各省级人力资源社会保障部门、财政部门牵头组织开展一次评估，对补贴标准进行合理调整。鼓励省级人力资源社会保障部门会同财政部门统一制定本省份不同地域和职业（工种）差异化的培训补贴标准，并加强工作指导落实。

二、提高培训针对性。各地要把援企稳岗作为提高培训针对性的重要举措，抓好以工代训扩就业稳就业工作，以工代训政策实施期限延至2021年12月。以工代训注重岗位工作训练，无需单独组织开展培训。企业申请以工代训补贴无需提供培训计划和发放培训合格证书。通过大数据比对可核实企业为职工发放工资等情况的，以工代训补贴发放可不再要求企业提供职工花名册、发放工资银行对账单。以工代训补贴不计入劳动者每年3次培训补贴范围。

三、加大培训补贴资金直补企业工作力度。强化企业培训主体作用，围绕制造强国、质量强国和实体经济发展，聚焦战略性新兴产业和先进制造业等领域，组织企业开展定向、定岗培训。对于企业直接组织职工培训并承担培训成本的，应将培训补贴资金按规定直补企业。企业（涉密企业除外）申请直补培训补贴资金时，需提供培训计划、学员签到表、培训视频类资料等材料，无需开具培训补贴发票。企业、院校和其他培训机构完成培训任务后申领获得的培训补贴资金，可在符合相关法律制度条件下自主开支使用。鼓励各地按规定探索开展项目制培训等多形式培训。具备培训资质的机构均可承担政府补贴性培训项目。

四、全面推行中国特色企业新型学徒制。适应现代企业发展和企业技术创新需要，面向各类企业全面推行企业新型学徒制，提高培训质量。完善企校双师带徒、工学交替培养等模式，创新开展“行校合作”，鼓励行业协会、跨企业培训中心等组织中小微企业开展学徒制培训，并按规定给予培训补贴。鼓励更多优秀的企业导师承担带徒任务，建立专职导师队伍。加大实施百万青年技能培训行动，把高校毕业生等青年培养成为适合企业发展和岗位需要的高技能人才。加强央地合作，各级人力资源社会保障部门要支持中央企业开展企业新型学徒制培训。

五、优先使用专账资金。优先使用专账资金开展政府补贴性培训项目，培训期间符合规定的生活费、交通费补贴可从专账资金支出。符合条件的个体工商户用工、民办非企业单位用工以及灵活就业人员按规定纳入职业技能提升行动职业培训补贴（含生活费、交通费）范围。深入推动实施“互联网＋职业技能培训计划”、农民工稳就业职业技能培训计划、百万青年技能培训行动、康养职业技能培训计划、“马兰花”创业培训计划等专项培训行动，开展长江流域退捕渔民职业技能培训。

六、强化培训资金监管。各级人力资源社会保障部门、财政部门要强化培训资金监管，进一步做好补贴性培训实名制管理工作，建立覆盖专账资金使用管理全过程的监管体系，建立定期对账制度，做到账实相符、账表相符，加大风险防控和排查。对以虚假培训等套取、骗取资金的依法依纪严惩。

七、压实专账资金管理使用责任。各级人力资源社会保障部门、财政部门要切实履行专账资金管理使用责任，充分发挥专账资金使用效益。各地要认真贯彻落实放管服改革，进一步畅通专账资金支出渠道，提高资金拨付效率。要进一步简化培训补贴申领程序，提供网上办理或快速办理等便捷服务。各地不得以地域、户籍等为前提条件，限制劳动者参加培训并享受培训补贴。

八、加强经办服务工作。针对基层工作力量薄弱的实际，进一步健全政府购买服务机制。可引入第三方社会机构，承担开展各类培训机构审核、过程监管、补贴资金审核等工作，第三方社会机构的引入应严格按照政府购买服务相关要求开展。同级人力资源社会保障、财政部门要对引入的第三方社会机构建立严格、全面的监管和考评机制，定期组织工作效果评审。对于资金骗取等情况，按规定依法依规处理，对于发生问题的第三方机构，建立黑名单制度。鼓励有条件的地区，整合职业培训、技能鉴定、技工教研、公共实训等力量，壮大职业技能提升行动工作力量。

九、建立专账资金调剂使用和奖补机制。各地专账资金可结合实际工作需要，在省（区、市）内不同地区间进行调剂使用，适当向培训需求量大、培训任务重、培训工作好的地区倾斜，确保各项职业培训补贴政策落实落地。建立专账资金与培训工作绩效考核联动机制，提高资金使用效率。财政部、人力资源社会保障部将在分配中央就业补助资金时，充分考虑各省（区、市）专账资金使用执行情况。

人力资源社会保障部

财政部

2021 年 2 月 1 日

人力资源社会保障部　财政部　教育部
关于扩大院校毕业年度毕业生参加
职业技能培训有关政策范围的通知

人社部发〔2021〕31号

扫一扫

各省、自治区、直辖市及新疆生产建设兵团人力资源社会保障厅（局），财政厅（局），教育厅（教委）：

为深入贯彻全国职业教育大会精神，持续实施好职业技能提升行动，推动院校全面开展职业技能培训，提高院校毕业生就业创业能力，经国务院同意，现就职业技能提升行动进一步扩大政策覆盖范围有关事项通知如下。

一、适当扩大职业技能提升行动专账资金补贴覆盖范围。各级人力资源社会保障、财政、教育部门要持续做好院校应届毕业生职业技能培训工作，结合职业技能提升行动专账资金（以下简称专账资金）、培训任务等情况，将专账资金补贴性培训对象扩大到普通本科高校、中高职院校（含技工院校）毕业年度毕业生，积极采取有效措施，支持帮助更多院校应届毕业生参加职业技能培训，提高就业创业能力。支持职业院校紧密结合市场需求，按规定开展相关职业技能培训、项目制培训等多种形式的就业创业培训，并做好职业培训补贴政策的衔接工作。

二、统筹完善补贴性职业技能培训目录管理。各级人力资源社会保障部门要完善“两目录一系统”（即培训项目目录、培训和评价机构目录，补贴性培训实名制信息管理系统）。教育部门要将符合条件的院校、职业教育培训评价组织、职业技能等级证书清单统一提供给人力资源社会保障部门，纳入“两目录一系统”，并按照现行的职业技能培训补贴政策执行。各地要发挥好补贴性培训实名制信息管理系统统筹作用，对接人力资源社会保障部、教育部两部门有关职业技能证书信息管理服务平台，做好管理服务工作。

三、推动落实职业院校开展培训的激励政策。各级人力资源社会保障、财政部门要充分考虑职业院校承担培训任务情况，合理核定绩效工资总量和水平。对承担任务较重的职业院校，在原总量基础上及时核增所需绩效工资总量，指导职业院校按规定的程序和办法搞活内部分配，在内部分配时向承担培训任务的一线教师倾斜，充分调动职业院校和教师积极性。

四、加强组织领导。各地要加强组织领导，建立各司其职、密切配合、相互协调的工作机制。各省级人力资源社会保障、财政、教育部门要认真做好资金测算，并结合专账资金结余状况、毕业年度毕业生参加职业技能培训数量和培训补贴标准等实际情况，统筹开展工作，确保政策落实落地和保障措施到位。要动员社会各方面力量广泛参与，在院校和师生中加大政策宣传解读力度，共同做好院校应届毕业生职业技能培训和就业创业工作。

人力资源社会保障部

财政部

教育部

2021 年 5 月 24 日

人力资源社会保障部　财政部　国务院国资委 中华全国总工会　全国工商联关于印发《关于全面推行中国特色企业新型学徒制 加强技能人才培养的指导意见》的通知

人社部发〔2021〕39号

扫一扫

各省、自治区、直辖市及新疆生产建设兵团人力资源社会保障厅（局）、财政厅（局）、国资委、总工会、工商联：

现将《关于全面推行中国特色企业新型学徒制　加强技能人才培养的指导意见》印发给你们，请结合本地工作实际，认真贯彻执行。

人力资源社会保障部

财政部

国务院国资委

中华全国总工会

全国工商联

2021年6月8日

关于全面推行中国特色企业新型学徒制 加强技能人才培养的指导意见

为贯彻落实党的十九届五中全会精神，加强新时代技能人才培养，现就全面推行中国特色企业新型学徒制提出以下指导意见。

一、指导思想

以习近平新时代中国特色社会主义思想为指导，全面贯彻党的十九大和十九届二中、三中、四中、五中全会精神，深入贯彻落实《新时期产业工人队伍建设改革方案》，以高质量发展为引领，以深化企业改革、加大技能人才培养为宗旨，以满足培育壮大发展新动能、促进产业转型升级和提高企业竞争力为根本，以产教融合、校企合作为重要手段，持续实施职业技能提升行动，面向企业全面推行新型学徒制培训，创新中国特色技能人才培养模式，进一步扩大技能人才培养规模，为实现高质量发展提供有力的人才和技能支撑。

二、基本原则

——坚持需求导向。坚持以满足高质量发展、适应产业变革、技术变革、组织变革和企业技术创新需求为目标，瞄准企业人力资源价值提升需求，面向企业技能岗位员工开展企业新型学徒制培训，满足人岗匹配和技能人才队伍梯次发展需要。

——坚持终身培训。进一步健全终身职业技能培训制度，支持企业职工在职业生涯发展的不同阶段通过多种方式，灵活接受职业技能培训，不断提高职工岗位技能，畅通技能人才职业发展通道。

——坚持校企政联动。在充分发挥企业培训主体作用和院校教育培训优势的基础上，各地人力资源社会保障部门要加强组织管理和协调服务，有序高效开展企业新型学徒制培养工作。

——坚持以用为本。充分利用企业新型学徒制培养成果，积极为企业新型学徒提升技能、干事创业提供机会和条件。鼓励企业新型学徒参与技术革新、技术攻关，在技能岗位发挥关键作用。

三、目标任务

按照政府引导、企业为主、院校参与的原则，在企业全面推行新型学徒制培训，进一步发挥各类企业主体作用，通过企校合作、工学交替方式，组织企业技能岗位新入职、转岗员工参加企业新型学徒制培训，力争使企业技能岗位新入职员工都有机会接受高质量岗前职业技能培训；力争使企业技能岗位转岗员工都有机会接受转岗转业就业储备性技能培训，达到“转岗即能顶岗”。以企业新型学徒制培训为引领，促进企业技能人才培养，不断提升企业技术创新能力和企业竞争力。

四、主要内容

（一）培养对象和培养模式。以至少签订 1 年以上劳动合同的技能岗位新招用和转岗等人员为主要培养对象，企业可结合生产实际自主确定培养对象。发挥企业培养主体作用，培养和评价“双结合”，企业实训基地和院校培训基地“双基地”，企业导师和院校导师“双导师”培养模式，大型企业可依托本企业培训中心等采取“师带徒”的方式，开展企业新型学徒制培养工作。

（二）培养目标和主要方式。学徒培养目标以符合企业岗位需求的中级工、高级工及技师、高级技师为主。培养期限为 1~2 年，特殊情况可延长到 3 年。各类企业特别是规模以上企业可结合实际需求和学徒职业发展、技能提升意愿，采用举办培训班、集训班等形式，采取弹性学制和学分制等管理手段，按照“一班一方案”开展学徒培训。中小微企业培训人员较少的情况，可由地方工商联及所属商会，会同当地人力资源社会保障部门根据培训职业，统一协调和集中多个中小微企业人员开展培训。

（三）培养内容。根据产业转型升级和高质量发展要求，紧扣制造强国、质量强国、数字中国建设之急需和企业未来技能需求，依据国家职业技能标准和行业、企业培训评价规范开展相应职业（工种）培训，积极应用“互联网 +”、职业培训包等培训模式。加大企业生产岗位技能、数字技能、绿色技能、安全生产技能和职业道德、职业素养、工匠精神、质量意识、法律常识、创业创新、健康卫生等方面培训力度。

（四）培养主体职责。企业新型学徒培养的主要职责由所在企业承担。企业应与学徒签订培养协议，明确培训目标、培训内容与期限、质量考核标准等内容。同一批次同类职业（工种）可签订集体培养协议。企业委托培训机构承担学徒的部分培训任务，应与培训机构签订合作协议，明确培训的方式、内容、期限、费用、双方责任等具体内容，保证学徒在企业工作的同时，能够到培训机构参加系统的、有针对性的专业知识学习和相关技能训练。

五、激励机制

（一）完善经费补贴政策。对开展学徒培训的企业按规定给予职业培训补贴，补贴资金从职业技能提升行动专账资金或就业补助资金列支。补贴标准由各市（地）以上人力资源社会保障部门会同财政部门确定，学徒每人每年的补贴标准原则上5 000元以上，补贴期限按照实际培训期限（不超过备案期限）计算，可结合经济发展、培训成本、物价指数等情况定期调整。企业在开展学徒培训前将有关材料报所在地人力资源社会保障部门备案，备案材料应包括培训计划、学徒名册、劳动合同复印件及其他相关材料（具体清单由所在地人力资源社会保障部门自行制定），经审核后列入学徒培训计划，并按规定向企业预支补贴资金。培训任务完成后，应向所在地人力资源社会保障部门及时提交职业资格证书（或职业技能等级证书、培训合格证书、毕业证书）编号或证书复印件、培训视频材料、培训机构出具的行政事业性收费票据（或税务发票）等符合财务管理规定的凭证，由相关部门按照符合补贴申领条件的人员数量，及时拨付其余补贴资金。企业可按照学徒社保缴纳地或就业所在地申领职业培训补贴。

（二）健全企业保障机制。学徒在学习培训期间，企业应当按照劳动合同法的规定支付工资，且工资不得低于企业所在地最低工资标准。企业按照与培训机构签订的合作协议约定，向培训机构支付学徒培训费用，所需资金从企业职工教育经费列支；符合有关政策规定的，由政府提供职业培训和职业技能鉴定补贴。承担带徒任务的企业导师享受导师带徒津贴，津贴标准由企业确定，津贴由企业承担。企业对学徒开展在岗培训、业务研修等企业内部发生的费用，符合有关政策规定的，可从企业职工教育经费中列支。

（三）建立奖励激励机制。充分发挥中华技能大奖获得者、全国技术能手、劳动模范、大国工匠等技能人才传帮带优势，充分利用技能大师（专家）工作室、劳模和工匠人才创新工作室等技能人才培养阵地，鼓励“名师带高徒”“师徒结对子”，激发师徒主动性和积极性。鼓励企业建立学徒奖学金、师带徒津贴（授课费、课时费），制定职业技术技能等级认定优惠政策，畅通企业间流通渠道。

六、保障措施

（一）加强组织领导。各级人力资源社会保障部门、财政部门、国资监管部门、工会以及工商联要进一步提高认识，增强责任感和紧迫感，把全面推行企业新型学徒制培训作为实施职业技能提升行动、加强高技能人才培养的重要内容，认真组织实施。要建立密切配合、协同推进的工作机制，加强组织领导，全面推动实施。国资监管部门、工商联要以重点行业、重要领域和规模以上企业为着力点，大力推行企业新型学徒制培训。

（二）协调推动实施。企业按属地管理原则纳入当地工作范畴，享受当地政策。各级人力资源社会保障部门要建立与企业的联系制度，做好工作指导。要主动对接属地中央企业，做好资金、政策的落实以及服务保障工作。要加大工作力度，加强工作力量，做好对各类企业特别是中小微企业新型学徒培训的管理服务工作。各企业要加强组织实施，建立人事（劳资）部门牵头，生产、安全、财务、工会等有关部门密切配合、协同推进的工作机制，制定工作方案，认真规划、扎实组织、全面推动。各技工院校要积极参加企业新型学徒培养工作，并将其作为校企合作的重要内容。

（三）加强考核评价。鼓励企业职工人人持证，推动企业全面自主开展技能人才评价，并将参加新型学徒制培训的人员纳入其中。指导企业将学徒技能评价融入日常企业生产活动过程中，灵活运用过程化考核、模块化考核和业绩评审、直接认定等多种方式，对学徒进行职业技能等级认定，加大学徒高级工、技师、高级技师评价工作。加大社会培训评价机构和行业组织的征集遴选力度，注重发挥工商联所属商会作用，大力推行社会化职业技能等级认定。

（四）加强宣传动员。广泛动员企业、院校、培训机构和职工积极参与学徒制培训，扩大企业新型学徒制影响力和覆盖面。强化典型示范，突出导向作用，大力宣传推行企业新型学徒制的典型经验和良好成效，努力营造全社会关心尊重技能人才、重视支持企业职工培训工作的良好社会氛围。

人力资源社会保障部 财政部 关于拓宽职业技能培训资金使用范围提升使用效能的通知

扫一扫

人社部发〔2021〕69号

各省、自治区、直辖市及新疆生产建设兵团人力资源社会保障厅（局）、财政厅（局）:

根据2021年《政府工作报告》要求，为深入实施职业技能提升行动，切实提高劳动者职业技能水平和就业创业能力，现就拓宽职业技能培训资金使用范围有关工作通知如下。

一、加大职业技能提升行动专账资金统筹使用工作力度。各省级人力资源社会保障、财政部门要加大职业技能提升行动专账资金（以下简称专账资金）统筹管理工作力度，结合培训工作进展和专账资金结余情况，建立并落实专账资金省级统筹使用工作机制，在本辖区内不同地域进行调剂使用，并向培训任务重、资金出现短缺的地区倾斜，切实解决专账资金结余和使用不平衡问题。市（地）级人力资源社会保障、财政部门要做好贯彻落实，加大当地资金调剂使用力度，确保各项职业培训补贴政策落地落实。各省份要将统筹调剂情况于9月下旬前函报人力资源社会保障部、财政部。

二、进一步扩大职业培训补贴政策覆盖范围。各地要按规定切实落实好企业职工、就业重点群体及易返贫致贫人员职业培训补贴（含职业技能鉴定补贴，下同）和生活费（含交通费）补贴政策，打破户籍和地域限制，支持帮助有培训需求的人员就地就近接受培训，并按规定给予职业培训补贴和生活费（含交通费）补贴。根据就业需求，适当放宽劳动者参加补贴性职业技能培训年龄限制，对确有就业能力和培训需求，达到法定退休年龄但尚未按月领取基本养老金的，可按规定纳入职业培训补贴和生活费补贴范围。个体工商户用工、民办非企业单位用工以及灵活就业人员，可按规定纳入职业培训补贴和生活费补贴范围。企业和院校组织开展职业技能竞赛实训，可按规定给予职业培训补贴（不含获奖人员奖金、差旅费、交通食宿费、工杂费等其他费用）。

三、加强新职业培训。要结合高质量发展对技能人才的急迫需求，结合平台经济、共享经济发展形成的新就业需求和新就业形态，进一步健全新职业培训的支持政策。有条件的地方可安排工作经费，加快新职业的标准开发、培训包开发、教学计划制定和教材建设。坚持就业导向，突出能力建设，大力开展新职业培训。加快新职业评价机构的征集遴选工作，积极稳妥推行社会化评价。动态调整培训项目目录、培训和评价机构目录，将新职业培训及时纳入职业培训补贴范围。

四、强化职业培训补贴政策执行落实。符合条件的劳动者在户籍地、常住地、培训地、求职就业地参加培训后取得职业资格证书（职业技能等级证书、专项职业能力证书、特种作业操作证、特种设备作业人员证、培训合格证书等），按规定给予职业培训补贴，原则上每人每年可享受不超过3次（同一职业同一等级一年内不可重复享受）。加强实名制信息管理，支持常住地、培训地、求职就业地破除户籍限制，切实强化政策落实，加大培训工作力度。

五、进一步加强职业培训基础工作。各省级人力资源社会保障、财政部门要加强培训机构基础工作。“十四五”期间，继续组织实施高技能人才培训基地、技能大师工作室等建设项目，依托企业和院校，建设一批国家级高技能人才培训基地和技能大师工作室。职业技能提升行动期间，可支持企业、院校和培训机构购置培训教学仪器设备，所需资金可从专账资金列支。市（地）级以上人力资源社会保障、财政部门要充分考虑实训设施设备升级改造等培训基础能力建设成本以及实训耗材、培训场租和培训时长等综合因素，合理确定和调整职业培训补贴标准。要加大高技能人才培养力度，努力实现全国技能劳动者占就业人员总量的比例达到25%以上、高技能人才占技能劳动者的比例达到30%以上的目标。

六、强化培训质量和资金监管力度。各级人力资源社会保障部门要严格培训质量，强化过程监管，进一步提高培训针对性和有效性。健全政府购买服务机制，经办力量确有不足的地区，可引入第三方社会机构承担培训机构审核、过程监管等工作，加强培训监管和经办服务能力。各级人力资源社会保障、财政部门要切实履行专账资金使用管理责任，将培训资金监管作为风险防控的重要内容，依法依规依纪，管好管严管实，切实保障资金安全和使用效能。

人力资源社会保障部

财政部

2021 年 9 月 2 日

部门推动

发展改革委

统筹推进职业技能培训基础能力建设，2019—2021年共计安排32亿元中央预算内投资支持地方建设了129个公共实训基地，有效提高地方职业技能培训基础能力；推动职业教育产教融合，会同教育部、人力资源社会保障部印发《“十四五”时期教育强国推进工程实施方案》，将职业教育产教融合作为教育强国推进工程的重点建设项目；会同14部门联合印发实施《深化促进家政服务业提质扩容“领跑者”行动三年实施方案（2021—2023年）》严格推行新上岗家政服务人员岗前培训制度，要求在岗人员每两年至少得到1次“回炉”培训。

教育部

着力推动“1+X”证书制度试点工作，持续深化人才培养培训和评价模式改革，目前已遴选出4批、300个培训评价组织的447个证书参与试点，5 500多所院校参与试点，超过120万名学生参加考核，证书累计获得超过15 000家企业的认可；推进现代学徒制试点项目验收工作，2015年以来共布局了558个国家级现代学徒制试点项目，目前已全部完成验收，覆盖1 000多个专业，合作企业2 480家，惠及学生超过10万名，在校生中实施现代学徒制人才培养的比例接近3%；联合印发《职业院校全面开展职业培训 促进就业创业行动计划》，指导各地推动职业院校坚持育训并举、学历教育与职业培训并重，推动职业院校培训量计算标准化、规范化，按一定比例折算成全日制学生培养工作量，与绩效工资总量增长挂钩。

科技部

与全国总工会联合实施高技能领军人才和优秀产业技术紧缺人才境外培训计划，并给予部分中央财政经费支持。双方围绕国家重大战略实施，共同研究制定培训主题和内容，对应参训人员专业技术种类，分批次、有重点地推荐选拔荣获国家级奖项的高技能领军人才和“大国工匠”赴境外培训交流，合作培养高技能领军人才和优秀产业技术紧缺人才。在双方共同努力下，以“智能制造”“高端制造”和“精益求精”为主题的三批团组先后前往德国、日本进行学习交流，圆满完成培训任务。

工业和信息化部

联合人力资源社会保障部印发《工业通信业职业技能提升行动计划实施方案》，将职业技能提升行动作为推动工业和信息化事业高质量发展的重要举措；指导设立工业和信息化职业技能提升行动办公室，加强统筹协调；聚合部属单位和社会各方资源，提升行动办公室牵头成立“工业和信息化职业技能提升行动工作委员会”，目前已有会员单位 120 家；围绕重点领域，建设职业技能课程体系；加强网上学习平台建设，积极开展线上培训，截止到 2021 年 12 月中旬，平台浏览量累计 2 000 万人次，为 550 万人次提供技术技能学习服务，培训总时长达 90 万小时。加强调研和工作指导，梳理形成《各地职业技能提升政策要点一览表》，推广好的经验和做法，指导帮助行业企业用好国家政策，积极开展技能培训。

民政部

指导各地民政部门做好职业技能培训机构的登记管理工作，推动财政部门完善社会组织税收优惠政策，将包括职业技能培训机构在内的社会服务机构纳入公益性捐赠税前扣除范围；加强养老护理员队伍建设，会同人力资源社会保障部等部门印发《关于实施康养职业技能培训计划的通知》，面向有意愿从事养老服务人员开展培训，截止到 2021 年 11 月底，全国累计培训超过 170 万人次；会同教育部等部门印发《关于教育支持社会服务产业发展　提高紧缺人才培养培训质量的意见》，明确提出以面向社会居民的养老服务等紧缺领域为重点；举办养老护理员职业竞赛，实现以赛促学、以赛促训、以赛促评、以赛促建；完善殡葬行业专业人才队伍建设制度设计，加强从业人员队伍建设；加强儿童福利工作者队伍建设，指导各地开展培训；加强城乡社区工作者队伍建设，将其纳入职业技能培训范围，建立分级培训制度，组织开展示范性培训；加强民政职业教育人才队伍建设，统筹指导 26 个民政相关专业标准和简介的修订工作。

财政部

指导各地从失业保险基金结余中提取资金 1 138.6 亿元，统筹用于实施职业技能提升行动，对符合条件企业职工和重点群体发放培训补贴；2019—2021 年中央财政通过安排就业补助资金 1 661 亿元，支持地方落实包括职业培训补贴在内的就业创业扶持政策；多次拓宽覆盖对象范围，基本实现对就业重点群体和企业职工全覆盖；实施应急性、超常规的以工代训政策，支持企业稳定和扩大就业岗位；加强高技能人才培养力度，全面推行中国特色企业新型学徒制，对开展学徒培训的企业按规定给予职业培训补贴；强化培训有效供给，深化高危行业安全技能提升行动，动态调整政府补贴性培训项目目录，大力开展“高精尖新”等各类职业技能培训；制定资金管理办法，指导地方加快预算执行进度，强化资金监管；与人力资源社会保障部门、审计等部门密切配合，建立覆盖事前、事中、事后全过程的监管机制；进一步加强预算分析和绩效评价，建立职业技能培训与预算安排挂钩机制。

住房城乡建设部

着力提升从业人员技能水平，完善行业从业人员职业技能培训体系，建立住房城乡建设行业从业人员培训管理信息系统，完善相关职业标准；会同国家发改委等 11 部门联合印发《关于加快培育新时代建筑产业工人队伍的指导意见》，完善职业技能培训体系，推动新时代产业工人队伍建设；开展世界技能大赛行业选拔赛，指导相关行业协会做好行业职业技能竞赛工作，推动地方举办职业技能竞赛；印发《房屋市政工程复工复产工作指南》，对务工人员，特别是新进场建筑工人和转岗人员，组织开展以疫情防控和工程质量安全管理知识为重点的教育培训；组织开展全国住房和城乡系统宣传教育活动，推动建筑施工企业和从业人员树牢安全发展理念；积极推进职业教育扶贫和乡村建设工匠培训、管理工作等。

农业农村部

大力实施高素质农民培育计划，提升农民技术技能水平和综合素质，三年来累计培育高素质农民超过 180 万人；聚焦“三农”工作中心任务，以家庭农场经营者、农民合作社带头人为重点，大力培养新型农业经营主体带头人、农村创业带头人、乡村治理及社会事业发展带头人；坚持高位推动，加快建设具有中国特色的农民教育培训体系；联合全国妇联培育高素质女农民，提升农村妇女科技文化素质和技术技能水平；联合中国科协实施乡村振兴农民科学素质提升行动，开展全国农民科学素质网络知识竞赛活动；联合国家农业信贷担保公司开展高素质农民专项信贷服务活动；联合共青团中央评选乡村振兴青年先锋；联合教育部实施高素质农民学历提升行动计划，着力构建短期农民培训与中长期农业职业教育相互衔接、互融互促的新型农民教育格局。

商务部

会同发展改革委等部门印发《关于开展 2019—2020 年家政培训提升行动的通知》，累计培训家政从业人员超过 600 万人次；会同人力资源社会保障部等部门印发《关于巩固拓展家政扶贫工作的通知》，开展家政劳务供需对接，保障有意愿从事家政服务的劳动力参加家政服务培训，按规定享受相关补贴，累计带动 85 万贫困地区劳动力从事家政服务；实施家政兴农行动，加大对大型家政企业和培训机构开展家政技能培训的支持力度；支持各地加强农村电商人才培养，提升电商从业人员实操技能，提高利用电商就地就业创业能力；组织电商主管干部培训，面向商务主管部门举办数字商务创新发展高级研修班，帮助各地启发推动电商发展的新思路、新方法；建设完善全国电子商务公共服务平台，面向广大电商从业人员提供免费电商培训服务；提升继续教育基地培训效能，开展多层次电商人才培训，2019—2021 年累计实施电商人才培训超过 20 万人次。

退役军人事务部

着力加强政策顶层设计，出台《关于做好退役军人职业技能培训工作的通知》等多份政策文件，积极参加提升行动，3 年来组织约 80 万人次参加各类职业技能培训，据抽样统计，有职业技能培训意愿的参训率达到 100%、培训后证书获取率达到 97%、培训后一年内稳定就业率达到 87%，三项指标均达到了预期目标；推广普及适应性培训，引导自主就业退役士兵积极参加职业技能培训，3 年来参加了适应性培训的退役士兵人数超过 52 万人次；增加承训机构、扩大培训项目供给，对于符合条件的机构和项目应纳入尽纳入，满足退役士兵多样化的培训需求，目前各级承担培训任务的机构达到 3 795 家；大力倡导定向培训，主动协调优质岗位资源和优质培训资源相对接，为退役军人提供“教培先行、岗位跟进”的链条式服务；指导各级退役军人部门积极配合本地人力资源社会保障部门宣传职业技能提升行动政策，鼓励退役军人踊跃参加。

应急部

会同人力资源社会保障等部门，重点在化工危险化学品、煤矿、非煤矿山等高危行业企业实施安全技能提升行动计划，2019—2021 年，共实施高危行业领域安全技能培训 2 767.1 万人，其中，通过校企合作培养新上岗人员 19.7 万人；经专门安全技能培训取得特种作业操作证人员 709.9 万人；培训高危行业企业班组长 73.5 万人；开展在岗员工安全技能提升培训 1 345 万人；开展网络在线培训 619 万人。高危行业企业从业人员中取得职业资格证书或职业技能等级证书的比例提高到 31.2%。各地遴选培育 368 家安全技能实训和特种作业人员实操考试基地，扶持和重点培育 182 家安全生产相关职业院校（含技工院校）开展安全技能培训，推动 147 家安全生产产教融合型企业建设安全技能实训基地，培训供给能力和质量得到持续改善，高危行业企业从业人员安全素质和技能得到大幅提高。各级应急管理部门、矿山安全监察部门将企业安全培训纳入年度执法计划，促进企业落实安全培训主体责任。

人民银行

发挥职能作用，加强信贷政策指导，加大创业担保贷款政策实施力度，支持劳动者提升职业技能；通过稳健的货币政策，为创业就业营造适宜的货币金融环境；深化中小微企业金融服务，促进提高中小微企业吸纳就业能力；加大创业担保贷款政策实施力度，满足创业就业群体融资需求。

审计署

在2020年审计中，组织18个特派员办事处对17个省职业技能提升行动实施情况进行了审计，重点关注各省职业技能提升行动资金筹集和使用情况，并就专账资金支出进度慢、制度出台慢和培训科目设置未紧跟市场需求等主要问题，建议相关主管部门要进一步明确职业技能提升行动专账资金的支持范围，细化相关制度，加强培训与市场对接工作，优化课程设置，提升培训工作的适应性和有效性等。2021年2月，人力资源社会保障部、财政部联合下发了《关于充分发挥职业技能提升行动专账资金效能 扎实推进职业技能提升行动的通知》，对合理确定调整培训补贴标准、加大培训补贴资金直补企业工作力度等方面做了明确规定，各地也先后出台进一步用好专账资金的管理办法等规章制度，扩大参训人员范围、培训项目。在2021年第二季度，审计署组织9个特派员办事处对就业补助资金和失业保险基金进行审计，职业技能提升行动方案的落实情况也作为重要内容，审计情况纳入第二季度政策跟踪审计报告。

国资委

制定印发《关于加强中央企业技能人才队伍建设的指导意见》，指导企业深入开展技能培训，拓展技能人才职业发展空间；实施中央企业大国工匠培养支持计划，聚焦推动破解关键核心技术和加快制造业升级的职业（工种），遴选100名掌握绝技绝活的高技能人才，针对性加大综合培养力度；推动中央企业深化产教融合，鼓励中央企业深化校企合作，设立实习实训基地，建设培养培训基地；鼓励企业和技工院校（职业院校）共建实训中心、教学工厂，选拔优秀技能专家到技工院校（职业院校）挂职任教；指导中央企业结合自身实际，畅通技能人才发展通道，打破技能人才职业发展“天花板”。

国家税务总局

落实将企业职工教育经费税前扣除限额提高至工资薪金总额8%的税收政策工作任务。按照“放管服”改革部署，简化办税流程，压减办税资料，企业无需审核备案，直接填写申报表即可享受此项政策，实现享受税收政策“无障碍”。目前企业享受职工教育经费税前扣除政策已经实现“应享尽享”。

市场监管总局

持续推进商事制度改革，为创业就业营造良好准入环境，不断优化服务措施，推动实施“企业开办全程网上办”改革，全面推进电子营业执照应用，为社会培训和评价机构注册登记提供便利；支持企业兴办职业技能培训，扩大面向职工、就业重点群体和贫困劳动力的培训规模，激发职业技能培训主体积极性，有效增加培训供给；扶持个体工商户持续健康发展，鼓励引导个体工商户重视职业技能提升，增强发展的内生动力。

乡村振兴局

围绕脱贫家庭新成长劳动力，持续推进雨露计划，截止到2021年12月，全国有205万左右脱贫家庭（防止返贫监测对象家庭）新成长劳动力接受职业教育；实施职业技能提升工程，加强创新型、应用型、技能型人才培养，多形式多渠道开展技能培训，截止到2021年12月，全国脱贫人口累计实现培训626.4万人次；积极培育贫困村创业致富带头人，坚持政治标准和带贫能力并举，从村“两委”干部、返乡创业人员、复转军人、农民专业合作社负责人、家庭农场主、种养大户等群体中发掘遴选，截止到2021年年底，全国共遴选脱贫村创业致富带头人60万人，培训47.6万人次；开展创业培训，按照“缺啥补啥”的原则，分级分类抓好培训，提高培训的针对性、实用性。

全国总工会

广泛深入开展劳动和技能竞赛，推动知识型、技能型、创新型职工队伍建设；强化技能人才培养，提升职工技能水平和创新能力，如开展技能竞赛和交流活动、深化劳模和工匠人才（职工）创新工作室创建活动等。同时，积极提供技能培训等就业援助，提升职业技能和就业创业能力。

共青团中央

聚焦青年技能人才培养，优化创新“振兴杯”全国青年职业技能大赛，近三年吸引20万余名青年参加“振兴杯”大赛各级赛事；强化典型示范，依托“振兴杯”大赛组织开展技能人才宣讲、技能大师公开课、“青春敬技场”青年职业技能短视频挑战赛等活动，覆盖50万余名团员青年；加强政策激励，对世界技能大赛和共青团中央参与主办的职业技能竞赛中产生的青年高技能人才授予“全国青年岗位能手”；聚焦青年就业创业能力提升，丰富青年职业技能培训工作内涵；以大学生“千校万岗”就业服务活动为抓手，开展线上就业指导课，精准面向建档立卡贫困生结对开展就业帮扶工作，帮助青年大学生转变就业观念、提高求职能力；聚焦青年安全技能水平提升，发挥青年安全生产示范岗带动作用。

中国残联

印发《关于贯彻落实职业技能提升行动方案（2019—2021年）的通知》，明确提出2019—2021年开展残疾人职业技能提升行动的任务目标；指导各地开展以就业为导向的残疾人职业技能培训，包括对未就业残疾人开展就业技能培训，对在岗残疾人开展岗位技能提升培训，对有创业意愿的残疾人开展创业培训等，累计开展各类残疾人职业技能培训181.9万人次；积极组织开展雇主等培训，改善用人观念，指导用工企业开发残疾人岗位；指导各地积极协调当地人力资源社会保障部门，有效对接培训基地和培训目录清单；根据培训项目和残疾等级，通过成本核算，合理分类确定残疾人培训经费标准。

省级实践

北京：创新培训机制　强化稳岗兴业功能

一、总体情况

职业技能提升行动实施以来，为积极应对新冠肺炎疫情防控常态化形势，北京市推出“以训稳岗”“以训兴业”培训模式，搭建北京市职业技能提升行动管理平台，推动构建数字技能培训体系，推进培训工作“三个转变”，支持受新冠肺炎疫情影响较大的中小微企业稳定就业岗位，技能培训在稳就业、保就业、促进经济高质量发展过程中发挥了重要作用。2019 年以来，全市累计开展各类补贴性职业技能培训 313.6 万人次，拨付培训补贴资金 33.2 亿元，其中专账资金 29.7 亿元。

二、主要措施

（一）由“小培训”向“大培训”格局转变

一是工作体制由“独唱”变“合唱”。改变了人力资源社会保障部门组织实施的培训管理模式，在市就业工作领导小组统筹下，建立“横向行业主责、纵向市区实施”的系统格局，“管行业也管队伍”的工作要求得到贯彻落实，实现 20 个市级部门和 17 个区政府（含经开区管委会）齐抓共管技能人才系统培养管理格局。

二是培训政策由单一部门政策向市级系统政策转变。打造了 1 个总体方案和 29 项行业部门培训补贴政策的“1+X”政策体系。市科委、市经信局、市金融局等部门向高精尖人才专项培养集成，市国资委、市市场监管局等部门向城市运行保障服务人才培养集成，市商务局、市卫生健康委、市文化旅游局等部门向生活性服务人才培养集成。

三是运行机制由“单循环”向“多循环”转变。建立了“小组任务分配、部门组织实施、人财检查验收、专业绩效考核”的政策执行落实格局，培训数据“一网比对、一网归集、一网统计”，实现了培训全程实名制、可记录、不可篡改，形成了“制度＋技术”的补贴资金风险防范机制。

（二）由技能帮扶培训向终身培训转变

一是培训人群由重点群体向全体劳动者转变。面向下岗失业人员、农村转移就业劳动者、高校毕业生、退役军人、残疾人等重点群体开展促进就业培训，2021 年开展农村劳动力等促就业稳就业培训 18.3 万人，就业率达到 80% 以上。由重点群体帮扶拓展至企业职工职业生涯各阶段培训，建立了新招用职工岗位适应性培训、转岗转业培训、新职业新业态培训、岗位技能提升培训补贴政策体系，已支持 5.5 万家企业开展技能提升培训。

二是培训功能由稳岗向兴业转变。在“以训稳岗”基础上，深入实施“以训兴业”政策，拓展补贴范围和标准，由企业扩大到个体工商户和社会组织。融合培训考核全过程，增加结果考核环节，打造一体化课程包学习考核模式，发放电子培训合格证书，提高培训效果测评。对参加政府补贴培训的企业抽样调查结果显示，被调查的 1 万家参加培训的企业中，82% 的企业培训时长超出 80 课时，有 60% 的企业较上一年同期营业收入增长超 10%。

三是培训资源由供给侧向需求侧转变。首创数字化培训服务体系，搭建北京市职业技能提升管理平台“京训钉”，积极实施数字技能转型，多元引进市场优质培训资源，经征集、路演评审等程序，先后有 40 家平台和资源方的 2 000 余门课程入驻管理平台，支持“一企一策”打造个性化培训课程，企业可线上线下结合、通用自由搭配，按需组合选课，建立了“平台广接资源、企业自主定制、职工线上学习、政府提供补贴”的全链条培训新机制。

（三）由普惠培训向精准培训转变

一是支持范围从普惠享受到精准认定。聚焦科技创新、城市运行保障和生活性服务业等受新冠肺炎疫情影响较大的重点领域中小微企业，以生产经营收入同期同比下降 80% 以上为条件，精准施策、属地认定、靶向发力。实施清单式管理、项目式推进，叠加培训补贴和岗位补贴，为企业及时“输血造血”，有 1.7 万家企业 25 万名职工参加培训。

二是培训标准由“一刀切”向“差别化”转变。改变“大水漫灌”式的培训支持做法，更加注重培训效果评价，采取“培训过程 + 结果考核”的方式，制定分类别、分时长的差别化培训标准，企业可根据岗位需求情况，自主选择培训内容，将企业职工“分层分类分班”，开展不同内容和形式的培训。

三是培训方式由“机构找人”向“人找机构”转变。在北京市大兴区开展培训券试点工作，建立享受群体、培训机构和培训项目“三单式”培训模式，创新运用“社保卡 + 职业培训券”，通过电子社保卡加载培训券功能，培训人员凭电子培训券自主选择培训机构和培训项目。打通职业培训券从领券、核销到审核、拨款的全流程闭环，凭券参训、凭券补贴、资金审核及发放均在平台上完成，实现了免垫付、个性化、精准化培训。

天津：扎实推进职业技能提升行动
助力制造业立市和高质量发展

一、总体情况

2019 年以来，天津瞄准制造业立市战略和“1+3+4”现代工业产业体系，依托“海河工匠”建设政策，以产业优化升级需要和企业急需紧缺技能为导向，扎实开展职业技能提升行动，加大技能人才培养，不断提升劳动者技能水平和就业能力，着力构建知识型、技能型、创新型劳动者大军。实施职业技能提升行动三年间，天津从失业保险结余中提取 16.4 亿元，其中专账资金 11.7 亿元，累计开展各类补贴性职业技能培训 115.6 万人次。截止到 2021 年年底，全市技能人才总数达到 271 万人，其中高技能人才 83 万人，占比达 30%。

二、主要措施

（一）坚持政策导向，促进劳动者技能提升和就业形势稳定

一是加强急需紧缺技能人才培养。按照“需求引导培训，补贴对应等级”原则，发布《年度市场紧缺职业需求程度及培训补贴标准目录》，引导职业院校（含技工院校，下同）、民办职业培训机构、企业培训中心等各类培训载体大规模开展职业技能培训，加强急需紧缺技能人才培养，按照紧缺程度分别给予 80%~100% 培训费补贴。

二是促进企业生产和稳定就业。新冠肺炎疫情期间，支持全市企业运用互联网线上培训平台开展线上培训，按照每名职工 600 元的标准给予企业线上培训补贴。同时，在全国率先实施重要医用物资生产企业以工代训，企业职工在学中干、在干中练，按照每名职工每月 1 000 元的标准给予企业以工代训补贴，助力企业生产和新冠肺炎疫情防

控。按照人力资源社会保障部要求，扩大职业技能提升行动参与企业范围，将全市所有行业中生产经营困难的中小微企业、吸纳就业困难人员就业的参保企业、吸纳登记失业人员就业的中小微企业纳入以工代训补贴范围，延长以工代训政策期限，按照每人每月500元的标准给予补贴。

三是开展“迎新春稳岗留工送培训”活动。鼓励各类企业对2021年春节调休不歇班和留岗职工提供精准化、针对性培训服务，开展灵活多样的岗位技能提升培训1.2万人，按照目录补贴标准的120%给予企业培训费补贴，按照每人300元的标准给予职工生活费补贴，确保了春节期间就业和用工形势稳定。

（二）突出精准培训，全面实施技能人才培训系列专项行动

一是推行企业新型学徒制培训。支持企业与职业院校、民办培训机构、企业公共实训基地等合作，通过“企校双师带徒、工学交替培养”模式开展企业新型学徒制培训，提高补贴标准，促进产教融合培养技能人才。

二是实施青年技能培训行动。以高校毕业生和其他青年群体为培训对象，以提升青年就业创业能力为核心，支持青年群体大规模开展企业新型学徒制培训、以工代训、创业培训，提高青年就业率和创业成功率。

三是制定康养职业技能培训计划。联合市民政、财政等4部门，出台《康养职业技能培训计划》，通过支持技能培训、开展技能评价、加强载体建设等措施，培养数量充足、技能高超的康养服务技能人才。

四是开展困难人员培训帮扶。武清、宁河、蓟州等区对辖区内全部困难村有意愿参加培训的人员进行摸底调查，结合培训需求，采取“菜单式”模式，就近推荐机构进行培训，并录制视频课程，通过线上公共服务平台进行推送。

（三）优化培训资源，充分调动社会力量参与技能培训

一是发挥企业职业技能培训主体作用。遴选认定432家企业培训中心，面向企业职工开展内训，培训补贴直补企业；将18家设施设备先进、技术水平领先、行业影响力较强的企业培训中心认定为企业公共实训基地，面向社会提供公共实训服务，实现“社会资源专业化、专业资源社会化”。

二是坚持拔尖技能人才培养。支持头部企业、职业院校借助场地、技术和设备等资

源优势，加强拔尖技能人才培养，累计建设35家市级高技能人才培训基地和67家市级技能大师工作室，分别给予200万元、30万元建设经费。

三是促进职业技能培训线上线下相结合。推进“互联网＋职业培训”，依托面向社会遴选的30家职业技能线上培训平台，为广大培训机构和学员提供灵活的职业技能培训服务，促进培训供需双方的有效对接。积极开展“百日免费线上技能培训行动”，鼓励企业培训中心、职业院校和其他培训机构，基于生产经营实际需要、岗位需求和培训对象接受程度等，自主选择线上培训资源，采取线上线下相结合的方式开展技能培训。

（四）严格监督管理，着力提升培训补贴资金使用效能

一是推进职业技能培训管理科学化、规范化。2019年以来，先后出台了补贴培训违规行为处理办法、补贴项目监管办法、职业培训事中事后监管、政府补贴职业培训协议管理办法等制度性文件，形成了较为完备的职业技能培训监管制度体系。建设实名制培训补贴管理信息系统，优化培训补贴经办流程，明确培训审核要件和经办时限，厘清职责边界，压实各单位监管责任，进一步规范市、区两级监管模式。

二是创新以信用为基础的新型监管模式。坚持每年开展全市民办职业培训机构质量评估工作，引导和鼓励民办职业培训机构提升培训能力、扩大培训规模、提高培训质量。制定《民办职业培训机构信用分级评价管理办法》，将全市民办职业培训机构划分为优秀、良好、一般、较差四个等级，对不同等级的机构给予相应的激励和惩戒措施，促进优胜劣汰，形成良性发展。

三是加大培训违规行为处理力度。市级抽查比例由原来培训班期总数的5%提高到不低于20%，区级检查全覆盖；检查项目由9项增至15项。2021年依规解除了4家违规培训机构的补贴协议，在全市范围进行通报，起到了极大震慑作用。

（五）加强品牌建设，大力营造技能成才技能报国良好氛围

一是积极承接国家层面活动。与人力资源社会保障部共同举办全国职业技能提升行动服务周启动仪式，召开第二届全国技能大赛组委会第一次全体会议，组织第46届世界技能大赛倒计时一周年灯光秀、“迎世赛点亮技能之光”第46届世界技能大赛主题推广等活动，为第46届世界技能大赛营造氛围。

二是创新举办“天津技能周”活动。在省级层面创新举办“天津技能周”活动，组

织京津冀技能人才交流、技能大赛与高技能人才培养国际论坛、第二届“海河工匠”颁奖典礼暨第一届全国技能大赛天津获奖选手表彰大会等33场专题活动；各区结合自身实际，通过走访企业、走进社区、现场办公等形式，组织定点宣传近百场，服务劳动者2万余人，发放口袋书等宣传资料5万余份。

三是持续打造“海河工匠”品牌。通过冠名“海河工匠”培训基地、选树“海河工匠”、举办“海河工匠杯”大赛，不断丰富“海河工匠”品牌内涵，激发劳动者学习钻研技能热情，营造劳动光荣、技能宝贵、创造伟大的良好社会氛围。

河北：守正创新　开拓进取
奋力推动河北职业技能培训提档升级

一、总体情况

河北省人力资源社会保障厅高度重视职业技能提升行动的组织实施，将其作为践行以人民为中心发展思想的实际行动，作为践行党史学习教育推动“我为群众办实事”活动的具体抓手，在提高职业技能培训的统筹性、精准性、有效性、便捷性方面，强责任、明任务、搭擂台、求实效，圆满完成目标任务，取得了显著成效。截止到 2021 年年底，全省累计开展各类补贴性职业技能培训 234.8 万人次，拨付专账资金 24.6 亿元，技能劳动者数量占就业人口总量的比例达到 25%，高技能人才总量占技能劳动者总量的比例达到 30%。

二、主要措施

（一）聚焦促进就业和服务发展，着力提高培训的精准性

一是大力开展重点群体培训促进就业。面向农村转移就业劳动者、下岗失业人员、退役军人、高校毕业生等群体，大规模开展家政服务员、育婴员、保育员、电子商务师等急需紧缺职业（工种）培训，不断提升重点群体就业创业能力。

二是大力开展以工代训稳定就业。积极应对新冠肺炎疫情影响，组织外贸、住宿餐饮、文化旅游、交通运输、批发零售行业各类企业开展以工代训和以训稳岗，共有 1 955 家企业的 20.8 万名职工享受以工代训补贴。

三是大力开展“高精尖”培训，支撑高质量发展。把“高精尖”技能人才培训作为重中之重，全省累计培训高技能人才 18.3 万人次，开展企业新型学徒制培训 7.35 万

人次。

（二）坚持标准引领，着力提高培训有效性

一是全面推行职业技能等级认定制度。从社会组织、高新技术企业和技工院校中遴选出105家第三方评价机构，为广大劳动者提供评价服务。

二是支持企业自主开展评价。向用人主体充分放权，认定512家技能人才自主评价企业，企业可根据实际确定评价方式、内容，促进评价结果与岗位要求相适应。

三是大力开展专项职业能力考核。开发和引进石材雕刻、光伏设备安装、短视频拍摄与剪辑等专项能力考核规范1 097个，促进乡土人才成长和服务新兴产业发展。

四是广泛开展职业技能竞赛促进评价。坚持以赛促训、以赛促教和以赛促学，建立了每两年举办一届全省职业技能大赛的机制，广泛开展各专项赛事，积极做好世界技能大赛和各类国家赛事参赛工作，构建起以全省职业技能大赛为龙头，以行业、市级职业技能竞赛和企业岗位技能竞赛为基础的职业技能竞赛体系。

（三）创新信息化服务举措，着力提高培训便捷性

一是采取线上线下方式开展培训。遴选84家互联网培训平台，开发并引进网络课程资源，涉及267个职业（工种）共计2 000余门课程，培训机构和企业可根据需求选择互联网培训平台提供的培训资源开展线上培训。强化线下技能操作训练，支持企业和培训机构结合实际适当延长实训时长，进一步提升培训质量，优化培训效果。

二是大力推广电子培训券。牢固树立便民服务意识，2021年利用电子社保卡发放电子培训券31万张。劳动者可使用电子培训券按需参加培训，实现从“培训找人”到“人找培训”，提升人员与培训适配度，构建劳动者免垫付和实名便捷享受职业技能培训服务的新载体。

三是开展全方位宣传引导。通过发放明白卡、张贴海报、开发H5互动页面、发布微信公众号推文等形式，宣传解读党和政府惠企利民的好政策。2021年7月19日，组织石家庄、唐山等6市人力资源社会保障局参加“我为群众办实事”主题擂台赛，晒成绩、比贡献、找差距，宣传了政策，赛出了干劲儿，形成了“你追我赶”的工作局面。

山西：实施精准培训 打造技能强省

一、总体情况

职业技能提升行动实施以来，山西省累计开展各类补贴性职业技能培训 550.1 万人次，拨付专账资金 34.6 亿元。截止到 2021 年年底，全省技能人才总量达到 500.5 万人，技能人才总量占全省从业人员总量的比例达到 28.8%，高技能人才总量达到 150.2 万人，占技能人才总量的比例达到 30%。

二、主要措施

（一）围绕产业集群用工需求，组织开展定向式培训

近年来，山西省深入推进供给侧结构性改革和转型综改，大力淘汰落后产能，同时对传统行业进行数字化、网络化、智能化技术改造，大力培育新兴产业、未来产业，打造 14 个战略性新兴产业集群（先进轨道交通装备制造、信息技术应用创新、生物基新材料、大数据、特种金属材料、煤机智能制造、现代生物医药和大健康、光电、半导体、节能环保、智能网联新能源汽车、碳基新材料、通用航空、光伏）和农产品精深加工十大产业集群（功能食品产业集群、保健食品产业集群、化妆品产业集群、果品产业集群、酿品产业集群、饮品产业集群、乳品产业集群、肉制品产业集群、中医药品产业集群、主食糕品产业集群）。对照产业转型发展急需的技能人才和乡村振兴需要的高素质农民，组织开展定向式培训，每期培训 3~6 个月，80% 以上参训人员取得高级工职业技能等级证书。

（二）完善培训就业激励机制，提高培训机构积极性

2018 年，全省实施补贴资金分段拨付。对就业重点群体实施每人不超过 1 500 元

的单一标准补贴政策，对培训机构补贴实行阶段拨付，先期拨付 80%，待培训班级实现 25% 以上人员就业后，再拨付剩余 20% 补贴资金。2020 年，适时调整专账资金使用标准，分等级进行补贴，普惠制培训将补贴标准降至每人不超过 1 000 元；对以就业为目的的订单式培训、项目制培训，实现班级就业率 80% 以上的，给予培训机构每人不超 4 000 元的培训补贴。2021 年，围绕产业需求制定补贴标准。针对 14 个战略性新兴产业集群和农产品精深加工十大产业集群开展定向式培训，将补贴标准提高到每人最高不超过 1 万元。

（三）健全技能等级评价激励机制，鼓励全民积极参与

截至 2021 年年底，全省职业技能等级认定机构总数达 548 家，另有 300 余家机构已完成综合评估的前期准备工作。将高校毕业生纳入职业技能等级评价取证重点群体范围，鼓励普通本科大学生在校期间取得职业技能等级证书。职业院校、技工院校全面落实学历、技能“双证书”制度，为毕业生提升就业竞争力增技赋能。对培训机构组织劳动者取得专项职业能力证书、职业资格证书或职业技能等级证书（特种作业操作证书、特种设备作业人员证书）的，均提高了补贴标准，激励劳动者、培训和评价机构加大取证力度。

（四）打造地方特色劳务品牌，实施“一县一品”工程

将职业技能培训工作和产业发展相结合，实施“一县一品”工程，培育发展了“棋源叉车工”“吕梁山护工”“天镇保姆”等特色劳务品牌 100 个。其中，在全国叫得响的“吕梁山护工”劳务品牌，已累计培训 40 期 7.6 万人，实现就业 4.1 万人，就业人员人均月收入 4 000 元以上，就业区域覆盖北京、天津等 8 省 20 多个大中城市，一大批有劳动能力的群众走出大山，融入城市，服务千家万户。

（五）创新培训模式，推行职业技能电子培训券

山西省是全国首批开展电子培训券试点的省份之一，2020—2021 年在全省范围内全面推行职业技能电子培训券，电子培训券发放量和使用量在全国稳居第一，实现“发券—培训—持证—兑现”全流程闭环管理，培训精准到人，资金管理安全便捷。2021 年，全省发放电子培训券 460 万张，使用电子培训券 286.8 万张。

（六）加强信息化建设，实现培训就业数据共享

建立了山西省培训实名制管理信息系统、山西省劳动力建档立卡信息平台、电子培训券应用平台、线上职业技能培训平台等，实现了建档立卡劳动力数据、职业技能培训实名制数据及就业服务信息化平台数据的共享。以全省统一的社保卡持卡人员基础信息库为依托，为“一点登记、全域办理”的一体化经办新模式提供了强有力的技术支撑。将参训人员实名制信息与参加社保的信息互联互通，为实现数据比对、确保资金安全提供坚实保障。

内蒙古：借机借势　合力推进职业技能提升行动

一、总体情况

2019年以来，内蒙古自治区累计开展各类补贴性职业技能培训181.4万人次，其中，企业新型学徒制培训2.9万人次，企业职工岗位技能提升培训24.3万人次，就业重点群体培训64.8万人次，以工代训89.4万人。技能劳动者达到350.9万人，占就业人员总量的28.3%，高技能人才总量达到104.9万人，占技能劳动者总量的30%。全区累计支出专账资金22亿元。

二、主要措施

（一）完善政策措施

结合自治区实际，扩大培训职业（工种）补贴范围，将国家公布的技能类职业（工种）和自治区具有区域特色、促进就业效果明显的职业（工种）全部纳入补贴范围，提高了217个职业（工种）补贴标准，基本实现各盟市日常培训补贴职业（工种）全覆盖。率先提出了将离校2年未就业高校毕业生和劳务派遣人员纳入补贴范围，给予相应培训补贴，对企业新录用的非就业重点群体人员，给予70%的岗前培训补贴，使更多劳动者享受到培训补贴的红利，基本实现了培训补贴的普惠性和全覆盖。

（二）推进“两目录一系统”建设

将政府补贴的全部职业技能培训项目向具备资质的职业院校（含技工院校）和培训机构开放，在人力资源社会保障厅网站公布了528家自治区补贴性培训机构名录和补贴职业（工种）目录（以下简称“两目录”），在各盟市人力资源社会保障局网站上同步公布当地“两目录”并动态更新，方便企业、培训机构和劳动者自主选择。全面实行补贴性培训信息实名制管理，坚持补贴性培训信息“凡补必进，不进不补”的原则，企业或培训机构利用职业技能提升行动资金、就业补助资金、失业保险基金开展的职业技能培训，要全部依托劳动就业核心业务经办子系统进行实名制管理，实现承担补贴性培训任务的培训机构全覆盖、参加补贴性培训的人员全实名、政策性补贴资金全记录，做到补贴培训过程可追溯、补贴性培训质量可监控。在新冠肺炎疫情发生后，积极组织开展职业技能线上补贴性培训，探索建立“互联网 + 职业技能培训”机制，分 19 批公布了 199 家可开展线上职业技能培训的平台（机构），在新冠肺炎疫情防控常态化形势下，实现“停课不停学”，累计开展职业技能线上补贴性培训 9.6 万人次。

（三）加大督查调度力度

针对部分地区重视程度不高、职业技能提升行动工作推进缓慢等问题，及时召开全区工作调度会，进一步压实责任、传导压力。同时，印发了《致各盟市人社局长的一封信》，要求各盟市加强部门间沟通协调，组织集中攻坚。采取周调度、月通报制度，实时掌握各盟市专账资金支出和培训开展情况。组织盟市开展职业技能提升行动“回头看”，查问题、找差距，加快推动各项任务落实落地。通过多种方式开展调研，及时了解各地区存在的突出问题和困难，就地召开座谈会，进行政策解读和答疑。针对在推进职业技能提升行动中遇到的共性问题，及时调整、完善相关政策措施。

（四）大力推进以工代训工作

2020 年，按照人力资源社会保障部要求，自治区把开展以工代训作为推动职业技能提升行动的有利契机，通过多种方式强化组织实施。自治区人力资源社会保障厅及时与财政厅联合印发文件，对补贴对象范围、标准、申请和资金拨付、网上经办流程等都做了细化，方便盟市操作落实。同时，加大宣传力度，制定了专题宣传工作方案，联合行业部门利用新闻媒体、网站、微信公众号等渠道开展专题宣传、公布《致企业的一封信》等，向符合条件的企业“精准投送”，提升政策知晓度，并向社会公布了全区 103 个旗县（市、区）以工代训受理单位、受理人和联系电话，方便企业申请。2021 年，在延续原以工代训政策基础上，结合自治区实际，新增了三类企业范围：一是 2021 年以前未申请或累计申请不足 6 个月的符合以工代训条件的企业，以及 2020 年 6 月 12 日至 2021 年 4 月 30 日间在自治区范围内依法登记注册，并按规定缴纳社会保险费的符合以工代训条件的企业，可继续开展以工代训；二是对2021年受新冠肺炎疫情影响但仍为职工发放工资并缴纳社会保险费的企业给予以工代训补贴，企业认定条件是2021年度企业月营业收入较2019年度或2020年度（符合其中一项即可）同比下降70%及以上；三是对企业注册地不在自治区范围，但企业职工在自治区范围工作且社会保险费在自治区各级社保部门缴纳的，可在社保缴纳地申请以工代训补贴。同时，通过定期对企业申请补贴资金信息的真实性、准确性进行核查，确保以工代训补贴资金的准确发放和安全使用。

（五）认真做好统计工作

组织召开“职业培训补贴资金使用情况统计表”指标解释会议，要求各盟市指定专人负责数据统计工作，精准做好职业技能提升行动期间各项培训数据汇总上报工作。每月对各盟市统计数据进行分析，与存在问题的盟市进行核实，及时纠正填报错误。

（六）做好技能扶贫工作

深入推进技能脱贫千校行动、深度贫困地区技能扶贫行动和京蒙扶贫协作。制定了精准识别、精准对接、精准施训、精准管理推进的技能扶贫工作方案，建立了月调度工作制度，提出了“两台账一平台”（培训需求调查台账、培训满意度调查台账、受理培训需求动态变化服务平台）工作要求，努力实现有培训意愿的贫困劳动力应培尽培。2019—2020年，全区识别出有培训意愿的建档立卡贫困劳动力2.7万人，已全部完成培训。

（七）广泛宣传，营造氛围

一是自治区本级及各盟市联合搭建多渠道、多维度职业技能提升行动宣传平台，通过报刊海报、广播电视、网络新媒体等，加大提升行动政策宣传力度，提升政策知晓度，鼓励全社会劳动者积极参与自治区职业技能提升行动。

二是制作自治区职业技能提升行动宣传片，印制《自治区职业技能提升行动政策文件汇编》（以下简称《文件汇编》），指导各盟市参照自治区做法，做好本地区职业技能提升行动宣传工作。

三是通过世界青年技能日等重要节日发放“口袋书”、赠送《文件汇编》、张贴宣传海报等，面向社会公众“多点位”进行职业技能提升行动政策宣传。

辽宁：大力实施"技能辽宁"行动 加强技能人才队伍建设

一、总体情况

职业技能提升行动实施以来，辽宁省共开展各类补贴性职业技能培训 477.8 万人次，拨付专账资金 42.8 亿元。截止到 2021 年年底，全省技能人才总量为 509.2 万人，高技能人才总量为 127.1 万人，分别占技能劳动者总量的 24% 和 25%。

二、主要措施

（一）实施以工代训扩围政策

以工代训扩围政策实施以来，全省共为 9.8 万家企业、272.3 万名职工发放以工代训补贴 27.9 亿元。其中，2020 年共为 5.6 万家企业、150.8 万人发放以工代训补贴 13.2 亿元；2021 年共为 4.2 万家企业、121.5 万人发放以工代训补贴 14.7 亿元。

（二）规范开展线上培训

面对新冠肺炎疫情带来的不利形势与巨大挑战，逆势而上，大规模开展线上职业技能培训，确保职业技能提升行动目标不变、节奏不减，取得了显著的工作成绩。全省共开展各类线上职业技能培训 64.1 万人次，发放线上培训补贴 3.2 亿元，有效助力企业特别是中小微企业复工复产和稳定就业岗位。2020 年 6 月 26 日《人民日报》头版刊登了有关辽宁省线上培训工作的相关报道。

（三）重点开展企业职工岗位技能培训

充分发挥企业培训主体作用，支持各类企业围绕产业升级和技术创新、生产经营需要，广泛开展岗前培训、转岗转业培训、岗位技能提升培训等。依托企业开展定向、定岗、订单式和项目制培训，不断创新技能人才培养模式，扩大技能人才培养规模，促进企业技能人才培养，不断提升企业技术创新能力和企业竞争力。全省共培训企业职工（不含以工代训和线上培训）101.4 万人次，从专账资金中发放培训补贴 7 亿元。

（四）全面推行企业新型学徒制

围绕做好辽宁省结构调整“三篇大文章”，紧扣“数字辽宁、智造强省”之急需和企业未来技能需求，在辽宁省各类企业全面推行企业新型学徒制。通过校企合作、工学交替方式，促进企业技能人才培养，进一步创新技能人才培养模式，扩大技能人才培养规模，不断提升企业技术创新能力和企业竞争力。三年共组织 3.9 万名职工参加企业新型学徒制培训，拨付培训补贴资金 7 000 万元。

（五）积极开展就业重点群体免费职业技能培训

充分发挥各类就业重点群体主管部门作用，建立健全各司其职、各尽其责的工作协调机制，增强工作合力，帮助就业重点群体更加有效地参加免费职业技能培训。同时，优化调整培训补贴拨付方式，由原“先垫后补”调整为就业重点群体免费参加培训，补贴资金直补培训机构，大大提高了就业重点群体参加培训的积极性。三年共培训就业重点群体 40 万人次，从专账资金中发放培训补贴资金 4.7 亿元。

（六）组织实施高校毕业生免费专业转换及技能提升培训

自 2020 年起，面向辽宁籍或在辽宁高校就读的外省户籍的毕业离校三年内未就业全日制高校毕业生及下年毕业的全日制在校高校毕业生（均含技师学院高级工班、预备技师班和特殊教育院校职业类毕业生），组织开展专业转换及技能提升培训。对符合条件的高校毕业生，按每人每月 1 500 元、2 000 元的标准给予培训补贴，补贴期限为 3~6 个月，补贴资金直补培训机构。2020 年，辽宁省本级组织培训高校毕业生 7 210 人，拨付专账资金 5 237 万元。2021 年省本级培训高校毕业生 8 690 人，已从省本级专账资金中拨付培训补贴资金 2 669 万元，预计共拨付补贴资金 5 000 万元。

（七）精心组织各类职业技能竞赛

积极参加第一届中华人民共和国职业技能大赛，共选派 56 名选手参加了 51 个项目的比赛，取得 1 枚金牌、2 枚银牌、入选第 46 届世界技能大赛集训队 5 人、优胜奖 20 人的好成绩。会同辽宁省委组织部、省总工会、团省委、省妇联，举办辽宁省“技师杯”技能精英挑战赛，搭建与全国、世界职业技能竞赛相衔接的竞赛格局，实现以赛促训、以赛促学、以赛促评，为选拔优秀技能人才搭建平台。

吉林：强化服务职能　创新开展培训
三年职业技能提升行动硕果累累

一、总体情况

职业技能提升行动实施以来，吉林省累计完成各类补贴性职业技能培训 156.7 万人次，拨付专账资金 13.9 亿元；高技能人才从 2015 年年底的 48 万人增加到 2021 年年底的 61.6 万人，占全省技能人才总量 214 万人的 28.8%，为推动新时代吉林全方位振兴提供了重要的人才支撑。

二、主要措施

（一）创新工作，注重实效，紧密结合疫情防控开展培训

一是补齐防疫短板。为助力有序复工、复产、复学，提高应对突发重大公共卫生事件的能力，坚决打赢新冠肺炎疫情阻击战，吉林省在全国率先开展公共卫生辅助服务员线上培训。截止到 2020 年年底，全省累计培训 9 万余人次，快速补齐了全省公共卫生防疫技能人才总量不足的短板，取得了巨大的社会效益。

二是着眼长远发展。2020 年，在全国率先颁布《吉林省公共卫生辅助服务员职业技能评价规范（试行）》，并遴选确定吉林大学健康研究院为全省首家公共卫生防疫技能人才第三方评价机构，填补了国内空白。

三是支援湖北防疫。安排培训资金 720 万元，免费为湖北省提供公共卫生辅助服务员线上培训资源，并助鄂迅速落实相关培训工作，累计为湖北省培训公共卫生辅助服务员 8.1 万余人。

四是开展网红培训。近年来，数字经济已经成为中国经济发展的新引擎、新动能，

而直播经济又是数字经济的新业态、新模式。吉林省人力资源社会保障厅会同省财政厅印发了《吉林省助力发展"网红经济"开展直播销售员职业技能培训的方案》，向全省推荐了149个带货网红培训机构，在全国率先启动了直播销售技能培训和技能竞赛，致力提高直播销售人员的素养，培养一批带货网红新人，助力发展吉林"网红经济"。截止到2021年年底，全省累计开展直播销售员培训1.2万余人次。

（二）突出重点，破解难题，加大企业职工培训力度

一是推动企业新型学徒制培训。将企业新型学徒制培训补贴标准由每人每年4 000元提高到5 000元，急需紧缺职业（工种）培训补贴标准可上调15%。截止到2021年年底，全省累计开展企业新型学徒制培训48 375人次。

二是开展企业职工技能竞赛。进一步完善政策、健全机制，明确竞赛补贴标准，竞赛获奖选手可破格晋升职业技能等级。三年来，全省累计开展企业职工技能竞赛13.4万余人次，支出专账资金超1亿元。

三是实施"一企一策"政策。为大力开展企业职工技能提升和转岗转业培训，吉林省人力资源社会保障厅会同省财政厅印发文件，支持企业开展自主培训。2021年，长春市为一汽、中车等重点企业6.6万余名职工开展"一企一策"培训，发放补贴4 000余万元，极大促进了企业技能人才培养，有效推动了企业产业链、创新链和技能人才链的融合发展。

（三）强化管理，加强监督，为职业技能提升行动保驾护航

一是建立督导制度。定期调度、通报培训工作开展情况，不定期针对进度缓慢、开展困难地区进行调研督导。将职业技能培训任务列入省就业创业绩效考评目标，每年对各市（州）工作开展情况进行考评。

二是加强资金管理。2020年要求各地厘清2019年职业技能提升行动专账等资金支出及培训人数的真实性、准确性，挤干数据"水分"，总结好的经验、做法，查找、解决工作中存在的问题。

黑龙江：创新举措　主动作为
推动职业技能培训提质增效

一、总体情况

职业技能提升行动实施以来，黑龙江省高位推进，不断强化政策供给、创新培训形式、优化培训服务，有力推动职业技能培训工作稳步开展。全省累计开展各类补贴性职业技能培训179.2万人次，其中企业职工培训89.7万人次，使用专账资金补贴培训152.6万人次，共拨付专账资金20.9亿元。

二、主要措施

（一）发挥企业培训主体作用

一是大力开展以工代训。统筹考虑各地专账资金承载能力等因素，在全国三次率先调整以工代训政策，将享受以工代训补贴群体范围扩大至各级各类企业新吸纳的劳动者，以及受新冠肺炎疫情影响出现生产经营暂时困难导致整体或部分停工停业的企业职工，建立了具有黑龙江特色的以工代训政策体系。2020年以来，共开展以工代训28.7万人，支出专账资金3.3亿元。

二是全面推行企业新型学徒制。支持企业所有职工开展企业新型学徒制培训，按照每人每年4 000~9 600元的补贴标准给予企业补贴，在全国创新制定《黑龙江省技工院校企业新型学徒制学分制管理办法（试行）》，支持技工院校承担企业新型学徒制任务。三年来共开展企业新型学徒制培训4.4万人，支出专账资金1.6亿元。

三是畅通培训资金直补企业力度。对组织开展职工技能培训的企业，先行拨付不低于50%的培训补贴资金。对自主组织开展职业技能培训的企业推行告知承诺制。此外，为调动各类培训对象参与培训的积极性，黑龙江省在政策中明确取得培训合格证书即可享受培训补贴政策。

（二）注重培训资金管理

一是推行实名制管理。完善黑龙江省职业培训补贴实名制管理系统，同时制定申领流程图、信息系统操作手册，培训主体通过黑龙江省人力资源社会保障厅官网即可便捷使用信息系统。

二是创新实施第三方评估。2019 年明确第三方评估所需资金可从就业补助资金中列支，2020 年明确资金可从专账资金中列支。哈尔滨、齐齐哈尔、佳木斯、伊春等地在拨付资金前均全面开展了第三方评估，减轻了基层工作压力。

三是强化督导检查。2020 年，在省、市、县层面分步组织开展督导检查。2021 年在全省范围内集中开展了职业技能提升行动“回头看”活动、警示教育活动和资金管理专项工作，确保资金安全和使用效益。

（三）提升培训服务水平

一是推行目录清单制。实施培训机构和培训项目目录清单管理，动态调整目录清单，将培训效果差、培训管理混乱的培训机构和培训项目及时移出目录。

二是全面推广使用电子培训券。在企业职工、下岗失业人员、脱贫人口、应届院校毕业生四类群体中全面推广使用电子培训券，减轻基层核验人员身份核验压力，推动培训工作由“培训找人”向“人找培训”转变。2021 年，全省共发放电子培训券 31 万张，使用电子培训券 2.9 万张。

三是强化政策宣传解读。组建黑龙江省职业技能提升行动“千人服务团”，为服务对象提供政策宣讲、跟踪回访等“一对一”服务。指导哈尔滨、齐齐哈尔、鹤岗等地制定政策释义，利用全省退役军人市（地）局长专题会议等解读宣传政策。

（四）夯实培训基础能力

一是规范民办培训机构健康发展。全面实施民办职业培训学校“证照分离”改革，符合条件的当场给予行政许可。更加注重事中事后监管，促进民办教育规范健康发展。组织开展民办培训机构年度检查，2021 年民办培训机构年检中责令限期整改 119 家、注销 28 家。

二是加强高技能人才建设项目。支持高技能人才培训基地和技能大师工作室承担政府补贴性职业技能培训，新建高技能人才培训基地 17 个、技能大师工作室 71 个。

三是支持线上培训平台规范发展。支持双鸭山技师学院积极探索“互联网 + 农民教育”培训方式，筹集资金创建“互联网 + 尚农农民教育培训”平台，疫情期间，此平台成功列入人力资源社会保障部推荐的面向全国服务的 54 家线上平台机构，是全国唯一一家入选的由技工院校创建的平台。

上海：持续推进职业技能提升行动 大力推动技能人才队伍建设

一、总体情况

2019 年以来，上海市累计开展各类补贴性职业技能培训 395.8 万人次，共拨付专项资金 8.8 亿元。累计开展技能评价 70.6 万人次，累计发证 46.6 万张，新增取得高级工以上职业资格证书或技能等级证书 7.8 万人。截止到 2021 年年底，上海高技能人才总量达到 119.5 万人，占技能劳动者总量的比例为 35.3%。

二、主要措施

（一）扩大供给，有力支撑技能提升行动全面开展

一是扩大补贴政策供给。形成“1+1+X”培训补贴政策体系，构建覆盖全体劳动者的终身职业技能培训制度，即：通过实施社会化培训补贴和获证补贴政策，引导劳动者根据就业需要，参加培训提升技能；支持有培训能力的大企业结合岗位需要自主开展职工培训，同时通过各区职工培训公共服务平台为中小微企业集中提供培训服务；针对特定人群、特定培养目标组织专项技能培训项目。

二是扩大培训资源供给。依托具有示范引领作用的大企业、行业协会、工业园区建立面向上下游企业开放的高技能人才培养基地 100 余家（其中国家级基地 20 家）；建立与院校承担社会培训挂钩的绩效工资总量调整机制；在上海重点院校和龙头企业中挂牌发展一批新型技师学院，支持其加快培养一大批上海重点产业发展紧缺急需的高素质技术技能人才；在全市推广外资举办技能培训机构设立办法，引进蓝带、普华永道、瑞伯、艾基埃等一批国际知名培训和认证品牌，提高上海培训水平和能力。

三是扩大评价资源供给。支持有条件的用人单位和市级行业协会面向单位职工开展技能人才自主评价；面向社会征集遴选社会评价组织，指导其提供评价服务。截止到2021年年底，上海市经备案的企业职业技能等级认定机构129家，评价项目超6 500个，共有社会培训评价组织39家，涉及80个职业（工种）。

（二）多元形式，面向不同对象分类实施技能提升行动

一是全面推行企业新型学徒制。2021年，“支持培养万名企业新型学徒”被列为上海市政府为民办实事项目，全年共开展企业新型学徒制培训1.6万人。

二是实施受疫情影响企业职工线上培训。研究出台关于对全市受疫情影响企业职工线上培训实施补贴的政策，2020—2021年开展企业职工线上培训144余万人次。

三是探索推动养老护理队伍建设。2019—2021年累计培训养老护理人员9.1万人。

四是大力开展农民工技能培训。实施农民工职业技能提升培训补贴政策，推动农民工“春潮行动”。

五是做好其他重点群体职业培训。对重点人群开展就业技能培训，配合市应急局、农委做好安全技能培训、新型职业农民培训工作。

（三）优化服务，提高职业技能提升行动工作效能

一是全面推广“互联网＋职业技能培训”。2021年集中开展“就地过大年、技能免费学”活动，为就地过年农民工提供了2万余门免费线上培训课程，截至农历正月十五，共有52.2万人次参与活动。持续做好“互联网＋职业技能培训”线上培训平台征集遴选工作，累计向全市推荐24家线上培训平台。

二是提高补贴申领便捷度。在全市范围内发放电子培训券。劳动者可以通过上海人社App直接申请参加补贴培训，使用电子培训券，培训后补贴经费直补个人银行账户，也可以取得职业技能等级证书后，在上海人社App上直接申请技能提升补贴；用人单位通过职工培训补贴申报审核系统在线提交培训需求、上传申请材料、申领培训补贴。

三是探索职业培训“放管服”改革。积极落实国家和上海市“证照分离”等行政审批制度改革措施，试点外资培训机构和民办培训机构审批设立告知承诺制，激发培训市场活力。

（四）强化监管，确保职业技能提升行动规范运行

一是开展培训补贴资金专项检查整治。对全市各区和高技能人才培养基地全面开展职业培训补贴资金管理风险排查和专项整治工作，并结合整治情况印发《关于进一步加强高技能人才培养基地管理有关事项的通知》，进一步完善基地管理顶层设计。

二是强化培训鉴定的数字化治理。在上海社会化培训机构、高技能人才培养基地等范围内，全面推进电子培训券的发放领取、打卡签到等功能应用，提升补贴培训的数字化治理水平。

三是探索建立违规行为事中事后处置长效机制。一方面，加强日常业务监管与行政执法的衔接。强化培训业务管理部门与行政执法部门协作，梳理职业技能培训管理中的处罚依据、认定标准和工作流程，对培训机构违反相关规定的，及时进行立案调查和行政处罚。另一方面，会同有关部门出台加强财政性就业资金监管的文件，明确就业资金监督管理责任部门的职责、违法行为处理方式等问题，建立行刑衔接的机制。

江苏：以技能助就业　以培训稳岗位 职业技能提升行动助推经济社会高质量发展

一、总体情况

截止到2021年年底，江苏省共开展各类补贴性职业技能培训1 436万人次（含以工代训604.2万人），支出培训补贴资金91.4亿元（含专账资金79.8亿元），全省技能劳动者总量占就业人员总量的比例达到28%、高技能人才总量占技能人才总量的比例达到32%。依托职业院校（含技工院校）和头部企业建设10个国家级高技能人才培训基地、30个省级高技能人才专项公共实训基地、10个国家级技能大师工作室、60个省级技能大师工作室，进一步增强高技能人才培训能力。

二、主要措施

（一）坚持固本开新，大力创新培训方式

一是以“车间+”培育企业新型学徒。将企业新型学徒制培训层次拓宽到高级技师，明确培训结束后，评价工作参照企业自主评价模式组织实施，可按照有关规定对符合破格晋升条件的学徒实施评价认定。将技工院校开展企业新型学徒制培训情况列入学校办学评价内容，组织技工院校“百校千企”对接签约活动，三年累计开展企业新型学徒制培训9.2万人。

二是以“竞赛+”促进岗位练兵。江苏省把技能竞赛岗位练兵作为提高劳动者岗位技能的有力抓手，统筹纳入职业技能提升行动范畴，构建以世界技能大赛为龙头、江苏省技能状元大赛为主干、各行各业岗位练兵和技能比武为基础的竞赛培训体系，推动以赛领训、以赛促培。全省每年发布竞赛目录，开展百万技能人才技能竞赛岗位练兵活动，组织各级各类竞赛400余项，涉及近900个职业（工种），参赛练兵500万人次以上。

三是以“线上+”助力防疫抗疫。制定全省“互联网+职业技能培训”行动文件，征集并向社会推荐41家线上培训平台，实施百日免费线上技能培训行动，创新开展“防疫项目制”培训，将新冠肺炎疫情防控知识融入技能培训中，大规模开展线上技能培训，劳动者在网上完成培训后即可享受培训补贴，全省三年累计实施线上技能培训255万人次。

四是以“以工代训+”支持企业稳岗扩岗。创新实施“符合即享受+直补”模式，对大数据比对核实过职工有关情况的，不要求企业提供相应材料，经公示后直接将补贴拨付至企业账户。全省三年共实施以工代训608万人，支付以工代训补贴39.9亿元。经有关部门调查统计，江苏省企业对以工代训补贴发放效果的满意度达到98.6%，65.3%的企业认为补贴政策有助于避免或减少企业裁员，32.9%的企业受益于补贴政策而新增招聘岗位。

（二）坚持分类施策，锚定重点培训领域

一是加强高技能人才紧缺型培训。全省三年开展高技能人才获证培训67.6万人次。每年发布紧缺型职业（工种）目录，涉及职业（工种）100个左右，开展紧缺型高技能人才获证培训，对通过培训取得高级工及以上职业资格或技能等级证书的企业职工给予培训补贴，补贴标准较一般职业（工种）上浮30%，每年培养5万名紧缺型高技能人才。围绕先进制造业发展急需紧缺的职业（工种）和生产技术难题，每年组织1 000名高级技师开展集中培训和岗位研修，提升其技能攻关、技能创新水平。

二是加强高危行业从业人员专业型培训。以落实安全技能培训合格后上岗制度为核心，将应急管理、市场监管、住房城乡建设等6部门负责或监管的高危行业从业人员以及各类特种作业人员技能培训纳入职业技能提升行动范围。全省每年开展各类安全技能培训近百万人次。

三是加强新职业新业态特色型培训。制定职业技能培训合格证书制度，由培训单位自主发放培训合格证书，培训机构或参训人员凭培训合格证书即可领取培训补贴。将“网约家政”“快递小哥”“滴滴司机”等新就业形态中的灵活就业人员纳入职业技能提升行动范围，切实保障其享有平等培训的权利。支持无锡市开展新就业形态技能提升和就业促进项目试点，备案开展新就业形态从业人员技能培训 5 083 人，首批培训合格 1 084 人，发放培训补贴资金 49.4 万元。

四是加强退捕渔民保障性培训。按照“需培尽培，应补尽补”的原则，将退捕渔民列为职业技能提升行动的就业重点群体，纳入免费技能培训范围，对有培训意愿的人员至少提供 1 次免费职业技能培训。支持企业通过开展企业新型学徒制培训、以工代训吸纳退捕渔民就业，给予相应职业培训补贴。指导各地开设“退捕专班”，鼓励采取“包耗材、包食宿、包交通、包技能、包鉴定”的“五包”培训模式，帮助退捕渔民实现转岗就业。全省三年累计组织退捕渔民开展职业技能培训 4 206 人次，发放培训补贴资金 91.7 万元。

（三）坚持优质服务，加强培训评价衔接

一是加大“直补”力度，推动网上申办申领。建立补贴资金直补企业、院校、培训机构和劳动者个人相结合的机制。明确企业申请直补培训补贴无需开具培训补贴发票，企业、院校和培训机构完成培训任务后申领获得的培训补贴资金，可在符合相关法律制度条件下自主开支使用。推动培训报名“不见面办理”和培训补贴在线申领，大大方便了企业、院校、培训机构和参训劳动者。

二是全面推广使用电子培训券，积极推行“电子培训券 +”职业技能培训模式。在培训信息系统中开发试用“一键发券”功能，指导各地在各类培训项目开始前研究发放电子培训券，以利于企业、培训机构和劳动者更好了解培训政策，增强培训的针对性和有效性。实行“一人一次一券一码”，用券经过实名验证，辅以人脸识别、定位打卡等方式，加强对职业技能培训的过程监管，保障培训过程真实有效，助力提升培训质量。全省电子培训券已发券 103.7 万张、用券 16.8 万张，促进了劳动者对职业技能培训知晓度和满意率的持续提升。

三是扩大申领范围，尽力做到应补尽补。破除培训补贴资格证书限制，将职业技能等级证书、专项职业能力证书、特种作业证书、特种设备作业证书、培训合格证书、技能竞赛考核合格证书等全部纳入培训补贴申领范围。破除地域、户籍制约，规定劳动者在户籍地、常住地、培训地、求职就业地参加培训均可申请培训补贴。督促各地在培训补贴发放中落实马上办、网上办的工作要求，做到应支尽支、应补尽补，带动职业技能提升行动有序有效实施。

四是完善职业技能等级认定制度，协同推进培训和评价工作。培训是实施评价认定的前提和基础，评价认定是保障和提升培训质量的手段和支撑。江苏省坚持“建立市场化、社会化技能人才评价机制”方向，在全国率先部署技能等级认定工作，截止到2021年年底，备案认定机构超过2 400家。针对新职业新工种日新月异、评价技术资源跟进不及的现状，在全国率先建立技能人才评价技术资源快速响应机制，对符合重点方向、列入目录管理的紧缺技术资源项目，采取社会协办、自主开发、政府购买等方式，遴选研发能力强、实践经验丰富的单位定向推进，力争每年形成40个快速响应成果，并快速应用落地。

五是推动千人服务，加强与企业对接联系。以规模以上企业为重点服务对象，从各级人力资源社会保障部门、技工院校和培训机构抽调相关工作人员，组成“千人服务团”，构建省、市、县三级服务企业职业技能提升行动对接体系，开展相关政策咨询、技术服务和业务指导。各级人力资源社会保障部门对辖区内驻苏央企、省属企业以及用人规模在3 000人以上的民营企业，建立联络员制度和工作台账，试行“一对一”培训服务。探索建立制度化政企沟通渠道，培训政策文件直接送达示范培训企业，邀请示范培训企业相关负责人参与政策制定工程，定期听取企业意见和诉求，共同解决培训工作中遇到困难和问题。对遴选作为全省首批民营企业人才人事综合改革示范基地的12家“G42+”重点民营企业，安排专人定期服务，开展“送政策、送技工、送补贴”活动，支持其培训企业职工2.4万人次，发放培训补贴资金近3 000万元。

浙江：实施“金蓝领”职业技能提升行动 大力推进“技能浙江”建设

一、总体情况

2019—2021 年，浙江省三年累计开展各类补贴性职业技能培训 1 064.2 万人次，拨付专账资金 60.3 亿元。截止到 2021 年年底，全省技能劳动者总量占从业人员总量的比例达到 28.5%，高技能人才总量占技能人才总量的比例达到 32.3%。

二、主要措施

（一）以“金蓝领”职业技能提升行动为抓手，构建大培训工作格局

一是聚焦数字经济、先进制造业、民生服务业、现代农业等关键领域，智能制造产业工人、民生服务从业人员、乡村振兴实用人才以及创业就业等重点群体，通过“金钥”“金服”“金穗”“金创”“金苗”五大培训体系，大规模开展有针对性的职业技能培训，切实提高职业培训支撑产业发展的辨识度。

二是健全“金蓝领”职业技能提升行动工作协调机制，实现“高技能领军人才重点抓、产业技能人才行业抓、地方技能人才属地抓、企业技能人才主体抓”的齐抓共管技能人才培育体系。技能人才培养工作由人力资源社会保障部门牵头抓总，行业主管部门按照“谁主管、谁培训、谁负责”的原则，组织本行业劳动者按需参加培训。

（二）以新时代浙江工匠培育工程为依托，建立“高端引领”的技能人才培养培训体系

一是以培育知识型、创新型、复合型高技能人才为重点，着力深化技能人才培养体制机制改革，加快构建“产教训”融合、“政企社”协同、“育选用”贯通的技能人才培

育体系。将高技能人才纳入各地人才分类目录，在落户、子女教育、购房、医疗等方面予以支持。实施“十百千万”新时代浙江工匠培育行动，分别给予50万元、30万元、3万元、2万元的经费支持。发挥企业主体作用，支持企业设立技术技能总监职位或技能专家岗位，并给予相应待遇。

二是2021年联合浙江省委组织部出台《新时代浙江工匠遴选管理办法》，首次遴选产生“浙江大工匠”10名、“浙江杰出工匠”59名、“浙江工匠”600名、“浙江青年工匠”1 950名。榜样力量初步彰显，“高端引领”的技能人才培养培训体系初步建立，以点带面促进全省技能人才队伍高质量发展。

（三）以数字化改革为牵引，实现职业技能培训、职业技能评价全流程闭环智控

一是实现培训资源一网集成、全域共享。培训资源实行“一地（家）审核、全省共享”，培训机构可通过平台自主发布培训信息，培训需求积少成多、拼单成班，实现“拼多多”式培训。劳动者可浏览培训项目信息，根据自身需求自由报名参加线上或线下培训，有效缓解“工训矛盾”。

二是实现培训过程全程智控，培训补贴“无感智兑”。变革传统人工监督方式，线下培训通过扫码签到、定位打卡、过程评估等环节，形成全流程、可追溯的监管数据流。线上培训采用人脸识别、人机互动、线上考试等手段保证学习效果。建立培训监管数据库，对学员培训情况、机构开班质量、资金使用情况进行有效监管，实现培训过程闭环智控。培训审批流程改革，培训机构和个人一次都不用跑，也无须递交任何材料，发券用券、开班培训、结业鉴定等培训流程实现“一事联办”，实现培训补贴“无感智兑”。

三是实现职业技能评价数字化监管，技能评价过程质量量化管理。建立全网职业技能等级认定机构计划公告制度，打通信息壁垒，服务对象可在线获取评价机构综合评分和等级认定安排情况，自行报名参加职业技能等级认定。建立技能等级认定线上留痕管理模式，提升职业技能等级认定工作的准确性，简化群众报名材料，实现“无感智办”。建立视频监测、资格监测、成绩监测等七大主题监管板块，确定不同监测事项的风险等级，并做相应处理。集成共享职业技能评价数据，全面分析人才评价质量，预测人才发展趋势，为人才评价方式和政策制定提供科学依据。

（四）坚持因地制宜，形成多元化的技能提升行动模式

温州市紧扣新业态、新职业发展趋势，着力培育“数字工匠”。动态发布82个项目制培训清单，将短视频制作、直播带货、新媒体营销、智慧物流运营、机器人运维等数字经济“新职业”都纳入其中，开办数字经济领域技能培训班200多期，培育1.2万余名数字经济领域技能人才，形成典型的“温州经验做法”。舟山市通过构建“政府买单”“群众点菜”“企业定制”的“项目制”培训模式，健全权责清晰、科学审慎、完备长效的监管机制，助力产业转型升级，实现技术工人“技能增收”。衢州市举办职工技能运动会、美容美发职工技能大赛、红五环集团第四届技能大赛、衢州元立公司第五届职业技能大赛等82场练兵比武，激发广大技能人才“比、学、赶、超”的热情和技能提升潜能。平湖市全面推行“双元制”技能人才培养，与德西福格汽车配件、津上精密机床、德玛吉森精机外资企业开展“双元制”合作办学，为外资企业培养28个班级共976名优秀技能人才。慈溪市、江山市、湖州市、长兴县、绍兴市等地，积极开展各类“东西部定制班”“青苗计划”“万人练兵”等新兴载体活动，形成了各具特色的技能提升行动工作模式。

（五）加强配套建设，着力为职业技能提升行动提供有效支撑

完善技能人才评价制度，制定了工程技术领域高技能人才与工程技术人员职业发展贯通办法，搭建了高技能人才与专业技术人才互通“立交桥”；制定了《浙江省企业职业技能等级认定试点办法》（浙人社发〔2019〕66号），为技能人才贯通成长通道。研究制定《关于深化技能人才评价制度改革的意见》，建立健全以职业资格评价、职业技能等级认定和专项职业能力考核为主要内容的技能人才评价制度，加快形成评价科学、支撑有力、保障到位的工作体系。金华市构建“技能提升一件事”信息化培训体系，通过数据共享、信息归集、主动服务等措施，梳理培训、鉴定、补贴发放事项，构建“一次培训、一次确认、零跑办理、补贴直享”的“110”工作模式，提升智慧化服务水平的同时，使广大劳动者真正得到实惠。宁波、舟山、绍兴等市建立了市级职业技能培训一体化平台，实现了数据市级集中。

安徽：深入实施职业技能提升行动 积极推动技工大省建设

一、总体情况

职业技能提升行动实施以来，安徽省三年共开展各类职业技能补贴性培训 270.4 万人次，拨付专项资金 23.6 亿元。新增技能人才 114.8 万人，其中，高技能人才 43.8 万人。截止到 2021 年年底，安徽省技能人才总量达 612 万人，占就业人员总量的比例为 25.2%；其中高技能人才 183.6 万人，占技能人才总量的比例为 30%。

二、主要措施

（一）整合民生工程“培训包”项目，保证重点群体培训落实

一是对 16~65 周岁有劳动能力和就业创业意愿的建档立卡贫困户家庭劳动力，提供所在地组织的免费就业技能培训（含农村实用技术培训），并给予伙食、住宿和交通补助。

二是对与企业签订 1 年以上期限劳动合同、并于签订劳动合同之日起 1 年内参加岗前技能培训的企业新录用人员及符合规定的劳务派遣人员，开展企业新录用人员岗前技能培训，培训补贴资金直补企业，补贴标准不低于人均 800 元。

三是对初、高中及以上学历毕业生、城乡各类劳动者就读技工院校，按 1 500 元 / 人标准给予招生补助。

四是对年满 16 周岁、正在从事或有意愿从事农业生产、经营、服务的务农农民和返乡入乡创业者，分类分层分模块开展新型职业农民培训。省级主要开展农业经理人和现代青年农场主培训，市、县级主要开展经营管理型、专业生产型和技能服务型人员

培训。

五是对安徽省未参加过技能培训的退役军人开展技能培训，鼓励退役军人结合自身需要，自主选择职业（工种）或项目，参加适应性培训和技能培训，提高适应社会经济发展的能力，掌握就业所需的知识及技能。

（二）优化培训政策“供给侧”支持，对冲新冠肺炎疫情负面影响

一是强化疫情期间政策供给。安徽省人力资源社会保障厅会同省财政厅等印发《关于做好疫情防控期间有关就业工作的通知》（皖人社明电〔2020〕26号），将企业新录用人员岗前技能培训的补贴标准从不低于人均800元提高到1 000元，将培训对象从签订12个月以上劳动合同的新员工扩大到与企业签订劳动合同或构成事实劳动关系的所有新员工；将转岗转业培训的实施主体从重点企业（困难企业）扩大到所有企业。同时，将企业技能培训补贴享受对象从独立法人企业扩大到独立法人企业在安徽省依法设立的分公司及分支机构。

二是创造条件开展线上培训。将符合条件的线上培训平台资源纳入补贴性培训范围，支持企业利用国家免费开放的以及企业内部的线上资源开展职工技能培训，引导鼓励大企业、普通高校、职业院校（含技工院校）、社会培训机构等向各类企业免费开放线上培训资源。

三是加强督促指导。积极应对疫情影响，加强对培训情况的跟踪调度，督导各地上门服务、靠前指导。同时，积极分析研究培训面临的问题，召开专门会议交流经验、推动培训工作进程。

（三）统一培训补贴“省目录”清单，赋予各市自主调控权限

一是省级建立补贴性职业技能培训基础目录，并向社会公布。区分ABCD四个类别169个职业（工种），按照不同培训课时给予500~2 400元补贴。对于国家动态公布的新职业，由各市自主确定培训课时及补贴标准。

二是支持各市在省级就业技能培训职业（工种）目录基础上制定地方补充职业（工种）目录。截止到2020年年底，各地已增补197个培训职业（工种）补充目录。安徽省各市可在省级培训工种（项目）补贴标准基础上适当提高标准，重点支持本地急需紧缺工种（项目）培训。

三是企业新录用人员岗前技能培训工种（项目）不受补贴性职业技能培训目录限制，由企业自主确定后报所在地人力资源社会保障部门审核。企业职工岗位技能提升培训由《国家职业资格目录》中技能人员类职业（工种）扩大到可实施职业技能等级认定以及技能人才自主评价的所有职业（工种）。

（四）建立参训人员“实名制”管理，培训过程纳入系统平台

开发安徽省职业培训信息管理服务平台，实现职业培训实名制动态管理，并逐步实现与其他业务部门系统互联互通，提升职业技能培训信息化管理水平。以职业培训业务流程为主线，将培训信息发布、开班申请、学员注册、过程管理、补贴申请、统计分析等功能信息化、网络化、规范化，为劳动者和培训机构查询信息、实施培训提供便利服务，同时为上级主管部门开展过程监管提供依据。

福建：大力推行终身职业技能培训制度
推动总体职业技能水平提升

一、总体情况

2019—2021 年，福建省三年开展各类补贴性职业技能培训 212.4 万人次，拨付专账资金 22.4 亿元。截止到 2021 年年底，全省技能人才总量为 680.2 万人，占就业人口总量的比例为 30.8%；高技能人才总量为 209.2 万人，占技能人才总量的比例为 30.8%。

二、主要措施

（一）加强统筹落实

一是制定实施方案。2019 年 8 月，福建省政府办公厅印发《福建省职业技能提升行动实施方案（2019—2021 年）》，提出 16 条政策措施，明确 2019—2021 年全省开展补贴性培训 75 万人次。全省九市一区均出台实施细则，各县（市、区）按照部署扎实推进工作。

二是落实业务指导。2019 年 10 月，省人力资源社会保障厅举办全省职业技能提升行动专题培训班，全省各级人力资源社会保障部门共 100 多人参加培训。2020 年 4 月，以线上直播的方式开展补贴性职业培训管理平台操作培训，各级人力资源社会保障部门、经办窗口、职业院校（含技工院校）、国有企业等共 600 多人参与直播互动。2020 年 11 月，召开全省职业技能提升攻坚行动工作调度会，全力推进各地职业技能提升行动深入实施，完成各项工作目标任务。2021 年，支持各地建设 12 家省级工业（产业）园区职业技能提升中心。鼓励各地实施 1~3 月培训补贴翻倍“开门红”政策，引导企业职工留在当地过年并参加职业技能培训。

（二）着力资金保障

福建省以 2018 年底失业保险基金滚存结余为基数，按照 20% 的比例计提全省 35.6 亿元（其中省本级 2.9 亿元）提升行动资金，统筹用于职业技能提升行动。会同省财政厅印发《关于职业技能提升行动专账资金使用管理工作的通知》，突出资金使用管理的“三个重点”，即重点支持企业职工培训、重点群体培训、重点完善职业培训补贴政策；打造政策调整的“七个亮点”，即新增特种作业人员培训补贴、新增境外培训补贴、明确企业新型学徒制培训补贴标准、放宽省内补贴领取地单一限制、鉴定补贴领取范围从一拓三、将无养老金人员（年龄不设上限）纳入补贴范围、授权设区市适当提高补贴标准。为进一步提升专账资金使用效率，会同省财政厅出台《关于职业技能提升行动专账资金使用的补充通知》，将贫困劳动力生活费补贴、技工院校激励政策、电子培训券试点等工作纳入文件内容。2019—2020 年，将 34 家省级职业院校（含技工院校）纳入补贴性免费培训学校范围，按属地原则由各设区市为每家学校预拨 500 万元资金开展重点群体免费职业技能培训。

（三）完善政策措施

一是严格新冠肺炎疫情防控要求。细化常态化疫情防控期间职业技能提升行动政策举措，印发实施简易岗前技能培训、“互联网 +”职业技能培训、百日免费线上技能培训系列文件。

二是规范职业培训过程管理。在职业技能提升行动专项工作领导小组统一协调下，印发《职业培训补贴申请操作规范（试行）》，将福建省现行职业培训补贴政策、申领流程、申报材料予以梳理、明确，提高服务效率。各级人力资源社会保障部门加强补贴落实与监管效率，定期将补贴发放对象、资金拨付情况等在网站上进行公示，并定期向市财政局提供银行流水信息接受审计。

三是加大以工代训支持力度。进一步扩大以工代训政策支持范围，以就业工作领导小组办公室名义印发文件，支持各级人力资源社会保障部门根据工作实际，在确保资金安全前提下，放宽以工代训申请受理条件，简化申请流程，加大对符合条件企业的以工代训工作力度。

四是推动培训全面落实。会同财政、应急、教育、住建、卫健、邮政、监狱管理局等部门以联合发文形式，重点针对短期职业技能培训、免费项目制职业技能培训、特种作业人员培训、服刑人员以及毕业年度高校毕业生免费职业技能培训等制定出台政策文件。拓展职业培训发展空间，贯彻习近平总书记来闽考察重要讲话精神，出台促进沙县小吃和茶产业职业技能提升具体措施。牵头做好诏安县太平镇乡村振兴挂钩指导工作、新职业技能培训工作等，形成人力资源社会保障部门统筹协调，各级各有关部门各司其职、协同推进的工作机制。

五是全面推行电子培训券。开设专用账户，设置专门经办人员，将全省所有培训项目纳入电子培训券实施，激发劳动者培训热情，提高资金使用效益。2021 年全年累计发放电子培训券 117.5 万张，激活 40.1 万张，使用 27.5 万张。

（四）强化信息管理

为全面完善补贴性培训实名制信息管理，开发福建省补贴性职业培训管理平台（以下简称平台），并在全省范围内推广运行，要求所有的补贴性培训申请、审核、监管等全过程均通过平台完成。平台已实现“五全”：培训项目全覆盖、培训参与全实名、培训补贴全流程、培训管理全监管、数据统计全支撑；“九合”：个人见证补贴、企业直补补贴、以工代训补贴、企业简易岗前培训补贴、短期职业培训（含“互联网＋培训”）补贴、项目制培训（含免费培训）补贴、创业培训补贴、鉴定补贴、特种作业补贴等现行培训补贴政策合并管理；“四管”：管过程、管课程、管师资、管教材；“三通”：培训流程连通、人员信息互通、补贴申领畅通。形成资金流向可追踪、外部数据可导入、统计报表可生成的多功能、全流程、一体化监管体系。2021 年，福建省征集并公布了 1 700 多名全省职业技能培训师资名单，及时公布了培训机构目录和培训项目目录。

（五）营造宣传氛围

不断加大宣传力度，提高职业技能提升行动的政策知晓度。2019 年 11 月 26 日—12 月 3 日，在全省县级以上城市开展职业技能提升行动服务周活动。2020 年 7 月 15 日，举办主题为“职业技能提升　改变你的生活——2020 年世界青年技能日暨 12333 全国统一咨询日”福建云启动仪式，通过“福建人社”微信公众号直播，在全省各地市同步启动，全省 28 个电信户外大屏全天候滚动播放宣传视频。

江西：上下齐心 攻坚克难 推动职业技能提升行动落地生效

一、总体情况

职业技能提升行动实施以来，江西省共开展各类补贴性职业技能培训 279.7 万人次，使用资金 22.8 亿元，其中专账资金 17.9 亿元。全省累计开展企业职工培训 142.4 万人次，新增高技能人才 12.2 万人。全面推广职业技能电子培训券，发放 41 万张电子培训券，实际使用 7.2 万张。

二、主要措施

（一）聚焦重点群体，当好促进就业创业的助推器

一是突出培训需求愿望。依托基层力量，广泛开展培训需求摸底调查，掌握就业重点群体培训愿望，增强培训的针对性、有效性。新余市全面摸清建档立卡贫困劳动力培训需求，建立培训需求台账，分期分批开展就业技能培训，并将培训后的劳动力点对点推荐到企业就业。

二是结合培训对象特点。针对就业重点群体不同年龄、不同就业愿望和不同从业经历，通过政府购买培训服务、重点群体自主选择培训项目的方式，精准开展“菜单式”培训和定岗定向培训，做到“人训结合、能岗匹配”。

三是注重培训质量和效果。坚持“引企入训”，推动培训项目与市场需求相对接、培训内容与岗位需求相对接、实操实训与生产实际相对接，促进就业重点群体更好地适应就业岗位需求，增强培训学员的就业适应性。上饶市针对禁捕退捕渔民，大力开展转产转业培训，并以就业稳定性作为培训结果考核的指标。三年来，全省共为就业重点群体

开展补贴性职业技能培训 137.2 万人次，直接带动就业创业 48.7 万人次。

（二）突出企业职工，当好保用工保市场主体的稳定器

一是大力开展以工代训。坚决贯彻落实"六稳""六保"决策部署要求，积极拓宽优化以工代训政策范围，用足用好专账资金支持企业复工复产，帮助企业渡过难关。全省累计支持 9 846 家企业开展以工代训，直接稳定就业岗位 49.7 万个，发放以工代训补贴资金 9.1 亿元。

二是全面推进企业新型学徒制培训。围绕全省 14 个重点产业链企业，按照"产业链 + 培训链"的模式，支持企业开展校企双制、校企共育的技能人才培养。九江市依托九江职业技术学院，打造学校和企业互通、讲台和车间贯通的"双岗型"企业新型学徒培养模式。三年来，全省共开展企业新型学徒制培训 2.8 万人次，直接培养高技能人才 1.9 万人。

三是持续开展职业技能提升培训。引导企业制定职工培训计划，提升企业职工技能。吉安市、抚州市、萍乡市等地广泛开展岗前培训、在岗培训、企业新型学徒制培训、技师培训，提升从业人员职业技能。全省累计开展企业职工培训 142.4 万人次，惠及企业超过 1.2 万家。

（三）瞄准市场需求，当好推动高质量发展的加速器

一是坚持市场需求导向。定期公布省、市、县三级重点产业培训目录，落实目录内培训补贴上浮 20% 的政策。大力开展以家政服务、养老服务、电子商务、汽车维修、电工为主要内容的就业技能培训，以经营管理、品牌建设、市场拓展、风险防控等为主要内容的创业培训，进一步增强培训的针对性和有效性。

二是有效增强培训供给能力。充分发挥职业院校（含技工院校，下同）在政府补贴性职业技能培训中的"主力军"作用，在全国率先出台职业院校绩效工资改革政策，明确职业院校通过校企合作、技术服务、社会培训、自办企业等项目所得扣除必要成本外的净收入，可提取 60% 的比例追加单位绩效工资总量，极大地调动了职业院校承接政府补贴性培训的积极性。

三是积极开展新业态、新职业培训。开展新职业培训专项试点，明确新职业培训对象、补贴标准、补贴程序、培训监管等内容。通过试点，支持上饶市、景德镇市依托滴

滴、美团等平台企业，聚焦电商从业人员、网约配送员、网约出租车司机等新业态从业人员，开展新职业培训 1.6 万余人次。

（四）创新工作方式，画好为民便民的同心圆

一是积极推广线上培训。为满足新冠肺炎疫情期间劳动者培训需求，江西省率先在全国提出“1+N”线上补贴性培训组织实施模式，开发江西省补贴性线上职业技能培训管理平台，对纳入补贴性职业技能培训范围的线上平台实行统一管理，同时面向全国征集遴选 35 家优质线上职业技能培训平台，为劳动者提供补贴性职业技能培训服务，并实现线上培训过程的可查询、可追溯。截止到 2021 年年底，江西省线上培训数字资源覆盖了 197 个职业（工种），在线投放课程资源 766 个，累计开展线上培训 39 万人次，完成在线学习时长超过 1 000 万学时，拨付线上培训补贴约 2 亿元。

二是积极应对疫情防控需求。针对疫情防控需求，有效提升人员防疫技能水平，南昌市主动会同卫健、财政等部门出台企业职工卫生防疫知识职业技能培训政策，为企业和疫情防控工作人员开展卫生防疫知识技能培训，取得良好的社会效益。

三是创新政策宣传方式。制定江西省职业技能提升行动政策指南，利用江西省人力资源社会保障厅微信公众号和门户网站设立技能提升行动专栏，加大宣传力度，帮助广大劳动者知晓并读懂培训补贴政策。

（五）守住廉洁底线，织密资金安全的防控网

一是统一政策执行标准。制定下发《江西省职业技能提升行动专账资金使用管理政策释义》，对专账资金使用管理政策中涉及的 38 个名词作了释义，对 12 类培训补贴项目规定的补贴对象、实施程序、培训要求、申领材料分别进行明确细化，切实解决了基层在实际操作中面临的政策把握不准、理解不同、落实不到的“三不”问题。

二是加强培训过程监管。为确保培训过程实打实、可追溯，要求理论培训过程录制超过课程一半时长的视频。宜春市等地充分运用学员身份证核验、学习过程随机人脸识别、学习全过程记录、防刷课技术限制等信息技术，充分保障培训过程的真实可靠。

三是完善信息系统建设。完善江西省就业信息系统职业培训实名制管理模块，对补贴对象实施实名制管理，坚持“凡录必校、不校不录，凡补必进、不进不补”的原则，加强同编办、财政、残联等部门的信息共享，充分运用信息化手段做好培训补贴对象的

信息比对工作，实现对参训对象的有效甄别。

四是加大督促检查力度。采取系统检查、实地核查等方式，督促指导各地落实培训资金管理使用要求，健全培训资金监管流程，常态化开展警示教育，提高经办人员纪律意识，落实不相容岗位分离制约管理制度，有效保证培训资金使用管理的效率和安全。

山东：综合施策　精准发力
扎实推进职业技能提升行动提质增效

一、总体情况

2019年以来，山东省将开展大规模职业技能培训作为落实“六稳”“六保”任务的重要举措，主动服务构建新发展格局，扎实推进职业技能提升行动各项工作落实落地。2019—2021年，全省共开展各类补贴性职业技能培训651.8万人次，拨付专账资金56亿元。

二、主要措施

（一）聚焦政策供给，全力构建山东特色政策框架

强化“大规模职业技能培训”的政策支撑和资金保障，形成了“1个政策方案+1个资金办法”的基础政策框架，筹集62亿元职业技能提升行动专账资金，支持职业技能提升行动。适当扩大专账资金补贴覆盖面，在职业技能培训补贴、生活费补贴、竞赛实训、高技能人才培训基地补助等方面进行扩容和突破。实行职业技能提升行动专账资金省级调剂，向资金支撑能力不足的市倾斜。实行特别职业技能培训补贴政策，新冠肺炎疫情期间在全国率先出台线上培训阶段性补贴政策，确保疫情期间职业技能提升行动不断档、不掉线，促进了就业重点群体技能提升和稳定就业。

（二）聚焦就业大局，全力推进以工代训政策落实

山东省在全国较早出台实施细则，率先发放以工代训补贴资金，强化政策落实跟踪问效，面对经济形势回暖态势及时调整优化政策，加大力度支持企业稳岗扩岗。通过政策“扩容”、申报“提速”、服务“下沉”等务实举措，持续实施以工代训补贴政策，对

新吸纳劳动力就业并开展以工代训的企业，按照每人每月500元、最长6个月的标准给予补贴。2020年以来，共向近6万家企业发放以工代训补贴30.3亿元，稳岗扩岗336.1万个，支持企业以训扩岗、以训稳岗。

（三）聚焦特色培训，全力服务重点发展战略

坚持需求引导培训，为激活基层主动性和创造力，山东省明确由设区的市根据当地产业发展和就业需求，统一制定发布职业技能培训目录，实行动态化管理并向社会公开，方便劳动者按需选择。开展职业技能培训“一市一品牌”“一县一项目”建设，聚焦新旧动能转换重大工程、乡村振兴等战略部署，充分发挥项目制培训定制化、特色化作用，鼓励各市根据就业需求、产业发展和当地特色，丰富培训目录，设立培训项目，培育和打造特色职业技能培训品牌。目前，全省共征集了180余个项目，初步形成了贴合实际、各具特色、灵活多元的项目制培训清单，青岛工业互联网培训、东营渤海工匠学院等培训品牌，都在当地起到了较好的示范带动作用。加大急需紧缺技能人才培养，实施“金蓝领”高技能人才培训，开展山东省“创业齐鲁训练营”活动，逐步提升培训层次。推进“互联网＋职业技能培训”，开展人力资源社会保障部首批新就业形态技能提升和就业促进项目试点工作，全面推广电子培训券应用，促进培训模式不断创新。

（四）聚焦基础建设，全力提升管理水平和服务质效

坚持质量导向、结果导向，狠抓质量建设，扎实推进职业技能提升行动质量年活动，提高职业技能培训的多元性和针对性。狠抓效果评价，积极推进技能人才评价改革，加快推进建设以企业技能人才自主评价、社会第三方评价以及专项能力考核为主体的技能人才多元评价体系。泰安市探索企业技能人才培训和自主评价融合发展新模式，通过开展在岗职工培训和自主评价，涌现了泰山啤酒“双培双评”、泰安如意“一标一带一路”等培训评价典型样板。实施“三优”资源遴选活动，甄选了100种优质培训教材、100件优选网络课件和100名优秀培训教师，促进山东省职业技能培训工作高质量发展。建立职业培训补贴标准动态调整机制，分级分类对补贴标准进行适时调整。狠抓服务提质，实行“一次办好”“接诉即办”服务，推进培训补贴网上申报、网上审核、联网核查，加速职业培训补贴“全程网办”“一次办好”。开展“人社干部走流程”和“我为群众办实事”实践活动，进一步优化服务，推动职业培训政策落实落地。

（五）聚焦培训监管，全力强化工作落实推进机制

依托山东省公共就业人才服务信息系统，强化补贴性职业技能培训实名制信息化动态管理，确保数据有记录、过程可追溯、结果可查询。建立定期调度、不定期抽查、按月对账制度，掌握各市进展情况，同时将职业技能培训任务落实情况等指标作为山东省就业工作考核重要内容，切实压实工作责任，推动任务落实。2021 年 1—4 月，山东省人力资源社会保障厅对 2019 年、2020 年全省职业技能提升行动开展情况进行了中期绩效评估，通过各市自查自评和第三方实地评估的方式对山东省职业技能提升行动进展情况进行全面摸底排查，及时发现推进过程中的问题，推动各项工作落实落地。以开展加强职业技能培训资金管理专项工作为契机，重点面向区县落实层面，“一竿子插到底”进行全面自查自纠，认真排查风险点、危险源，梳理管理漏洞和风险隐患，强化形成“事前预防、事中监管、事后问效”的工作机制。

河南：攻坚克难　砥砺前行
全力推动河南向人力资源强省跨越

一、总体情况

截止到 2021 年年底，河南省三年共组织开展各类补贴性职业技能培训 806.8 万人次（含以工代训），拨付专账资金 36.8 亿元，开展企业新型学徒制培训 12.1 万人次。国务院领导 3 次对河南省报送的典型做法作出批示，省政府在国务院促进就业工作领导小组会议上做先进典型发言。

二、主要措施

（一）高位谋划推进“345”行动计划

河南省政府常务会议研究出台《河南省职业技能提升行动方案（2019—2021 年）》，推动实施“345”行动计划（3 年提取 40.8 亿元用于 500 万人次职业技能培训）。成立分管省长任组长、27 家省直部门为成员的省职业技能提升行动工作领导小组，建立“政府主导、人社牵头、部门配合、上下联动”的工作机制。坚持职业培训法治化、规范化、品牌化、国际化，聚焦服务制造业发展主攻方向，谋划实施先进制造业和战略性新兴产业技能人才培训、现代服务业、建设行业和高危行业安全、“中原丝路”“文化河南”等 13 项技能提升计划，有效推进技能人才培养与产业转型升级深度融合。

（二）构建完善资金政策体系

2019 年 11 月 12 日，河南省在全国率先出台《进一步明确职业技能提升行动资金使用的通知》，扩大资金使用范围和补贴人群，厘清专账资金、就业补助资金、失业保险基金使用范围，为全国职业技能提升行动开展贡献了河南方案。面对突发新冠肺炎疫情，省人力资源社会保障厅会同省发改委等部门迅速印发文件，对在线学习培训补贴等进行明确，全面启动线上职业技能培训。2021 年，会同省财政厅分别出台相关文件，构建形成具有河南特色的职业技能提升行动资金使用管理体系，率先实现培训 100% 覆盖各类技能劳动者，技能类职业（工种）培训 100% 落实补贴，政策性补贴 100% 覆盖劳动者职业生涯各环节。聚焦建档立卡贫困人口脱贫，持续实施项目扶贫，全民技能振兴工程年度项目资金中超过 40% 的资金直接用于贫困地区。

（三）畅通技能人才发展通道

持续放大《河南省职业培训条例》的社会效应，借力部省共建河南职业培训法治示范区，出台技能人才培训、评价、使用、激励政策。破除技能人才与专业技术人才互通壁垒，全面扩大贯通领域，打破技能人才职业发展天花板。支持技能人才创业带动就业，对创业成功项目、省级农民工返乡创业示范园给予 2 万 ~15 万元、50 万元的一次性奖补。“中华技能大奖”、世赛金牌获得者，“中原技能大奖”“中原技能大师”“中原大工匠”、国赛金牌获得者和世赛获奖者，可直接申报相应系列正高级、副高级职称。为世赛获奖者、国赛金牌获得者开通事业单位招聘绿色通道。

（四）激发企业院校主体活力

支持企业开展全员技能培训，实现补贴从岗前培训到岗位技能提升培训全过程、职业（工种）全覆盖，并可先行拨付 50% 的培训补贴资金。企业提取职工教育经费用于高技能人才培训基地、技能大师工作室建设的，分别给予不超过 50 万元、10 万元的一次性补贴。允许院校将培训收入的 50% 纳入公用经费，在职称评定、绩效工资分配等方面，向承担职业技能培训工作的一线教师倾斜，核定绩效工资总量时，向承担职业技能培训的院校倾斜。在全民技能振兴工程项目上，向完成任务好的企业、院校给予重点支持。

（五）全面提升职业培训承载能力

发挥部省共建优势，建设 10 个国家级高技能人才培训基地、18 个国家级技能大师工作室；省政府每年拿出 2 亿元以上，建设近 200 个全民技能振兴工程项目。部分市县设立 500 万元至 1 亿元不等的市（县）级项目建设专项资金，用于购置实习实训设施设备。持续实施院校师资国际化培训，10 所技师学院与德国、法国等企业院校建立长期稳定合作，1 000 余名教师赴境外研修。

（六）强力推进线上线下融合发展

面对新冠肺炎疫情严重冲击和劳动者自主开展灵活培训的需求，每年面向社会征集职业技能培训数字资源。从 2018 年起，省财政先后投入 950 万元建成河南省终身职业技能培训平台，面向全省各类劳动者提供免费服务。支持企业、院校、培训机构注册线上学习平台，将不超过 35% 课时的理论学习部分移至线上进行。集中开展百日免费线上职业技能培训，完善河南省职业培训信息化管理服务系统，实现开班申请、过程监管、结业考核全程一网通办。

（七）大力发展技工教育

支持技工院校在全省范围内跨区域开展包括企业新型学徒制在内的培训评价，支持技师学院设立分校和企业产业学院，享受政府补贴政策。明确技师院校、高级技工学校、技工学校每年完成补贴性培训、企业新型学徒制培训任务，倒逼技工院校紧盯就业、产业、企业履行社会职能，推动内生发展。技工院校积极开展对口帮扶，优先面向贫困家庭子女全面推行以“招工即招生、入企即入校、企校双师联合培养”为主要内容的企业新型学徒制培训，并给予补贴。2019—2020 年，全省技工院校新招建档立卡贫困家庭子女 8 902 人，在校生 10 821 人。

（八）广泛开展职业技能竞赛活动

推动省政府出台《河南省职业技能竞赛管理办法（试行）》（豫政办〔2021〕43 号），加强省、市、县职业技能竞赛工作的组织领导，规范各级各类职业技能竞赛活动，构建以世赛、国赛为引领，省赛为龙头，专项、行业和地方各级竞赛为主体，企业、院校职业技能比赛为基础的具有河南特色的职业技能竞赛体系。积极申办、开展职业技能竞赛活动。2021 年起，每两年举办一届河南省职业技能大赛；2023 年年底前，80% 以上的省辖市举办综合性职业技能竞赛；2025 年年底前，所有县（市、区）至少举办一次综合性职业技能竞赛。全省每年开展不少于 100 个职业（工种）竞赛、1 000 场赛事活动，10 000 名以上选手取得职业资格证书或职业技能等级证书，实现“百千万”竞赛目标。在全国首届职业技能大赛、首届乡村振兴技能大赛上河南省总分均居全国第六位。

（九）高质量推进“人人持证、技能河南”建设创新落实“技能中国行动”，规划“十四五”乃至2035年技能人才队伍建设，擘画“技能河南”建设蓝图。省委召开全省高质量推进“人人持证、技能河南”建设动员部署会议，出台《高质量推进“人人持证、技能河南”建设工作方案》，明确到2025年，完成1 500万人次职业技能培训、1 050万人（含新增高技能人才380万人）取得相应证书，到2035年，全民能力素质明显提升，基本实现人人持证、技能河南。“技能河南”建设位列“十大河南”之首，列入2022年全省重点民生实事，纳入省政府目标考核。河南技能人才工作受重视程度之高、推进力度之大前所未有。

（十）强化培训评价资金监管

压实人力资源社会保障部门、行业主管部门、财政部门责任，加强信息化建设，建设河南省职业培训信息管理服务系统和就业创业实名制管理系统，做到“补贴培训进系统、系统之外零补贴”。定期开展抽查、检查活动，加强专项审计。会同省财政厅和第三方联合开展专项检查活动，严肃查处虚假培训等套取、骗取补贴资金行为。对培训工作中出现的失误和问题视情况区分对待，既支持创新工作，又防治违规行为。

湖北：完善培训政策　改进培训服务
大力推进职业技能提升行动

一、总体情况

2019 年以来，湖北省着力完善培训政策，改进培训服务，大力推进职业技能提升行动，取得明显成效。截止到 2021 年年底，全省共完成各类补贴性职业技能培训 342.9 万人次，累计支出专账资金 19.6 亿元。

二、主要措施

（一）创新完善政策，增强培训供给能力

一是着力完善企业职工培训政策体系。对企业职工岗前培训、岗位技能培训、企业新型学徒制培训、新技师培训等政策进行了明确，形成了涵盖短期和中长期培训、适岗型培训、提升型培训等多种培训形式，科学完备、务实高效的培训政策体系。2021 年 4 月，将人力资源社会保障部明确的美团、滴滴、京东、阿里巴巴本地生活、到家集团、顺丰 6 家试点企业全部纳入湖北省试点企业范围，大力支持试点企业开展技能培训，截止到 2021 年年底，对 6 家试点企业共培训 6 200 人。

二是积极出台线上培训政策。应对新冠肺炎疫情影响，对线上培训形式、学时要求、质量监管措施、补贴标准等进行了明确，2020 年全省开展线上培训超过 10 万人次。

三是创新以工代训政策。将“中小微企业吸纳就业困难人员、零就业家庭成员、离校两年内高校毕业生、登记失业人员就业，给予企业培训补贴”相关对象范围，扩大至各类企业 2018 年 1 月 1 日以来新吸纳的员工；明确以工代训补贴可用于企业开展以工代训和发放参训职工培训期间工资补贴以及生活费补贴。2021 年年初，又将以工代训政策实施期限延长至 2021 年 12 月 31 日，进一步促进补贴政策惠企惠民。

（二）加强部门协调，推动重点群体培训全覆盖

与相关部门分别联合出台了高危行业技能人员、快递从业人员、住房城乡建设企业技能人员、贫困村创业致富带头人、残疾人、信息通信技能人员专项培训方案，全省共开展高危行业技能人员培训 8.1 万人次。2021 年，联合民政、商务、妇联等部门，实施“湖北护工”专项培训计划，并纳入省人力资源社会保障厅党史学习教育“我为群众办实事”重点项目，由厅领导领办，截止到 2021 年年底，已培训养老护理员、家政服务员、育婴员等康养技能人才约 3 万人次。

（三）强化质量监管，发挥专账资金使用效益

一是全面落实审计署整改要求。2021 年 5—7 月，审计署武汉特派办对湖北省 2020 年第三季度至 2021 年第二季度就业补助资金和失业保险基金管理使用情况进行了专项审计。针对审计发现的职业技能培训资金使用管理问题，及时下发问题整改清单，各地逐一制订整改计划，明确责任人和完成时限，并实行销号管理，立行立改。截至 2021 年年底，相关问题均已整改到位。

二是全省统一开展审计检查。2021 年 12 月，省人力资源社会保障厅聘请专业会计师事务所，对培训量较大的 2 个地市本级、4 个县（市、区）进行培训资金使用专项审计，同时组成 2 个检查组，到部分市、县进行抽查检查。审计和抽查检查均要求培训计划方案必查、培训过程台账必查、补贴拨付审核流程必查、补贴标准和对象资格必查，针对发现的问题，正在进行相关整改。

三是各地全面开展自查整改。2021 年 4 月和 12 月，湖北省先后两次集中开展专账资金使用管理自查整改工作。各地采取专班检查、县市交叉检查、信息系统比对数据、聘请第三方机构审计检查等形式，重点核查各类培训的工种、课时、培训对象是否符合文件规定，培训过程的监督检查是否落实，资金拨付和使用管理是否合规，补贴人员是否违反“每人每年不超过 3 次技能培训补贴”要求等问题，抓实抓细问题排查、责任分解、整改落实等要求，推动自查自纠取得实效。武汉市引入第三方机构开展全面核查，采取大数据初核和人工复审的方式，对补贴人员资格条件进行审核，共核查 115 万人

次；宜昌市采取自查和交叉检查方式进行，交叉检查共抽调14个县（市、区）的21名业务骨干组成4个小组实行对向交叉，覆盖所有补贴项目，每个项目抽查面达到该项目补贴人数的5%以上。

四是推进专账资金统筹使用。针对湖北省专账资金实际情况，结合各地培训实际需求，积极与财政部门协调，加强专账资金统筹调剂使用。2021年1月和10月，会同省财政厅并报经省政府同意，从省本级职业技能提升行动专账资金中，分两批共对71个资金使用较快的县（市、区）进行了调剂，调剂资金总额达1.3亿元。

（四）优化培训服务，营造惠企惠民浓厚氛围

一是开展对接服务企业专项行动。省、市、县同步开展职业技能提升行动服务周、“对接服务企业专项活动”和“迎新春　稳岗留工送培训专项行动”，组织干部深入企业开展服务对接，指导开展技能培训。十堰市围绕“一主三大五新”产业发展战略，紧扣企业实际需求开展靶向培训，2021年培训3 000余人，涉及电焊、工业机器人、叉车、数控加工、制鞋等重点职业（工种）；荆门市积极开展“四单”培训，即企业下招工“订单”、培训机构出技能“菜单”、劳动者来“点单”、政府出资“买单”，2021年上半年，组织荆门技师学院和20多家培训机构为福耀玻璃、长城汽车定向培训1 300余人，入企后均能满足岗位要求；孝感市成立“千名干部进千企活动领导小组办公室”，建立领导走访对接服务企业常态化工作机制，印制《企业培训一次性告知书》《对接服务企业宣传手册》和《企业新型学徒制培训流程视频》，组织干部职工深入企业开展专项服务活动。

二是不断优化经办流程。全省企业职工技能培训和就业创业培训全部通过培训管理信息系统申报和网上经办，统一规范相关申报材料，培训机构和参训人员信息通过大数据平台自动比对，减少各类资质和身份证明材料，打通培训服务“最后一公里”。

湖南：凝心聚力 扎实推进职业技能提升行动

一、总体情况

2019 年以来，湖南省、市、县三级人力资源社会保障部门凝心聚力，扎实推进，共开展政府补贴性职业技能培训 362.7 万人次，使用各类政府资金 40 亿元，其中支出专账资金 27.6 亿元。

二、主要措施

（一）高位推动、部门联动，全员参与格局基本形成

一是高位驱动。2020 年、2021 年，省委省政府连续两年将“完成政府补贴性职业技能培训”纳入全省重点民生实事项目，将职业技能提升行动上升为各级政府重点民生工程，实现目标任务层层分解、责任层层压实。

二是部门联动。充分发挥相关职能部门的协同推进作用，打造了“村播带货”培训、保安培训、养老护理员培训、高危行业领域安全技能提升行动计划、医疗护理员培训、“湘女素质提升工程”“点亮万家灯火”托底帮扶残疾人就业行动、快递人才素质提升工程等一系列品牌。

（二）提高标准、加大力度，助力职业技能培训见实效

一是补贴标准适当提高。2019 年，将企业职工岗位技能提升培训补贴标准按补贴目录标准的 50% 提升至 100%。2020 年，将现行职业技能培训补贴标准普遍提高 50%，最低标准由原来的 550 元提高到 825 元，最高标准由原来的 2 900 元提高到 4 350 元。2021 年，将企业新型学徒制培训补贴标准提高至每人每年 6 000~8 000 元。

二是补贴对象不断扩大。将灵活就业登记人员和灵活就业社会保险参保人员纳入职

业技能提升行动培训补贴范围，并将专账资金补贴性培训对象扩大到普通本科高校、中高职院校（含技工院校）毕业年度毕业生。

三是补贴职业（工种）全覆盖。将补贴目录内的213个职业（工种）扩大到可实施职业技能等级认定以及技能人才自主评价的所有职业（工种），实现补贴职业（工种）全覆盖。

四是积极实施以工代训。将以工代训作为职业技能提升行动的重要组成部分，扩大政策宣传覆盖面，将以往“企业找政策”转变为“政策找企业”，开展以工代训促企业稳岗扩岗行动。2021年以来，全省已有9 354家企业申领以工代训补贴4.77亿元，惠及企业职工37万人。

五是服务水平不断提升。进一步推进“放管服”，精简证明材料，扩大地方自主权，培训供给大幅增加。广泛宣传发动，开展职业技能提升行动服务周活动，送政策、送培训、送服务进企业、进园区、进社区，极大调动了培训机构和企业、劳动者参与培训的积极性。

（三）夯实基础、强化监管，实现实名制系统全覆盖

一是依托湖南省公共就业服务信息管理平台，实现对全省14个市州122个县市区人力资源社会保障部门开展的政府补贴性培训从开班申请、结业考核、补贴申请、审核等全过程网上办理，网上取数，切实做到培训补贴“凡补必进，不进不补”。同时，职业培训数据全部从湖南省公共就业服务信息平台提取，进一步提升了统计数据的真实性和有效性。

二是实现了业务经办系统与“两目录一公开”平台的统一。湖南省公共就业服务信息管理平台不仅是培训业务经办系统，同时也是全省1 700多家培训机构及其培训项目的公开平台。湖南省致力于依托该平台打造职业技能培训“超市”，企业和劳动者可在平台上自主选择培训机构和培训项目，实现按需点单。

三是建立培训业务经办系统与相关业务系统的数据比对机制。与湖南省机关事业单位养老保险经办系统和湖南省失业保险经办系统建立系统数据比对机制，实现数据共享比对，杜绝将不符合条件人员纳入职业技能提升行动培训补贴范围，防止重复享受补贴，确保资金的安全与效能。

四是在信息平台中配套开发“职业技能培训提质增效”子系统，建立全省培训机构信息库、培训工种及课程信息库、培训教师信息库、培训学员信息库等基础数据库，不断完善“两目录一系统”，与培训业务经办系统联动管理，有效加强培训机构规范管理，增强培训质量监管力度。

五是强化监督检查。不定期组织专项调研，对审计、国家督查反馈的问题严肃查处，建立长效机制。

广东：大力实施职业技能提升行动
壮大技能人才队伍

一、总体情况

2019 年以来，广东省累计开展各类补贴性职业技能培训（含以工代训）1 415.4 万人次，支出专账资金 134 亿元。截止到 2021 年年底，广东省技能人才总量为 1 761 万人，其中高技能人才 593 万人，为经济社会高质量发展提供了有力的人才支撑。

二、主要措施

（一）实施重点培训，扩大培训规模

一是实施百万工人和百万农民“双百”技能培训行动。面向广东战略性产业集群需求开展百万工人技能培训，围绕乡村振兴战略实施百万农民技能培训。

二是大力实施“粤菜师傅”“广东技工”“南粤家政”三项工程。创新实施三项工程，以“小切口”解决就业“大问题”，满足民生“大需求”，打造改善民生平台和技能服务金字招牌。自实施以来，全省累计开展“粤菜师傅”培训 33.6 万人，推动就业创业 74.3 万人。开展“南粤家政”培训 94.5 万人次，带动 154.6 万人就业创业。

三是广泛开展以工代训。坚持最大优惠、突出市场主体，开展以工代训“百日行动”和以工代训“三送”专题活动，推动全省各地大力开展以工代训。截止到 2021 年年底，全省累计支出以工代训补贴资金 81.2 亿元，惠及 27.4 万家企业。

四是大力开展企业适岗培训。出台《关于开展企业职工线上适岗职业技能培训的通知》等系列文件，有效增强政策实效性和操作性，促进企业积极开展职工岗位培训。截止到 2021 年年底，全省累计 275 万名企业职工享受了适岗培训补贴政策，已支付企业培训补贴 28.7 亿元。

（二）加强基础建设，提高职业培训能力

一是加强平台建设。2019 年以来，全省新建设 16 个国家级高技能人才培训基地和 16 个国家级技能大师工作室，已累计建设了 50 个国家级高技能人才培训基地和 50 个国家级技能大师工作室，数量均列全国首位，技能人才培养能力和开展高端职业技能培训能力得到有效提高。

二是大力扶持民办培训机构发展，主动帮助民办培训学校完善培训项目设置、提高培训层次。目前全省共有 1 400 多家民办职业培训学校，为大规模培训贡献了积极力量。组织开展省级重点民办培训机构遴选，扶持其备案开展职业技能等级第三方评价、面向全省提供优质职业技能培训项目，提高职业技能培训质量。

三是加强信息化平台建设。开发建立实名制职业技能提升补贴申领管理信息系统，实现劳动者申领职业技能补贴全流程网上办理，实现身份及资格核验、自助填报等自动化功能。加强业务管理，提高申领便利性，降低错发、漏发风险，保证资金发放安全。

（三）改革评价机制，促进培训与评价有效衔接

一是大力推行职业技能等级认定制度。坚持以产业为导向，以提升技能、促进就业为目标，构建行业、企业、院校广泛参与、共商共建共评共治的职业技能等级认定制度。截至 2021 年 11 月，全省有 1 101 家企业、230 家技工院校和 153 家社会培训评价组织通过备案评审，65.4 万人次参加职业技能等级认定，获证人数 51.2 万人次。

二是加快开发职业技能培训课程标准。制定出台《广东省职业技能培训合格证书管理办法》，加快职业技能培训课程标准开发，全省已开发职业技能培训课程标准 349 个。将相关行业主管部门颁发的特种作业操作证书、安全技能培训合格证书等纳入培训和补贴范围，进一步扩大培训项目覆盖范围，与省级直属部门共同开发职业技能培训课程标准 77 个。

广西：积极推进技能人才评价制度改革
全面服务职业技能提升行动

一、总体情况

2019—2021 年，广西壮族自治区共组织开展各类补贴性职业技能培训 262.4 万人次，支出专账资金 22.7 亿元；开展企业新型学徒制培训 5.2 万人；新增取得高级工以上职业资格证书或职业技能等级证书 7 万人，其中新增取得技师、高级技师职业资格证书或职业技能等级证书 1.2 万人。截止到 2021 年年底，全区技能人才总量达到 754.8 万人，其中高技能人才 171.8 万人，占技能人才总量的 22.8%。

二、主要措施

（一）围绕地方产业发展，加强企业职工培训

一是搭建平台校企合作，提供精准培训服务。建立“政府搭台、校企合作、产教融合、共赢发展”培训模式，由人力资源社会保障部门搭建平台，组织企业与培训机构建立结对培训机制，以电子培训券、企业新型学徒制等政策支持，促进培训机构与企业深度合作，调动企业组织职工开展培训的积极性和主动性，提高培训的精准性和实效性，进一步提升企业职工技能素质，为工业高质量发展提供技能人才支撑。作为广西最重要的工业城市和区域制造业中心，柳州市大力开展校企合作岗位技能培训，政府部门、企业和培训机构三方协同发力，有效破解以往企业培训积极性不高、培训成果难以认定、资金支出进度慢等困难和问题，为大规模开展企业职工职业技能培训提供“柳州范本”。三年共开展各类补贴性职业技能培训 27.7 万人次，其中企业职工培训 17.1 万人次。

二是全面推行企业新型学徒制培训，培养中高级技能人才。提高企业新型学徒制培

训补贴标准，面向各类企业全面推行企业新型学徒制培训，发挥企业培训主体作用，调动重点企业、龙头企业培养中高级技能人才的积极性和主动性，辐射带动中小微企业，加大技能人才培养力度。充分发挥重点院校培训资源和合作企业资源优势，以企业需求为导向，技能培训与企业需求对接，加强岗位技能实操实训，帮助企业培养中高级技能人才。百色市深入企业调研，精准“开方”，采取“政—企—校”三位一体的技能人才培养模式，大力开展企业新型学徒制培训，促进广西信发铝电有限公司等企业技能人才持证人数从“无”到有，共培训学徒900人，职工持证率由原来的1%提高到45.8%。柳州市制剂医药技工学校结合中医药行业的特点，研发编写“中医药企业新型学徒制”创新教材——《掌上中药房》。纸质教材由中国劳动社会保障出版社正式出版，配套硬件部分、软件系统等均已获得国家专利或著作权登记。全套教材“可触摸、可嗅辨、有乐趣、够智能”，为师徒传承教学及学徒自主学习、个性化学习、终身学习提供保障，为中医药企业新型学徒制培训试点工作提供整体解决方案。

三是制定以工代训政策，支持企业复工稳岗。2020年，自治区积极应对新冠肺炎疫情，制定以工代训政策，按规定落实以工代训补贴，帮扶中小企业和受疫情影响重点行业企业纾困解难，复工达产，稳岗保就业。2020年11月，自治区人力资源社会保障厅联合自治区工业和信息化厅开展“以工代训”专项行动，推动工业企业稳岗保岗，推动工业增长由负转正。2021年延续政策，持续支持符合条件的企业开展以工代训，两年共支持2.4万家企业66万人以工代训。

（二）分类施策提质增效，统筹重点群体培训

一是实施为民办实事工程，大力推进技能扶贫。2019年，组织实施“千村万企”职业技能培训大行动，被列入自治区为民办实事项目。2019—2020年大规模开展农村贫困劳动力职业技能培训，帮助贫困劳动力掌握一技之长。2021年延续技能帮扶政策，巩固拓展脱贫攻坚成果与乡村振兴有效衔接。崇左市组织500多名贫困劳动力参加“粤菜师傅”就业技能培训；大新县脱贫户卢金花学成后自主创业经营养生粥店，带动其他贫困户一起创业脱贫，其创业故事被列入人力资源社会保障部“人社扶贫助力全面建成小康社会”优秀成果。梧州市通过“人社＋园区＋乡镇”三级联动，创新“订单培训”新模式。来宾市有针对性地组织开展电子商务师培训班22期共861人，解决农村电商人

才缺乏、农产品销售难问题，助力农民增产增收。玉林市联合农业农村局委托各类培训机构，依托“五彩田园”现代特色农业示范园区及企业自身优势，大力培育新型职业农民，形成“基地 + 企业 + 农户 + 产业”的模式。防城港市根据产业发展和区内外用工市场需求，结合劳动者意愿，重点围绕就业容量大的钢铁、有色金属、能源、食品、石化、装备制造等六大支柱产业，坚持“三个贴近”（贴近产业发展原则、贴近市场需求、贴近群众意愿），确保培训见实效。全区三年共组织农村转移就业劳动者培训 5.6 万人次。

二是突出青年群体培训，扩大稳定青年就业。加强高校毕业生等青年群体就业创业培训，会同教育、共青团等部门印发青年技能培训行动方案，实施青年学徒培养计划、职业技能竞赛计划、毕业生就业创业培训专项行动，鼓励支持高校毕业生、“两后生”等青年积极参加职业技能培训，提升技能水平，扩大和稳定青年就业。2020 年，自治区面向高等学校、职业院校（含技工院校）开展职业技能电子培训券试点工作，支持毕业生参加就业创业培训。

三是部门联动政策保障，加强重点群体培训。会同退役军人、财政部门制定退役军人职业技能提升政策，整合部门资金，将“为退役军人送技能培训”列入“我为群众办实事”实践活动清单，2021 年全区共开展退役军人职业技能培训 8 838 人次。会同邮政管理、交通运输、商务部门分别制定政策，加强对快递小哥、物流配送人员等新就业形态从业人员的职业技能培训，支持用工企业通过项目制形式组织开展就业技能培训，破解灵活就业人员培训瓶颈问题。会同应急管理部门开展高危行业领域安全技能提升行动计划，强化特种作业人员安全技能培训考试，按规定落实培训补贴。会同民政、残联等部门印发相关文件做好乞讨儿童、残疾人等特殊群体就业技能培训工作。北海市开展服刑人员“掌握新技能、走向新航程”职业培训，5 所职业技能培训机构先后进驻北海监狱，为服刑人员提供美发师、中式面点师、商品销售服务等技能培训以及创业培训。

（三）强化部门职能转变，推进评价制度改革

一是稳步推进试点工作，大力开展专项考核。2019 年，自治区迅速部署推行职业技能等级认定，截至 2021 年年底，全区共有 279 家职业技能等级认定机构，其中自主评价企业 76 家，自主评价院校 70 所，社会培训评价组织 133 家。近三年共开展各类考

核评价 40.7 万人次，颁发职业技能等级证书 35 万本。认真落实考核鉴定机构备案制度，已完成 65 家机构备案。大力开展专项能力考核，全区共开展专项职业能力项目考核 111 个。

二是建立完善制度体系，加强质量管理服务。建立自治区统一的职业技能等级认定工作平台和监管服务平台、职业技能等级认定题库智能管理平台及题库资源、技能人才评价监管系统，制定《广西职业技能等级认定工作指南》等一批制度规定。目前，广西技能人才评价已实行全流程管控、全过程溯源留痕。

三是创新启用电子证书，实现在线补贴申领。建立自治区技能人才管理服务平台、全区技能人才电子证照库和高技能人才信息库，推进与社保等数据共享共联，2020 年，自治区全面实现技能提升在线申领补贴。

（四）强化“人防 + 技防”，保障培训资金安全

一是加强资金风险防控，自查自纠立行立改。将培训资金监管纳入部门党风廉政风险防控内容，梳理廉政风险点，制定防控措施和重点环节监管措施。开展廉政教育和案例警示教育，增强干部职工法纪意识、底线意识。不定期开展自查自纠、专项检查、第三方评估，2021 年 11 月启动加强培训资金管理专项工作，排查资金管理风险隐患，强化培训全流程和全覆盖监管。通过自查与重点督查相结合，主动发现问题，立行立改，保障资金安全。

二是研究制定资金政策，推动形成长效机制。制定《广西壮族自治区就业补助资金（职业培训模块）分配办法》，分配因素包括基础因素、投入因素、绩效因素、重点工作因素等四类因素，避免培训资金分配的随意性。修订《广西壮族自治区就业补助资金管理办法》，规范培训资金申领、审核、拨付流程，为全区培训资金管理使用提供依据。制定《职业技能培训补贴资金监督管理办法》，形成长效机制。贵港市不断规范优化补贴申报流程，提高资金拨付效率，规定培训班结束后 15 日内报送申领材料，人力资源社会保障、财政部门在 5 个工作日内完成审核拨付，实现补贴资金在培训结束后 1 个月内拨付到位。柳州市在培训开班审核环节实现现场办理、快速办结，缩短审核拨付兑现培训券资金流程，3 个工作日即可办结，极大加快了专账资金支出进度。

三是加强信息系统建设，提升资金监管能力。加强“数智人社”信息系统建设，

2021 年开发建成广西职业技能培训信息系统。系统覆盖区、市、县、乡、村五级经办机构，按照全区各级部门（含培训机构）都可以使用的原则进行开发，实现了开班信息发布、培训流程管理、培训过程监管、同步鉴定评价结果、资金拨付进度管理、培训信息统计、政策文件宣传等功能。根据“凡补必进、不进不补”原则，将职业技能培训机构、鉴定评价机构的审批备案、开班审核、培训过程监管、培训结果考核评价、证书发放、培训补贴资金审核拨付等培训监管环节纳入系统管理，进一步完善“人防 + 技防”监管方式，通过信息化手段规范培训活动，提升培训监管能力。全面推广电子培训券，为广大劳动者参加培训提供便捷服务，充分运用大数据资源，加强培训过程监管。建立与社保、农业农村等多部门信息共享机制，提高人员身份审核精准度和工作效率。

海南：乘势而上主动作为　多措并举强力推进 努力开创海南自由贸易港职业技能培训新局面

一、总体情况

职业技能提升行动实施三年来，海南省共开展各类补贴性职业技能培训68.5万人次，拨付专账资金5亿元。技能人才总量从2018年的49.3万人增加到2021年底的59.8万人，增长了21%，其中高技能人才总量从6.9万人增加到8.1万人，增长了17%，为海南自由贸易港建设提供了强有力的人才支撑。

二、主要措施

（一）当好“大掌柜”，发挥牵头抓总作用，构建职业技能培训大格局

一是坚持政策创新，完善职业技能培训政策体系。构建“1+N”培训政策体系，制定出台专账资金使用管理、企业新型学徒制等17个政策文件，形成互补和叠加效应，为开展职业技能培训创造广阔的政策空间。

二是坚持规划先行，及时分解下达补贴性职业培训指标。每年根据各市县产业发展、人口分布及劳动力市场供求状况等因素，分解下达补贴性职业培训指标，进一步压实工作职责，同时建立月调度机制。

三是加强部门联动，针对不同群体制订专项培训计划。建立健全了高危行业领域人员、退役军人、邮政快递人员等群体的职业技能培训补贴政策，支持各类企业面向职工开展职业技能培训。

（二）当好“店小二”，增强培训项目供给，保障落实重点群体培训

一是扩大职业技能培训覆盖范围。离校两年内未就业高校毕业生，贫困村创业致富

带头人，余刑不满1年服刑人员，强制隔离余期不满1年戒毒人员，社区戒毒社区康复人员，社区矫正人员，灵活就业人员，涉渔“三无船舶”渔民，热带雨林国家公园建设等生态移民，以及易地扶贫搬迁人员等群体参加就业技能培训和创业培训的，可按规定享受职业培训补贴。

二是增加培训项目供给。围绕国家颁布的新职业并结合市场需求陆续开发了网络直播销售、地摊经营、电子竞技等50个专项职业能力考核项目。鼓励市县结合海南自由贸易港劳务品牌创建、劳动力市场需求以及乡村振兴工作需要，采取整建制购买培训成果的模式开展项目制职业培训，增强劳动者的职业素质和就业创业能力。

三是鼓励高校毕业生参加职业技能培训。鼓励高校毕业生根据自身就业需求自主选择培训项目，并按规定给予补贴。三年来共开展高校毕业生培训3.6万人次。

（三）当好“及时雨”，创新培训形式，提高职业技能培训的便利性和可及性

一是全面推进线上培训。鼓励海南省农村劳动力利用线上培训平台开展职业技能培训，并按完成学时情况给予职业培训补贴，鼓励各类培训主体及参训人员利用线上培训平台开展理论学习，加大线上平台遴选力度，截至2021年年底，已遴选出29家线上培训平台供各类培训主体及劳动者选择。

二是丰富企业培训形式。认真贯彻落实人力资源社会保障部的工作部署，新增适岗培训、以工代训、以训待岗三类培训项目，支持企业吸纳劳动者就业和稳岗扩岗。将个体工商户、民办非企业纳入职业技能提升行动范围，享受相应职业培训补贴政策。三年来共支持企业开展各类培训12.3万人次，发放以工代训补贴资金4 271万元，惠及企业1 899家。

三是坚持优化服务管理。制定了全省统一的经办规程，督导各市县公共就业服务机构提升经办服务效率。积极分析研究各市县职业技能培训存在的共性问题。召开专门会议交流经验、推动工作进程，对培训进展迟缓的个别市县重点督导。同时，积极推进职业技能培训信息管理系统建设，实现培训开班、补贴申领以及培训全程的监管，对培训过程进行规范化管理。

（四）当好“财神爷”，拓宽资金使用范围，大幅提高资金使用效益

一是统筹归集资金，为职业技能提升行动提供资金保障。海南省本级和各市县均从

本级失业保险基金滚存结余中，按 20% 的比例提取了相应资金专项用于职业技能提升行动，全省累计提取 7.3 亿元。

二是出台管理办法，加大专账资金统筹使用力度。三年来，根据市县年度培训计划及资金使用需求，及时从省级专账资金中调剂 1.7 亿元至各市县，补充了资金缺口，确保当地职业技能提升行动顺利实施。

三是调整资金渠道，提升专账资金效能。将原从就业补助资金支出的高技能人才培养补助、培训动员奖补以及培训期间符合规定的生活费、交通费补贴，统一从职业技能提升行动专账资金中列支，全面提高资金使用绩效。

（五）当好“推荐官”，培树劳务技能品牌，努力打造技能培训新标杆

技能提升行动过程中，支持市县因地制宜，自主开发了具有海南特色的后安粉汤制作、紫金陶制作、琼海杂粮制作、白切文昌鸡制作等 11 个专项职业能力考核项目。并结合劳务品牌开发，打造在社会上具有广泛影响力的技能培训内容，从而吸引广大劳动者参与到技能提升行动中去。

一是努力打造“儋州月嫂”品牌。儋州市坚持紧跟市场需求，积极推行“政府 + 企业”的家政服务运营模式，不断强化与一线城市知名家政服务企业合作，提供人员培训、创业指导、上岗就业等多元化服务，通过市场化运作、精细化管理、专业化服务，使“儋州月嫂”在市场收获高度认可和良好口碑。组建“儋州月嫂”服务站，将培训后的学员输送到北京、广州、深圳、海口、三亚等地就业。近年来，累计转移就业达 5 200 余人。月嫂平均月薪高达 1.6 万元，育婴师平均月薪 1 万元。

二是努力打造“游艇驾驶员”技能培训品牌。三亚市出台了《三亚市游艇驾驶员培训工作实施方案》，将重点人群纳入培训补贴保障对象，对符合条件、经培训合格并取得游艇驾驶证的学员，每人最高可补贴 1 万元。考取游艇驾驶员证书并实现就业后，月收入可达 7 000 元以上，“金牌驾驶员”每月收入甚至可达 2 万 ~3 万元，薪资收入可观。

重庆：深入推进职业技能提升行动

一、总体情况

2019 年至 2021 年，重庆市开展各类补贴性职业技能培训 162.1 万人次，投入培训资金 21 亿元（其中专账资金 18.3 亿元）。截止到 2021 年年底，全市技能劳动者 469 万人，其中高技能人才 146.8 万人；全市技能劳动者总量占就业人口总量的比例为 27.7%，高技能人才总量占技能劳动者总量的比例为 31.3%。

二、主要措施

（一）完善政策措施，彰显培训改善民生功能作用

重庆市人力资源社会保障局先后会同市财政局等部门印发一系列配套文件，实现七个全覆盖。

一是培训项目全覆盖。将国家技能类职业资格、《中华人民共和国职业分类大典》第三至第六大类的技能类工种、人力资源社会保障部发布的新职业、重庆市开发的专项职业能力、各区县开发的特色工种以及创业培训，全部纳入培训范围，专门实施人力资源机构从业人员培训计划，各类技能劳动者都能选择适合自身需求的培训项目。

二是补贴标准全覆盖。发布《职业技能提升行动培训成本及市场需求程度目录》，区分非常紧缺、紧缺、一般职业，建立差异化补贴标准（231~4 875 元）。对目录外的职业（工种），初级工至高级技师的补贴标准分别为 1 000 元、1 500 元、2 500 元、3 500 元、5 000 元，未开展职业资格评价、职业技能等级认定的，取得培训合格证书补贴 1 500 元。

三是培训对象全覆盖。会同市财政局印发资金使用管理通知，建立弹性学时、弹性

学制，将灵活就业人员、平台经济从业人员以及有劳动能力、就业意愿和培训需求的超龄人员纳入补贴性培训范围。发布企业职工、农民工、贫困劳动力、高危企业职工、家庭服务、快递服务业、工业和信息化业、康养服务、残疾人、退役军人等 15 个专项培训计划，面向重点群体优化服务。

四是培训机构全覆盖。印发《关于支持职业培训机构参与政府补贴性职业技能培训项目的通知》，发布全市培训机构目录，公布具备资质的 700 余所职业院校、技工院校、民办职业培训学校、行业培训中心、企业培训中心。

五是培训评价全覆盖。加强技能人才评价工作，全面推行企业自主评价，开展第三方培训评价机构遴选认定。建立培训合格证书制度，制定《培训合格证书编码规则和印制标准》，对于没有职业资格评价、职业技能等级认定、专项职业能力考核和特种作业操作考核项目的职业（工种），通过结业考核发放培训合格证书兑现补贴。

六是培训渠道全覆盖。坚持集中与分散、理论与实操、线上与线下三个结合，鼓励将培训班办到乡镇、村社，方便群众就地培训，鼓励企业职工采取跟班见习、岗位实训、顶岗作业等方式，完成实操课程，解决工学矛盾问题。

七是线上培训全覆盖。出台《关于做好职业技能提升行动线上培训工作的通知》，建立起一清（底数清）、两手（抓政策完善、政策宣传）、三方（引入第三方培训平台）、四制（培训实名制管理、学习档案信息化管理、动态评估、线上巡查）工作法，开发全市统一的重庆智能就业培训云平台，认定 16 个第三方线上培训平台，实施“白日免费线上职业技能培训”，280 余所培训机构开设线上培训课堂，服务 30 余万名劳动者参加公益性和政府补贴性职业技能培训。会同市财政局印发线上培训的通知，持续推进线上培训常态化，各类理论知识培训、通用职业素质培训和仿真模拟、技能视频演示等均可以线上培训方式进行。

（二）强化过程监管，确保政策高效高质落地执行

一是提升管理水平。在原有职业培训实名制管理系统的基础上，开发投用重庆智能就业培训平台，做到劳动力培训需求与培训供给精准对接、培训成果与就业创业无缝衔接、过程监管与资金拨付有序连接，实现全市“一张网、一次办”。

二是强化管理队伍。成立 100 人的质量督导员队伍，划分 7 个片区，分别召开片区

推进会，分片包区县开展质量监管、过程监管、资金监管。

三是加强培训机构管理。制定民办职业培训学校评估细则，分为4个大项27个小项，组织41个区县（自治县）人力资源社会保障部门开展全覆盖交叉办学评估，将基本合格、不合格的130所民办职业培训学校移出补贴性机构目录。

四是抓实质量年活动。2021年，为解决培训对象结构不优、人才队伍层级不高、培训需求对接不紧等问题，在全市深入开展职业技能提升行动质量年活动，从高技能人才培养、企业职工培训到重点群体专项计划，从新职业培训到线上培训，从机构管理到资金管理，制定10项具体措施，划分10个具体指标，全部分解到41个区县（自治县），作为就业工作绩效考评的重要内容。建立健全技能人才、职业技能培训、鉴定评价统计通报制度，坚持月调度、季讲评，加强跟踪问效，防止政策落实不到位。开展了职业技能培训专项整治、职业技能鉴定自查自纠、提升行动三方审计。

五是开展专项整治。全面检视培训、鉴定评价等方面的不足，撤销职业资格和技能等级证书598本，先后追回、取消培训补贴资金近千万元。对41个区县开展了全覆盖专项审计。组织召开4次片区会，围绕人才结构质量、培训过程质量、鉴定评价质量三个重难点问题，逐个区县交单子、开方子、压担子，推动质量年活动走深走实。

（三）创新组训模式，发挥培训在稳就业中的重要作用

一是全面推广“三单式”培训。坚持精准培训和就业导向，总结并推广“订单式”组织、“菜单式”教学、“工单式”就业“三单式”职业技能培训模式。实施“订单式”组织，健全职业技能培训协调机制，依托就业信息系统、职业培训实名制管理系统，精准掌握重点群体就业状况，建立实名数据库，帮助有培训意愿的人员就近方便培训。实施“菜单式”教学，开发重庆火锅调味、睫毛修饰等64个专项职业能力标准，指导各区县开发酉州苗绣、万州烤鱼等366个特色培训项目，帮助培训人员看单选择、量身定制、分类培训。实施“工单式”就业，以稳定就业为目标，开展校企合作、工学结合，引导用工企业参与培训全程，将职业标准、岗位要求融入培训体系，开展订单、定岗、定向培训，进一步发挥职业技能培训在促就业带创业、推动经济转型升级和高质量发展的重要作用。

二是围绕新产业新需求抓培训。突出“高、新、缺”，解决新业态就业矛盾，遴选认

定三批次350余所新职业培训机构，组织1 800余名新职业讲师培训，建立新职业培训讲师库和管理制度，培训4.3万名新职业从业人员。

三是引入国际先进培训做法。成为国家首批（4个城市）人力资源社会保障部与国际劳工组织开展企业新型学徒制培训试点城市之一，召开国际劳工组织企业新型学徒制培训试点工作会议，引入国际先进做法，推动职业培训工作提质增效。

四川：夯实培训基础　创新培训举措大规模开展职业技能培训

一、总体情况

2019年以来，四川省累计开展各类补贴性职业技能培训456.7万人次，年均培训规模是2018年的2倍以上；专账资金累计支出38.8亿元。经评估，截止到2021年年底，全省有技能劳动者1 187.3万人，高技能人才357.6万人，其中高技能人才总量占技能劳动者总量的比例是30.1%。

二、主要措施

（一）不断创新培训模式

成都市出台企业职工项目制培训办法，着力解决工学矛盾突出、学用结合度低的问题，企业参训积极性大大提高。雅安市试点新就业形态技能提升培训，形成“雅安模式”。全省深入推进企业新型学徒制培训，实施以工代训，重点帮助支持中小微企业以训稳岗、以训待岗。截止到2021年年底，全省累计开展企业新型学徒制培训6万人次以上，为受新冠肺炎疫情影响较大的2.8万家企业发放以工代训补贴，惠及186万名职工。

（二）全面铺开线上培训

建设四川省职业技能提升网络培训平台，现有注册用户68.9万人；入驻各类培训主体分院547个，企业6 259家，中高等院校43所；开发引进并发布了127个专业培训包共计6 812个课时；在线组班培训2 714个，开设直播72场，培训623万人次，累计访问量近2.2亿次，产生了良好的资源集聚效应。截止到2021年12月，已有40万名劳动者享受线上培训补贴。

三、主要成效

（一）培训体系愈加完善，辐射带动作用显著

形成以政府补贴培训、企业自主培训、市场化培训为主要供给，行业企业和院校机构为双主体，就业技能培训、岗位技能提升培训和创业培训为主要形式的多元化多层次培训体系。截止到 2021 年年底，全省共有补贴性培训承训机构 1 389 家，年均参训企业 1.2 万余家，基本满足城乡劳动者和各类型企业需求。内江市组建 1 256 支就业小分队开展“三进入”活动，搭建校企合作平台，内江市高级技工学校等 3 所院校与成渝钒钛集团等 40 余家本地企业达成培训合作。

（二）企业主体地位彰显，以训提能效果显著

实施重点产业领域职业技能提升行动，累计开展企业职工培训 250 万人次，占补贴性培训总人数的 54% 以上。成都市经济技术开发区以智能制造产业技能人才为重点培育方向，投入培训补贴资金 935 万元支持当地成长型企业开展项目制培训，甄选国家级高技能人才培训基地开展校企合作，为企业量身定制培训课程，总计 982 学时，其中实操占比接近 80%，培育紧缺智能制造人才 1 134 人。

（三）培训市场活力释放，技能就业成果显著

鼓励面向所有具备资质的院校和机构开放补贴性培训，打破定点限制，探索以整建制购买服务的方式，为就业创业重点群体提供免费技能培训服务。德阳市采取“培训内容劳动者点单、培训方式劳动者点选、培训教师劳动者点将”的方式，坚持补贴标准和培训效果挂钩，已累计完成 312 个项目 489 期培训，参训近 4 万人次，培训后就业创业成功率显著提升。什邡市马祖镇举办的“本地特色小吃”培训邀请“德阳首席技师”和创业成功人士等“土专家”“田秀才”开展“技能 + 创业”培训，62 名受访学员表示希望政府多组织这样的培训，让他们学技术能就业也能创业。

（四）监管体系日趋完善，培训环境不断净化

借助全省就业培训领域突出问题系统治理契机，对 2016 年以来承担过政府补贴性培训的 2 155 家机构和企业职工培训中心、16 万个培训班、312 万人次参训学员进行全

面清查，升级改造培训实名制管理系统。已整改问题 2 805 个，对 211 家培训机构下发限期整改通知或视情进行提醒谈话、退还补贴、取消资质、列入黑名单等处理。初步建立了“制度 + 科技”“人防 + 技防”的全方位立体监管体系，较好地实现了系统治理与提升行动“两不误、双促进”。

贵州：大规模　多层次推动职业技能提升行动

一、总体情况

职业技能提升行动实施三年期间，贵州省累计完成各类补贴性职业技能培训310.1万人次，其中，企业培训58.5万人次（企业新型学徒1.4万人次、以工代训20万人、线上企业职业技能培训6万人次），重点人群培训251.7万人次。全省投入职业技能培训资金共计26亿元，其中专账资金15.8亿元。

二、主要措施

（一）高度重视，统筹部署推进

贵州省委省政府高度重视职业技能培训工作，在贯彻落实国家职业技能提升行动做好规定动作的基础上，结合贵州省实际做好自选动作，同步制定实施贵州省农民全员培训三年行动计划，以加大贫困劳动力和贫困家庭子女技能扶贫工作力度为主线统筹实施。省政府成立就业和全员培训领导小组加强培训工作统筹调度，成员单位包括发改、财政、教育、扶贫、农业等政府部门，办公室设在省人力资源社会保障厅，按照“任务统一分配，工作统一部署，资金统一安排，目标统一考核”的要求开展培训工作。

（二）认真谋划，完善政策体系

2019年年底至2021年年底，为积极应对新冠肺炎疫情影响，支持复工复产，促进稳岗就业，贵州省先后出台了《关于印发支持各类重点企业开展职工线上培训促进复工复产的实施方案的通知》等系列政策文件，形成了转变培训方式、开展线上培训、支持院校参与、实施以工代训的培训新格局。2021年，围绕高质量发展，精心打造“十四五”职业技能培训政策体系。会同省财政厅联合印发《关于提高职业技能培训资金效能　高质量开展职业技能培训的通知》，科学设置培训项目、分类设置培训补贴标准、延长培训时间，为全省高质量开展职业技能培训提供政策保障。印发《关于印发职业技能提升行动创业培训“马兰花计划”实施方案的通知》，健全并完善政府引导、社会参与、创业者自主选择的创业培训工作机制，扩大创业培训规模，建立全省统一的创业培训考核平台，提升创业培训质量。

（三）围绕产业，增强培训实效

紧密围绕省委省政府中心工作，牵头开展了三轮贫困劳动力培训就业情况摸排。通过了解劳动力培训意愿，精准匹配贵州省十二大特色优势农业产业、十大工业产业和服务业创新发展十大工程用工需求，指导各地大力开展订单、定向培训和以工代训。同时，将培训实操实训放到田间地头、工厂车间，不断提升培训的针对性和有效性。结合东西部协作，大力开展“南粤家政”“粤菜师傅”“广东技工”等协作培训，帮助劳动力提升外出就业能力。针对贵州培训对象多为农村脱贫劳动力的实际情况，除大规模开展职业技能培训外，探索延伸开展多种适合农村劳动力的培训方法。开展感恩培训，激发劳动力内生动力。开展政策培训，将强农惠农、就业创业、社保扶贫、产业发展等政策作为常规培训内容。开展方法培训，编印《农村劳动力全员培训工作指南》，推广毕节、威宁“三白基地＋培训基地＋就业基地”模式，着力提高劳动者脱贫致富本领。开展示范培训，组织农村群众到先进村参观学习等，找到脱贫致富的办法措施，既扶贫又扶志。同时，开发“贵州省农民全员培训电视点播系统”，让农民群众足不出户就可以在家免费收看技术技能、种植养殖、民族工艺等视频课件。系统上线至今，已上传课件 226 个，累计观看超 2 000 万人次。

（四）督促指导，加强资金监管

通过组织“新时代学习大讲堂”开展业务知识专题讲座，有效提升全省近万名基层职业技能培训工作人员的业务素质和政策水平。定期安排专人到全省 9 个未摘帽贫困县开展业务指导和督战，督促规范使用培训资金。通过政府购买第三方服务按年开展职业技能培训专项评估、专项审计和就业补助资金专项检查等，对全省开展职业技能培训情况、培训资金使用情况和培训机构监管情况开展评估检查，确保培训资金安全。

云南：强举措 抓落实 职业技能提升行动顺利实施

一、总体情况

职业技能提升行动实施三年来，云南省累计开展各类补贴性职业技能培训328.2万人次，拨付专账资金23.4亿元。培训企业职工106.4万人次，农村转移劳动者87.7万人次，城乡未继续升学初高中毕业生1万人次，失业人员4.7万人次，退役军人0.4万人次，残疾人0.8万人次，毕业年度高校毕业生12万人次，脱贫人口108.2万人次。通过职业技能提升行动的实施，全省取得职业资格证书人数为36.8万人次，取得职业技能等级证书人数为36.1万人次，取得专项职业能力证书人数为24万人次，取得特种作业操作证书人数为2.1万人次，全省技能劳动力总量再创新高。

二、主要措施

（一）培训机制逐步健全，基础保障能力全面强化

一是培训职业（工种）目录适时更新。从及时满足劳动者对培训职业（工种）的需求出发，在充分征求劳动者和用工企业意见建议基础上，不断更新培训职业（工种）目录，培训工种从2019年的410个增加到2021年的818个，增幅达到50%，及时向劳动者提供培训工种“菜单”。

二是培训项目依需调整。结合全省16个州（市）传统民族文化和高原特色农特产品的分布实际，从支持服务全省各地特色产业发展出发，确定劳动者技能提升所需的职业（工种），及时满足劳动者的培训意愿。

三是补贴资金激励调动。实施了“三个定向”提标，对长江流域退捕渔民参加职业

技能提升行动培训的，补贴标准上浮 30%；对企业组织职工开展与企业主营业务相关职业（工种）培训的，补贴标准上浮 20%；对培训职业（工种）涉及服务于云南省打造世界一流三张牌（即“绿色能源”“绿色食品”和“健康生活目的地”）的，补贴标准上浮 20%，提高劳动者参加培训的热情。

四是培训资金调剂保障。制定了提升行动专账资金调剂制度，用省级资金对州（市）进行资金调剂和激励补助。同时，要求各州（市）合理调度县级结余资金，提高资金使用效率。三年来，结合全省专账资金的支出实际，联合财政部门下达了 5.69 亿元省级调剂资金，支持州（市）开展培训工作。

（二）培训资源配置更加优化，服务效能全面提升。

一是积极推动市场化培训模式。实施自主报账制培训补贴模式，培训对象可根据自身技能提升的需要，自主选择培训机构、培训专业，自主参加职业技能培训，在取得相应职业技能证书后，给予培训补贴。

二是探索项目制企业培训方式。按照“计划管理、企业申报、省厅确认、州市管理经办”的原则，支持用工体量大、就业人员集中的云南建投集团、交投集团、能投集团、昆明钢铁集团、一心堂药业集团和云南省总商会、云南省茶叶流通协会等企业开展项目制培训，有效提升企业职工的技能水平，稳定职工队伍和就业岗位。

三是积极推动新职业（工种）培训。将国家发布的互联网营销师、信息安全测试员、社群健康助理员、连锁经营管理师、老年人能力评估师、区块链应用操作员、网约配送员、健康照护师等 21 个新职业（工种）纳入培训补贴职业（工种）目录。同时将技能等级证书的补贴标准与职业资格证书的补贴标准进行了统一，实现职业资格证和技能等级证同证同价补贴。

四是扩大充实培训机构供给。充分支持职业院校、技工院校参与职业技能培训，明确了根据职业技能培训规模、培训质量、稳定就业率等情况核定绩效工资总量的激励措施，调动技工院校积极性。为推动政策落实，专向明确技工院校开展职业技能培训工作要求，2021 年全省技工院校开展培训 5.8 万人次。

（三）重服务模式探索创新，激发劳动者全面参与热情

一是信息化服务能力逐步提升。建设云南省职业技能网络培训平台，按照“凡补必

进、不进不补”的原则，将全省所有补贴性培训班次纳入平台管理，通过培训监管、在线学习、大师直播、政策法规发布解读、大数据分析等功能，加大全省职业培训的规范化管理力度，加强对专账资金的有效监管。

二是培训奖补直达企业。加大以工代训政策实施力度，及时精简对企业申报补贴材料，全省累计支持企业 678 户，以工代训人数达到 2.41 万余人。落实培训直补企业措施，积极支持企业通过成立职工培训中心，承载企业自身职工和劳务派遣用工的培训任务，明确企业培训补贴资金可在符合相关法律制度条件下由企业自主开支使用，调动企业积极性，全省共有 523 家企业开展了职业技能提升培训。

三是企业新型学徒制推动产教融合。在全省 16 个州（市）通过产教融合、校企合作、工学交替等方式，培养企业“精英”人才，拓宽高端技能人才培养渠道。玉溪技师学院、云南铜业高级技工学校等技工院校开展“名师带徒”人才培养模式，与 40 余家企业签订了校企合作企业新型学徒制人才培养协议，涉及机械设备装配与自动控制、计算机应用与维修、汽车维修等 20 个专业。全省三年累计开展企业新型学徒制培训 5.8 万余人次。

四是积极推动网络培训新模式。通过“互联网 + 技能”培训，依托云南省职业技能网络培训平台开展线上培训。2019 年以来，共开展线上培训 8 429 个班次，参训 42.3 万人次，上线课程包 3 304 个，总课时数 6.8 万。同时，把线上职业技能培训作为应对新冠肺炎疫情、助力企业复工复产和稳就业的重要举措，确保了疫情防控期间培训服务不中断。

（四）强化技能鉴定，严格职业培训政策落实

一是完善技能人才评价制度规则。印发了《云南省技能人才评价质量督导工作规程》《云南省人力资源和社会保障厅关于开展职业技能等级认定社会培训评价组织遴选工作的通知》和《云南省人力资源和社会保障厅关于遴选“2021 年度云南省高技能人才评价优秀等次单位”的通知》，积极贯彻落实职业资格制度改革，全面推行职业技能等级制度。全省职业技能等级认定备案机构 259 家，其中用人单位 127 家，社会培训评价机构 132 家。

二是强化培训规范化管理。明确了培训课时和培训资质，在开展职业资格证书、职

业技能等级证书培训并享受国家职业培训补贴时，各级别的培训时间不得低于 120 课时。每个班级不得超过 60 人（创业培训不超过 35 人），培训班的每天培训时间原则上不得超过 8 课时。将使用正版教材和新版教材作为开班审核的重要内容，明确了从人力资源社会保障部公布的《人力资源社会保障部职业培训规划教材选用目录》中选用教材开展培训的要求。

西藏：创新工作方法 提高培训质量
职业技能提升行动显成效

一、总体情况

2019年至2021年，西藏自治区共开展各类补贴性职业技能培训30.6万人次（其中以工代训4.9万人，订单定向式培训5.4万人次，企业新型学徒制培训1 492人）；支出各类培训资金8.8亿元，其中支出职业技能提升行动专账资金3.5亿元；培训后近20万人实现初次就业或稳定就业。

二、主要措施

（一）立足市场需要，增补补贴性技能培训目录

充分考虑自治区就业创业市场需求，参照国家职业分类大典规定，联合自治区财政厅印发了《关于发布2020年自治区职业技能培训补贴目录的通知》。新增了藏药材栽培种植、消毒防疫、网络主播、网店运营推广、咖啡师等市场需求较大、就业前景较好的122个职业（工种），将其纳入职业技能培训补贴范围。

（二）加强信息化运用，落实补贴性培训实名制管理

运用信息化手段进行补贴性技能培训全程管理，印发了《自治区人社厅关于加强技能培训实名制录入的通知》《关于推进职业技能培训相关工作的通知》和《关于在全区各类培训机构开展安装摄像监控并接入公共就业可视化在线监控的通知》等文件，明确落实补贴性培训实名制管理、技能培训网上申报、培训过程可视化监管。

（三）创新培训模式，打造职业技能培训品牌

加强西藏技师学院与对口援助技工院校的合作，引入援藏师资开展高层次和市场急

需短缺的高技能人才培养；鼓励各地市与内地培训机构开展联合办学，采用“请进来，送出去”的办法，开展新兴职业（工种）技能培训。为加快建成自治区规模化、特色化、产业化的餐饮服务行业队伍，创新实施“藏式早餐”专项培训，探索制定职业技能培训、职业资格评价、职业技能等级认定的方式方法和相关标准，使自治区劳动者掌握职业技能，实现技能就业、创业。

（四）开发民族特色培训教材

为加大自治区民族特色职业（工种）培训力度，建立分系统、分专业的技能培训教材，使民族特色职业技能培训更加规范化、专业化，启动了《藏式早餐》《唐卡绘制制作》《民族服装制作》《藏纸制作》《金属器皿锻造工艺》《手工编织－旺垫仲丝》六类培训教材的开发工作。

（五）广泛组织发动，加快技能人才考核评价

整合利用用人单位（企业）、行业主管部门、行业协会、院校、社会培训组织等资源，全面推行社会化职业技能等级认定工作。截止到 2021 年年底，已确定了 27 家社会化机构。2021 年，组织开展全区职业技能等级认定考评员和质量督导员培训，共有 348 人参加培训，104 人通过质量督导员考核，211 人通过考评员考核。

（六）积极参与职业技能竞赛，彰显技能人才水平

为充分发挥职业技能竞赛在促进技能人才培养、推动职业技能培训的重要作用，大力弘扬劳模精神、劳动精神、工匠精神，积极组织选手和裁判员参加各类技能竞赛。每年举办自治区级和地市级职业技能大赛并组织参加各类全国职业技能竞赛。其中，中华人民共和国第一届职业技能大赛是自治区首次参加的综合性国家级一类职业技能竞赛，填补了西藏在全国性、综合性赛史上的空白。自治区选手获得了一枚铜牌，并入选第 46 届世界技能大赛国家集训队。自治区人力资源社会保障厅被评选为“优秀组织单位”，两名选手分别获得“西部技能之星奖”和“本赛队最佳选手奖”，实现了西藏在全国性国家级一类职业技能竞赛中奖牌零的突破。“藏族传统唐卡绘制技艺”入选“最受欢迎的中华十大绝技”。

陕西：创新引领 精准施策
以高质量培训服务高质量发展

一、总体情况

陕西省深入贯彻习近平总书记 3 次来陕考察重要讲话精神和对技能人才工作重要指示精神，将职业技能培训作为稳就业保就业的重点举措，完善细化政策，强化工作措施，扎实组织施训。2019 年至 2021 年全省共开展补贴性职业技能培训 245.5 万人次，支出专账资金 27.9 亿元。全省技能人才总量达到 518.8 万人，占就业人口总量的 25.1%；高技能人才总量 155.7 万人，占技能人才总量的 30%。

二、主要措施

（一）完善政策，精准支持培训

陕西省及时制定职业技能提升行动实施方案，相继出台 13 个配套文件，构成“1+13”政策体系，全面贯彻国家政策，并形成 4 项特色政策。

一是实行梯级培训补贴标准。强化培训就业导向，重点群体培训不受培训机构目录清单限制，各类培训机构均可组织实施，并根据培训就业率高低进行梯级补贴，有效提升培训的就业效果。

二是构建培训补贴标准体系。对国家职业分类大典中已发布职业标准的每个职业（工种），依据培训成本分级确定基本培训课时标准和基本补贴标准，共制定 489 个职业（工种）的 2 167 项基本标准。由市级人力资源社会保障部门结合实际制定本市培训补贴标准，适时调整完善。建立培训补贴标准体系和动态评估机制，解决了过去单一补贴标准条件下培训机构不愿组织高成本职业（工种）培训的问题。

三是实行补贴资金预拨。对以工代训、项目制培训等实行补贴资金预拨，最多可预拨补贴标准的70%。将先审批后拨付变为先拨付后验证，使企业可尽早获得培训补贴，强化了职业培训稳岗就业的作用，对受新冠肺炎疫情影响生产经营困难的企业，提供了有力支持，深受企业欢迎。

四是扩大培训范围。将技工院校二年级（含）以上在校生纳入职业技能培训范围，陕西援藏项目在西藏地区用工可按规定纳入职业培训补贴和生活费补贴范围，将机关事业单位一线工勤岗位用工纳入职业培训补贴范围，使补贴性培训惠及更多劳动者，强化稳岗就业效果。

（二）规范管理，严控培训风险

出台培训风险防控办法和3个专账资金政策文件，组织指导各地严格认真抓好落实，系统规范职业培训和资金管理，严格控制、全力降低培训风险。

一是保障资金需求。根据市（区）申请和培训进度，精准测算，2020年、2021年先后两次向10个市调剂省级专账资金8.1亿元。同时，落实培训管理服务外包政策，10个县（区）和西安市本级利用第三方机构组织实施开班申请、补贴审核等工作，加强基层工作力量。

二是加强内控管理。依据陕西省培训风险防控办法，指导市县人力资源社会会保障部门、财政部门和培训机构针对培训监管、资金使用、组训施训、实名制管理等方面的主要风险点，制定内控制度，严格开班审核，落实培训过程监管，严格补贴受理审核拨付，严把补贴资金出口关。实行每月核对专账资金，做到账表相符。认真落实资金支出月统计制度，分析研究问题，加强指导调度，加快资金使用。

三是加强检查督导。近两年，省人力资源社会保障厅每年组织会计师事务所开展提升行动专项检查，重点查人员、查资料、查账目，发现问题，认真整改，全省共检查12个市61个县（区）。各市也采取多种形式做好检查工作，强化资金监管，排除风险隐患。

（三）狠抓重点，促进全面培训

一是扩大企业新型学徒制培训，提升培养层次。2019年初先行在宝鸡市开展试点，建立形成培训流程和规范，及时向全省推广，示范带动各地企业新型学徒制培训工作。

在此基础上，制订专项计划，调整细化培训政策，将企业新型学徒补贴标准分类从每人每年 5 000 元、7 000 元提高到 6 000 元、10 000 元，进一步调动企业积极性。三年来全省共培训企业新型学徒 4.3 万人，其中 2021 年培训 2 万人。

二是适应新冠肺炎疫情，推进稳岗就业。全面实施线上培训，除政府提供的线上培训平台外，企业可利用内部平台和第三方平台开展培训，新冠肺炎疫情期间全省共使用线上培训平台 143 个。2020 年，全省组织参加线上培训 45.66 万人次，其中培训企业职工 32.3 万人次，占线上培训总人数的 70.7%，广受企业欢迎。2020 年 6 月，全面启动以工代训，各级人力资源社会保障部门组织人员深入 1 500 多家企业解读政策，开展业务咨询，指导企业制定培训计划，服务支持企业开展以工代训。根据工作进展情况，进一步放宽补贴对象范围，实施补贴资金预拨，加大政策支持力度。截止到 2021 年年底，全省共开展以工代训 112.5 万人。创新实施“以工代训 +X”培训，引导企业将以工代训与在岗职工培训、转岗转业培训、职工岗前培训、综合性培训等相结合，灵活组织培训。对完成以工代训后有意愿、有能力参加职业证书考评的，可直接组织职工参加职业证书考评。对有意愿但理论知识、技能水平达不到取证标准的职工，灵活举办“以工代训 +X”培训班。培训内容按照“缺什么补什么”的原则确定，强弱项、补短板。培训课时根据需要安排，不受相应工种规定课时的限制，并将以工代训课时计入总课时。培训后参加职业技能等级认定或职业资格评价，落实较高补贴标准，提高以工代训质量。全省共 30.55 万名企业职工参加“以工代训 +X”培训，5 568 人取得证书，其余人员正在陆续取证。同时，陕西省于 2021 年、2022 年春节期间，开展“迎新春稳岗留工送培训”活动，线上培训农民工 2 万余人，实现稳岗留工。

三是开展重点项目培训服务产业发展。坚持“盯着项目转，围着项目干”，主动服务中心、融入中心，将培训重点项目用工作为提升行动的重点任务，紧盯 2021 年各级 4 912 个重点建设项目和本地特色产业，组织人员上门了解项目用工需求，制定重点项目和特色产业培训任务，按需组织定向培训，2021 年培训 7.9 万人次，为项目建设提供技能人才。

四是组织专项培训共克时艰。2021 年下半年，对 7 951 名遭遇洪涝灾害的农村劳动力开展专项培训，帮助其就业增收，渡过难关。2021 年第四季度，集中组织开展以西安市为主的国有企业职工职业技能提升月活动和技工院校学生培训，为138家国有企业培训职工14.6万人次，培训技工院校学生6万余人，提高职工和学生的技能，有力支持疫情防控。

（四）创新模式，提高培训质量

一是开展“三个合作”培训。2020年以来，组织技工院校深入开展校县、校企、校校（技校和高校）合作培训，发挥技工院校培训资源优势，提高培训质量。大力开展校县合作培训。由技工院校在合作县（区）设点开班或组织培训对象进校，开展订单、定岗、定向式培训，及时推介培训合格人员上岗就业；县（区）帮助技工院校组织农民工等重点就业群体参训，根据培训效果落实培训补贴，两年合作培训人数达到20万人次。深化校企合作培训。以校企合作开展企业新型学徒培训为重点，为企业提供全方位技能人才培养培训“一站式”服务，引导企业加大技能提升培训力度，共培训4.33万人次。加快实施校校合作培训。2020年组织21所优质技工院校与高校合作，由技工院校对毕业学年高校毕业生开展就业创业培训。2021年将参加校校合作的技工院校从指定学校扩大到所有学校，将参训大学生从应届毕业生扩大到所有在校生，扩大校校合作培训规模，共累计培训大学生3 800余人次。

二是培育劳务技能品牌。坚持培训筑基、务工引领，打造形成“紫阳修脚师”“蓝田厨师”“武功绣娘”“潼关肉夹馍”“旬阳建工”等一批全国和区域知名劳务技能品牌。其中5万名“紫阳修脚师”在全国29个城市创业就业，人均月收入5 000元以上。

三是组织特色培训。指导各地结合实际开展特色培训促进就业，延安市开展特色小吃技能培训，2021年全市举办45期地方特色小吃技能培训班，参训人数为4 099人，实现就业创业2 960人，就业率达72%。宝鸡市开展“技能+”培训，建立中期培训项目库，采取“学中做、做中学”一体化教学方式，开展为期3个月的技能培训，累计培训3 483人，其中贫困劳动力1 708人，就业率达到65%。

（五）精准细致，优化提升服务

一是发挥千人服务团作用，优化培训服务。2020年3月，着眼实现疫情防控和培训服务两不误，从各级人力资源社会保障、财政等部门和技工院校筛选人员组成职业技能提升行动线上培训服务团共1 008人，即千人服务团。专门发文明确3项服务内容和

6 条服务纪律，3 次电话抽查服务开展情况。市、县（区）分别建立服务团成员微信群，学习政策，相互交流，切实加强管理。服务团成员通过电话、网络等途径，为近 3 000 家企业和培训机构提供政策业务咨询、培训平台和机构选择、培训方案制定指导等不见面服务，架起企业和政府之间的“连心桥”。

二是全面实施职业技能等级认定制度。按照社会化原则，建立政策体系，制定业务规程，构建职业技能等级认定新制度。2020 年建立市场化、社会化技能等级评价新体系，机构备案范围扩大到各类职业院校，省市分类备案，并由民政、卫健部门负责行业工种评价机构备案，发挥行业作用，共备案评价机构 353 家。加强监管服务，职业技能等级认定考试现场巡查率 80%，书面审核率 100%，共发证 21.07 万份，规模质量双提升。

甘肃：大力实施技能提升行动
着力打造技能新甘肃

一、总体情况

职业技能提升行动实施期间，甘肃省开展各类补贴性职业技能培训 249.1 万人次（含以工代训 79.6 万人），支出专账资金 13.8 亿元。

二、主要措施

（一）坚持就业导向

一是坚持精准培训促就业。按照横向到边、纵向到底的要求，依据年龄、性别、重点群体等分类，掌握劳动者培训意愿、就业方向和培训数量，力促劳动者通过技能提升，实现高质量就业。

二是坚持技能提升稳就业，以各类企业为重点，适应产业转型升级需要，紧密结合战略性新兴产业、先进制造业、现代服务业等发展需求，在企业全面开展岗位技能提升培训，企业新型学徒、技师和高级技师等培训，着力提升产业工人技能素质。

三是主动帮助企业纾困稳岗。简化审核资料和程序，让企业更快享受职业培训惠企政策。中国铁路兰州局集团有限公司主要从事铁路客货运输及相关服务业务，疫情防控期间，公司各项业务受到较大影响。甘肃省人力资源社会保障厅了解到相关情况后，主动联系该公司，在 10 个工作日完成了资料审核、资金拨付，单笔拨付资金 6 866 万元。

四是关注重点群体帮就业。大力开展青年技能培训行动，实施高校毕业生就业技能培训、城乡未继续升学初高中毕业生等青年劳动预备制培训，实施新生代农民工职业技能提升计划，对有培训意愿的脱贫不稳定户和边缘易致贫户的劳动力应培尽培，加大对失业人员和转岗职工、退役军人、残疾人等就业困难群体的职业技能培训力度，帮助重点群体实现稳定就业。

五是创业引领促就业。深入推进“马兰花计划”创业培训，开展创业师资市场化培训试点，发挥好创业带动就业积极作用。

六是扩大政策范围扩就业，将技能提升行动专账资金补贴性培训对象扩大到普通本科高校、中高职院校（含技工院校）毕业年度毕业生。联合省教育厅印发文件，安排部署向院校毕业学生发放电子培训券，积极组织院校毕业生参加培训，掌握职业技能，提高就业创业能力。

七是创新模式培育新职业，紧盯新就业形态发展趋势，及时发布新职业培训目录，加快推进“互联网＋培训”，推动兰州等地开展新职业线上培训试点，制定互联网营销师、直播销售员、在线学习服务师等新职业补贴标准。开展新业态新模式从业人员技能培训试点工作，组织兰州市、陇南市等市州与美团、滴滴、京东、顺风等企业探索开展新就业形态劳动者技能培训工作。

（二）坚持服务企业

加大企业职业技能培训服务保障力度，要求各地强化服务意识，公布政策清单，每季度统计掌握一次当地企业培训需求，将企业培训计划纳入年度职业技能培训总计划进行谋划部署，加大培训补贴资金保障力度，支持企业职业技能培训再优化、再提速。针对甘肃省重点产业、特色产业、产业集群建设急需的技能人才，各地特色产业（含乡村振兴人才培养、劳务品牌培树）壮大需要的紧缺人才，支持企业开展高技能人才项目制培训。对每个符合条件的培训项目，以实际取得培训合格证书的人数为基数，给予最高50万元培训补贴。创新服务企业新模式，主动征求省建投、省公航旅等大型企业技能人才需求，签订技能提升合作框架协议，在高技能人才培养、技能大师工作室建设、技能等级评价等方面提供菜单式服务，为企业高质量发展提供技能人才支撑。张掖市、天水市等市州参照省级模式，为企业开展定向式项目制培训，实现企业招聘、员工就业与岗前培训无缝对接。

（三）坚持高端引领

拓宽高技能人才纵向成长空间，采取政府引导和用人单位支持相结合的方式建立首席技师、特级技师制度，拓展高技能人才横向发展空间。贯通高技能人才与专业技术人才职业发展通道，探索建立理论与实践相结合、技术与技能“双促进”的人才评价使用激励机制，激发各类人才创新创造活力，218 名高技能人才通过“绿色通道”获得高级职称，打通了“大国工匠”高级职称晋升通道。结合党史学习教育实践活动，全国首创建立处级以上党员干部联系服务技能大师制度，常态化开展上门服务、落实政策、搭建平台、特色宣传“四个一”活动。搭建技艺传承平台，全省技能大师入驻 38 所技工院校开展开学第一课活动，进行技能成才宣讲、绝招技艺展示，多位技能大师被多所职业技术院校聘为客座教授、荣誉教授。在全国首创省级“技能大师之家”，为全省高技能人才搭建一个交流沟通、技艺切磋、技能展示的平台，进一步增强高技能人才的认同感、归属感和幸福感。

（四）助力乡村振兴

聚焦重点地区抓紧抓实农村劳动力技能培训，采取“嵌入式”“订单式”“定向式”等培训模式，建立“培训机构 + 劳务中介 + 就业企业”的培训就业一体化机制。开展“迎新春稳岗留工送培训”工作，以“留岗一人、培训一人”为目标开展岗位技能提升培训；面向脱贫家庭子女、脱贫劳动力等重点群体开展“马兰花计划”创业培训；依托扶贫车间（乡村就业帮扶车间）开展岗位技能培训；综合考虑东部省份文化特色、劳动力特点、产业基础等特征，与用工企业、劳动服务中介机构充分对接，深入开展劳务品牌培训，致力打造“兰州拉面师”“陇原妹”“陇原巧手”等劳务品牌“升级版”，促使劳动力从“体力型”向“技能型”转变。实施乡村振兴重点帮扶县技能提升工程，为 23 个国家乡村振兴重点帮扶县和 16 个省级乡村振兴重点帮扶县每县确定 2 所对口帮扶技工院校，支持建设高技能人才培训基地，加大高技能人才和乡村工匠培养力度。实施“爱心理发员”三年赋能行动，围绕全省开发的 1.2 万个“爱心理发员”乡村公益岗位，实施“爱心理发员”职业技能提升行动、就业服务行动、创业助推行动 3 项行动，计划三年累计培训“爱心理发员”2 万人次、创业培训 3 000 人次以上的目标任务，着力帮扶“爱心理发员”提升职业适应能力。

（五）深化评价改革

加快实施技能人才评价制度“放管服”改革，健全以职业能力为导向、以工作业绩为重点、注重工匠精神培育的技能人才评价体系。充分发挥企业在技能人才培养、评价方面的主体作用，支持企业申请备案后对本企业在岗职工、劳务派遣人员技能进行评价，畅通技能人才评价通道；公开征集并择优遴选一批社会培训评价组织，面向全省各类劳动者开展市场化、社会化、专业化的第三方职业技能等级认定；开展专项职业能力考核，开发牛肉拉面师、东乡手抓羊肉等专项能力标准，对各地特色产业劳动者单一专项职业能力进行评价考核，为乡村振兴提供技能人才支撑。截止到 2021 年年底，兰州三毛厂等 9 家省属企业完成职业技能等级认定自主认定备案工作，21 家中央企业在甘单位完成“双备案”工作。

青海：大力开展职业技能提升行动持续提升劳动力职业技能水平

一、总体情况

2019年至2021年，青海省完成各类补贴性职业技能培训53.2万人次，累计拨付专账资金2.5亿元。

二、主要措施

（一）聚焦重点群体项目，分类实施精准培训

组织各类企业职工广泛开展适应岗位需求和发展需要的技能培训，着力提升职工岗位技能水平。将全省城镇登记失业人员、农牧区转移就业劳动者、毕业年度和未就业高校毕业生、城乡未继续升学初高中毕业生等各类城乡未就业劳动力，以及服刑、强制隔离戒毒人员及企业职工等全部纳入政府补贴的职业培训范围，突出贫困劳动力、高校毕业生、农民工等重点群体，广泛动员各类职业培训机构、技工院校、职业院校承担政府补贴性培训项目，有针对性地开展订单定向式培训。积极打造适应农牧区发展，满足农牧民群众个性化、差异化培训需求的精品培训项目，加大青绣、唐卡等民间工艺和拉面经济等相关职业（工种）培训力度，全面提升劳动者职业技能水平。

（二）着眼推进提升行动，开展专项培训计划

实施农民工稳就业职业技能培训计划、新生代农民工职业技能提升行动，全面提升农民工职业技能和就业创业能力；实施万名青年技能培训行动，有针对性地帮助各类青年群体通过培训掌握一技之长，促进其实现就业创业；实施康养职业技能培训计划，提高健康照护、养老护理、家政服务、婴幼儿照护等康养服务从业人员职业素质

和服务质量；实施创业培训“马兰花计划”，扩大创业培训规模，提升创业培训质量；大力开展“互联网 + 职业技能培训计划”，创新培训方法，实现了线上线下培训相融合。

（三）加强企业职工培训，着力提升职工技能

组织各类企业对职工开展岗前培训、在岗培训和脱产培训，组织岗位练兵、技能竞赛、在线学习等活动，开展高技能人才培训，组织实施高技能领军人才和产业紧缺人才培训。对化工、矿山等高危行业企业从业人员和各类特种作业人员普遍开展安全技能培训，提升企业安全生产水平。通过校企合作、工学交替方式，组织企业技能岗位新招用人员和转岗人员参加企业新型学徒制培训。大力组织企业面向新吸纳劳动者或在岗职工开展以工代训，促进企业用工队伍稳定，帮助企业渡过新冠肺炎疫情难关。

（四）围绕脱贫攻坚任务，大力开展技能扶贫

坚持就业导向，大力组织贫困劳动力开展技能培训，努力做到“应培尽培、能培尽培”，促进贫困劳动力实现技能脱贫，巩固拓展脱贫攻坚成果同乡村振兴有效衔接。尤其是在 2020 年脱贫攻坚收官之年，积极克服疫情影响，按照查漏洞、补短板、强弱项的要求，持续开展技能扶贫后续巩固提升行动，组织开展易地扶贫搬迁劳动力转移就业意愿和培训需求调查，有针对性地做好易地扶贫搬迁后续扶持工作，调整公布贫困劳动力职业技能培训职业（工种）指导目录，加大技能扶贫力度，为全面脱贫打下了坚实基础。

（五）立足提高质量层次，强化培训服务管理

全面落实政府购买城乡劳动力技能培训制度，通过招投标方式确定培训承接主体，促进优质培训资源向政府补贴技能培训项目聚集；实施培训人员实名制信息管理，提高技能培训审核、监管和查验效率；加强职业培训工作“放管服”改革，简化审核流程，减少证明材料，提高培训服务效率和质量；广泛组织培训需求和岗位需求调查，有针对性地开展培训，进一步提升培训质量层次；严格专账资金管理，充分发挥资金效能，及时足额兑付培训补贴，落实培训补贴政策。

宁夏：大力实施职业技能提升行动

一、总体情况

2019年以来，宁夏回族自治区开展各类补贴性职业技能培训40.2万人次（不含以工代训14.2万人），支出专账资金4.4亿元。新增技能人才14.1万人，技能人才总量达到125.7万人，技能人才总量占就业人员总量的比例为32.6%；新增高技能人才1.3万人，高技能人才总量达14万人，高技能人才总量占就业人员总量的比例达到14%。

二、主要措施

（一）制定配套措施，完善政策体系

为使政策尽快落地见效，在自治区就业工作领导小组统一领导下，充分发挥行业主管部门等各方作用，形成合力，制定印发配套措施，成立专门领导小组和工作专班，加强对职业技能提升行动的组织领导、政策宣传和指导督查等工作。制定印发《“互联网+职业技能”培训计划》《百日免费线上技能培训行动方案》等10多份政策文件，为全区职业技能提升行动、技工教育发展、职业技能培训机构监管等提供了政策支撑。

（二）做好宣传解读，扩大知晓范围

政策出台后，先后举办6期政策解读宣传专题培训班，组织自治区就业领导小组成员单位、市县（区）人力资源社会保障部门、企业、培训机构、技工院校负责人和工作人员参加，专题答疑解惑，统一政策口径。为扩大政策知晓度，自治区人力资源社会保障厅制作了政策解读宣传图和动画宣传片，利用宁夏日报、宁夏电视台、宁夏新闻网、宁夏人力资源社会保障厅网站等新闻媒体和微信公众号进行大力宣传。

（二）加强督导调研，推进落实落地

先后组织精干力量和专班人员到全区展开调研督导8次，进一步掌握和督导各地政策落实情况，并对影响和制约各地开展职业技能提升行动的因素进行调研，组织市、县（区）、相关厅（局、部门）召开座谈会6次，研究剖析问题，认真总结梳理办法，切实促进职业技能提升行动方案落地生效。同时，在调研督导过程中，对部分地区、单位好的做法及时进行总结、宣传。

（四）面向重点群体，突出企业培训

职业技能提升行动培训的重点群体是企业职工，自治区人力资源社会保障厅会同自治区国资委召开专题会议，专题部署企业职工技能提升培训工作，听取企业开展培训的意见建议，研究落实提高培训效率质量的措施。

（五）创新组织形式，开展服务活动

按照人力资源社会保障部和自治区统一部署，全区各地开展了职业技能提升行动服务周活动，以“深入实施职业技能提升行动，稳就业惠民生帮企业促发展”为主题，以企业、院校、培训机构、职业技能鉴定评价机构和城乡各类劳动者为服务对象，通过宣讲政策、发放资料、现场咨询、走访企业等方式，不断扩大职业技能提升行动政策知晓度。

新疆：出实招下实功
推动职业技能提升行动落地见效

一、总体情况

2019年至2021年，新疆维吾尔自治区共开展各类补贴性职业技能培训328.4万人次，拨付专账资金11.8亿元。三年间，全区新增备案评价机构289家，发放职业资格证书和职业技能等级证书55万本。在全国开展第一批自主评价试点，拨付第一批专账资金，发放全国第一本民营企业技能等级证书，在全国第一批制定实施方案，全面完成职业技能提升行动各项任务。

二、主要措施

（一）完善相关政策，进一步扩大政策覆盖面

充分发挥职业技能提升行动对脱贫攻坚、乡村振兴、企业复工复产、稳岗扩岗、高质量发展的支持作用，从多个方面共同发力、综合施策，对技能扶贫、农民工稳就业职业技能培训计划、农村创新创业带头人培育行动、支持南疆四地州技工院校建设、开展建筑领域职业技能培训等工作全面安排部署。为有力推动职业技能提升行动顺利实施，进一步规范职业培训和补贴资金管理工作，2019年和2020年先后印发《关于进一步加强职业培训和资金管理工作的通知》《关于做好职业技能提升行动专账资金使用管理工作的通知》，对基层在行动推进中碰到的具体问题及时研究，明确政策。2020年为持续推进职业技能提升行动，印发《关于在疫情防控常态化形势下深入实施职业技能提升行动的通知》，进一步调整和完善职业培训补贴政策，支持职工技能提升、企业复工复产。2021年以开展职业技能提升行动质量年为契机，充分发挥专账资金效能，进一步强化重

点群体就业技能培训和创业培训，将大棚种植、林果种植、畜禽养殖、农副产品加工等设施农业技术培训、农村劳务经纪人以及返乡入乡创业人员、小微企业主、个体工商户等纳入创业培训范围，进一步扩大培训补贴覆盖群体。

（二）积极克服疫情影响，开展职业技能培训

新疆维吾尔自治区职业技能培训工作危中寻机，努力把新冠肺炎疫情对工作的影响降到最低，把疫情耽误的时间抢回来、把滞后的工作赶回来。在疫情防控常态化形势下，推进工作有序持续开展，创新方式方法，充分运用新技术、新手段。利用线上视频调度会议，掌握各地工作进度并推进工作，是新疆人力资源社会保障厅创新线上网络办公的标志性体现，利用这一创新性举措在第一时间实现了与各地州的交流互动，第一时间对工作进行安排部署，并及时回复各地州反馈的问题，保证工作落实到位。加大对企业支持力度，推进稳岗就业，面向停产停工企业职工、贫困劳动力等群体，大规模组织开展以工代训，努力保障劳动者基本生活、稳定就业岗位。全区各地一盘棋，上下一条心。新疆各地人力资源社会保障部门在疫情防控期间，业务不停、工作不断、初心不改，通过多种方式宣传落实以工代训和职业技能提升行动政策，让职业培训成为疫情期间保生活、稳就业的暖心剂。

（三）依托信息化建设，提高工作效率

采取“周调度、月统计”，加强上下联动。安排专班专人落实“周调度、月统计”工作机制，通过视频调度等方式及时掌握各地州市开班培训、资金拨付工作推进和培训开展情况。每月进行数据统计汇总，通过数据分析研判工作推进过程中存在的问题，并及时予以解决，确保职业技能提升行动推进过程顺利畅通。搞好系统建设，做好实名管理。职业技能培训全面实现实名制信息化管理，统计报表全部从信息系统中提取。研究制定《信息化实名制管理办法（试行）》，必须通过系统打印的带防伪水印和二维码的实名制名册，才能审核拨付补贴资金，真正实现“凡补必进、不进不补”，大幅度压减证明材料，提高审核效率，实现让信息多跑路、让群众少跑腿。

（四）狠抓培训专项整治，筑好技能提升“安全网”

针对培训机构资质不达标问题，对全区培训机构组织检查评估，对违规机构责令限期整改，情节严重的撤销办学资质。针对培训合格率不高的问题，组织开展培训活动监

督检查，发现问题立查立改。针对虚报冒领骗取补贴资金的问题，组织开展培训补贴情况检查，依法追缴违规资金，严肃追责问责。针对监管不力、失职渎职等问题，积极受理排查问题线索，配合纪委监委依法依纪依规处理。通过实施专项整治，着力打造技能提升的安全环境。

兵团：大力实施人才强兵团战略 全面推进职业技能提升行动

一、总体情况

职业技能提升行动实施以来，兵团累计开展各类补贴性职业技能培训 46.9 万人次，拨付专账资金 3.2 亿元。兵团技能人才总量达 56.3 万人，占就业人员总量的 38.7%；高技能人才总量为 19 万人，占技能人才总量的 33.8%。

二、主要措施

（一）坚持改革创新，加快健全技能培训政策体系

一是完善政策体系。先后出台推行终身职业技能培训制度、职业培训机构认定办法、高技能人才支持计划等文件，不断优化技能人才培养、培训机构发展政策环境。积极争取人力资源社会保障部支持，签署《共建“技能兵团”框架协议》，高位推动技能兵团建设。

二是创新培训方式。建设兵团职业技能线上培训平台，参训学员可通过手机 App 等渠道全天开展线上学习，有效缓解了企业职工工学矛盾、培训师资不足等问题，实现课程学习、实名制信息全程留痕、可追溯。

三是加快推进“放管服”改革。放宽准入门槛，将 31 家其他省市和自治区优质培训资源纳入兵团定点培训机构，提升市场供给能力。

（二）坚持抢抓机遇，精心组织职业技能提升行动

一是率先出台实施方案。2019 年 7 月，兵团在全国率先出台职业技能提升行动实施方案，配套印发职业技能提升行动专账资金使用管理、企业稳岗扩岗专项支持行动等文件，进一步提高培训补贴标准、扩大培训覆盖范围。

二是大力推广电子培训券。推进电子培训券线上培训应用，不断提升职业技能培训信息化水平和培训质量。2021 年，兵团发放电子培训券 8.3 万张，使用 2.7 万张。

三是大力推行企业新型学徒制培训。制定《兵团企业新型学徒制实施方案》，克服企业规模普遍偏小、符合条件人员有限等因素制约，全面推进企业新型学徒制培训工作。

四是着力实施重点行业技能培训计划。着眼兵团重点行业用人需求，精准实施技能提升，统筹开展工信通讯业、建筑业、旅游业、高危行业、康养服务业“五个专项计划”，不断提升职业培训的针对性和有效性。

（三）坚持健全机制，着力打通技能人才成长通道

一是激发市场活力。加大职业资格改革工作推进力度，支持用人单位自主评价，开展技工院校职业技能等级认定，公开征集社会培训评价组织。截止到 2021 年年底，已公布 97 家企业、技工院校和社会培训机构开展技能人才评价工作。

二是健全评价体系。制定兵团职业技能等级认定工作规程和流程，明确申报条件、职业（工种）范围及等级。全面推行以职业能力为导向、以工作业绩为重点、注重工匠精神培育的技能人才评价体系。

三是坚持放管结合。落实“放管服”改革要求，创新服务模式，鼓励支持企业自主确定技能等级、调整申报条件、确定评价方式、完善评价规范、实施考核认定，并加强“事前、事中、事后”全过程规范管理。

（四）坚持制度建设，持续规范职业培训管理

一是压实工作责任。健全职业技能提升专账资金管理制度，明确职业培训补贴资金使用管理“十不得”。建立技能培训专账资金拨付周统计、月调度制度，每月与财政部门核实统计职业技能培训及补贴资金拨付情况。

二是建立监管机制。建立资金监管常态化机制，委托第三方机构对技能提升专账资金管理使用情况进行核查，配合审计部门对部分师市资金使用情况进行专项审计，进一步规范政策执行。

三是严格实名制管理。优化职业培训实名制信息系统，严格按照补贴资金申报及审核流程，形成职业培训班次报备、巡视督导、实名管理、成绩审核和资金审批等环节全闭合网上办理，实现职业培训补贴“凡补必进、不进不补”。

市县实施

北京

大兴区：从保障一生到培训终生
——电子培训券打造职业技能终身培训新模式

“记录一生、保障一生、服务一生”是人力资源社会保障部门对人民群众的庄严承诺。2021 年，北京市人力资源社会保障局出台《关于开展职业培训券试点工作的通知》，率先在大兴区试点通过电子社保卡推进电子培训券项目，赋予了电子社保卡“终身培育，培训终生”新的历史使命。2021 年，大兴区面向区域内持有正常状态电子保障卡的失业人员、农村转移就业劳动力、灵活就业人员和普通高校、中高职毕业年度毕业生等重点群体发放首批电子培训券 3.1 万张，支持广大劳动者免垫付和实名便捷享受职业技能培训服务，增强职业技能培训针对性和实效性，提升劳动者就业创业能力。

一、创新供给模式，自主开放选择

北京市大兴区将推行电子培训券作为服务全区建设的有力抓手，创新职业培训供给模式，由“先培后补，有限选择”转变为“先补后培，开放选择”。

一是培训机构范围更广。打破原有重点群体选择指定区域内定点培训机构参加培训才能享受政府补贴性培训服务的模式，拓宽培训机构范围至全市范围内各类院校、具备相应办学许可资质的社会培训机构，为劳动者提供更多选择，同时通过市场化方式推进培训机构合理布局。

二是培训项目更多元。培训内容涵盖现有市、区两级技能培训补贴标准目录中的 125 个培训项目，除此之外组织专家团队将热门就业岗位“逆向”开发为培训项目，经评审通过后，动态纳入补贴培训内容范围。

三是劳动者点单报单自主选择。创新培训供给模式，劳动者可根据自身培训需求凭电子培训券自主选择培训机构和培训项目，参加技能或创业培训，实现“项目找人”到“人选项目”转变，形成“政府引导，企业及劳动者报单，培训机构接单”的供需双向对接模式，提升劳动者与培训的适配度。

二、搭建培训平台，汇集优质资源

创新“互联网 +”服务机制，依托北京市职业技能提升行动管理平台（网址：www.bjjnts.cn，以下简称管理平台）实现与人力资源社会保障部电子培训券平台数据互通，集成制券、发券、领券、用券、验券、培训、核销全流程所需功能，支持政府部门、培训机构和劳动者在同一个平台完成培训组织、培训实施、培训监管、查询统计等所有操作，有效提升各类培训主体的用户体验。

管理平台基于“1+X”架构建立，即一个培训平台，多个课程资源平台，能承载大规模培训机构、课程资源方入驻平台，支持线下线上录播、线上点播等多种形式融合培训。围绕区域产业发展特点，面向全社会征集优质课程资源，以需求为导向持续开发特色培训项目。管理平台已集成清华学堂、职培教育、美团培训等 50 余家培训机构，开发首批临空经济、高新技术和城市服务保障三大类 42 个特色培训项目，汇集科技创新、城市运行保障、生活性服务业等领域千余种优质课程资源，并提供课程质量评价功能，不断盘活优质课程资源，使企业和劳动者有越来越多的选择，为电子培训券推广使用提供丰富智力支援。

三、监管实名培训，保障资金安全

为充分发挥职业技能培训资金使用效能，保障资金使用安全，对电子培训券全流程进行实名监管。对于线上培训，应用区块链及大数据分析技术，联动公安系统数据库，通过实名认证、人脸识别、人机交互、防刷课机制等技术手段，记录线上培训全过程；对于线下培训，培训机构须使用管理平台考勤功能组织参训人员定时定点打卡签到，并且每完成 1 课时培训上传 10 秒现场视频，扫除线下培训监管死角。线上线下建立满足职业技能培训监管需求的监管体系，确保培训全程留痕、公开透明，严防冒领、骗取补贴资金现象发生。

点评： 北京市大兴区依托“电子社保卡＋电子培训券”功能，解决了资金发给谁、谁来培训、服务质量监管等问题，进一步提升了劳动者与培训项目的适配度。将政府资金和政策优势、培训机构的项目课题优势、劳动者的个性化学习需求以及电子化的技术监管平台等优势予以数字化集成，探索“电子社保卡＋电子培训券”功能，打造职业技能终身培训新模式。

延庆区：健全大培训体系　带动高质量就业

为落实北京市委市政府指示要求，满足服务保障冬奥会、世园会和生态文明建设对技能人才的需要，2018 年 5 月，延庆区启动了“服务冬奥世园，促进绿色发展”十万人次大培训行动（以下简称大培训）。这是职业能力建设领域深化改革工作的重要组成部分，也是适应延庆经济社会发展需要，对全区技能培训基本公共服务的有效拓展。自启动以来，大培训以健全体制机制为牵引和统领，逐步建立起了相对完备、有效的工作体系。通过大培训，就业重点群体、在职职工等城乡各类劳动者的职业技能和综合素质显著提升，实现了“我要持证”到“我要上岗”的转变，促进了延庆区就业创业工作再上新台阶。

一、创新职业培训机制，构建标准体系

一是立足新发展，构建培训供给体系。以人力资源供给结构为基础，紧密结合区域经济发展方向、重大建设项目需要以及产业结构调整和行业发展趋势，明确了“聚焦冬奥、世园及区重点产业，传统工种和新工种，初级工和高级工相结合”的工作原则，逐步建立起高低搭配、新老相宜，兼顾志愿者培训等社会公益需求的培训供给体系。自大培训启动以来，全区累计培训 2 140 个班次 10.2 万人次，涉及物联网安装调试员、工业机器人系统操作员等 200 多个岗位。

二是围绕新职业，制定新标准。围绕发布的新职业（工种），保持对市场用工信号

的高度敏感，在全国率先探索并制定无人机驾驶员、物联网安装调试员等83个新职业（工种）的培训标准和补贴标准，开展新职业（工种）培训，促进了区域内劳动力在新兴行业内实现就业增收。

三是应对新变化，开创新培训模式。应对新冠肺炎疫情影响带来的线下培训困难，开创“云端”培训模式，并率先在全市制定培训和补贴标准，有效促进培训机构复工复产和转型升级，推动了口罩生产企业新招用员工迅速上岗，保障了疫情期间生产生活有序进行。

二、建立需求对接机制，打通就业渠道

一是注重联动，精准对接赛会需求。坚持协同配合，建立各行业主管部门、就业部门等数据比对机制，对招聘岗位、求职登记、培训能力等数据进行共享交流，使培训与企业、项目充分互动衔接。统筹赛会用工需求，以订单式方式着力开展消防中控、电工、焊工等取证培训以及对物业项目经理、服务员、停车管理员等开展岗位适应性培训，为赛会服务保障提供了人才支撑。

二是突出“重点”，精准对接发展需要。突出区级产业重点，围绕冰雪体育、无人机等重点产业，集结相关行业主管部门通力合作，开展专业技能人才培训，为产业发展提供有力保障。围绕筹办举办冬奥会，积极向人力资源社会保障部申报浇冰车压雪车司机、驾驶员、民宿管家3个新职业及职业标准，经过人力资源社会保障部、商务部、国家体育总局组织的“国家职业分类大典修订行业会议——商业相关职业论证会”专家评定，3个新职业被纳入《国家职业标准》，在全国实现培训就业示范引领。

三是摸清“供需”，精准对接用人需求。通过走访、座谈等方式，掌握本地劳动力底数和企业用人意向、标准等，逐步构建起技能人才数据库和企业岗位需求数据库，做到底数清、情况明。注重清单管理，建立培训需求、待业人群、就业方向“三张清单”，深入基层按需开展培训。对接产业和企业发展需要，以人才需求型企业作为主要培训单位，制定个性化的人才需求和培训解决方案，逐步使企业形成“路径依赖”，提高技能培训就业效果。

三、形成服务激励考核机制，补足就业动力

一是建立服务机制。坚持延长大培训服务半径，推动市场、政府和社会各类资源纳入大培训服务圈，将全区有培训和就业意愿的城乡劳动力纳入 VIP 学员超市，采取“一人一策”、小班教学等方式精准培训，并通过现场签约等方式力促就业。以三张“金名片”和中关村延庆园产业发展为核心，以冰雪、园艺、创新科技、长城文化产业空间布局为导向，形成四大培训就业综合体，通过建就业平台分类别靶向提升就业技能。紧密结合冬奥世园特色产业、中关村延庆园无人机小镇等产业发展需求，打造不同主题的培训就业示范村 9 个，打造万科石京龙滑雪场、八达岭滑雪场等培训就业示范基地 3 个，不仅提供了丰富的就业岗位，也切实提升了就业质量。以市场前景好、带动作用强为出发点，建立了 15 个创业驿站和党员驿站，以点带面不断辐射带动创业增收。

二是建立激励机制。设立就业奖励，对培训前未就业劳动力在培训期间或培训考核合格后，六个月内实现就业的，按每人 4 000 元的标准给予就业奖励；设立取证奖励，对培训后六个月内取得国家职业资格等证书的，可按证书不同级别，申领 1 000 至 2 000 元不等的取证奖励；设立技能提升培训补贴，充分利用社会培训资源，对取得大型客车（A1）机动车驾驶员、电子商务师等 100 余个职业资格证书的劳动力给予补贴，引导劳动力到高薪领域持证上岗。自大培训启动以来，共为 121 人拨付就业奖励 32.5 万元，为 547 人拨付取证奖励资金 54.7 万元，拨付技能提升培训补贴资金 1 890 人次、2 001.3 万元，激发了学员转观念、学技能、长本领、增收入的信心和热情。

三是建立考核机制。设立机构准入和退出标准，提高培训机构准入门槛，优先选择提供就业岗位支撑的机构，以此挖掘区内外优质就业岗位，努力使学员培训后充分就业。注重培训后就业率，将其作为培训机构考核指标，并把现场签约作为培训的一个重要环节，试行末位淘汰制，探索与培训机构开展点对点式培训和定向输出式培训，逐步筛选出 112 家培训能力和就业服务能力“双强型”定点培训机构，为提高培训质量和就业实效提供了重要动力。

点评：延庆区围绕服务保障冬奥会、世园会和生态文明建设对技能人才的需要，结合本区发展需求，开展大培训行动，并以此建立了以冰雪、园艺、创新科技、长城文化产业空间布局为导向的四大培训就业综合体，既为北京冬奥会提供了技能人才保障，又建立了培训的长效机制。

北京电子信息技师学院：企业新型学徒制工作经验

北京电子信息技师学院（以下简称学院）隶属于北京电子控股有限责任公司，是北京电子信息产业唯一的技工院校，同时是北京城市副中心唯一的技工院校。自实施企业新型学徒制以来，学院与北京电控旗下京东方集团、北方华创、燕东公司及航空航天等近20家企业开展企业新型学徒培养工作，为北京市“卡脖子”技术电子信息产业、航天军工国之重器制造产业和首都空港运行保障产业开展定制化新型学徒培养，实现单次招生达2 300人次，累计报号生2 500人次，电子技术应用专业单次招生占比达92%，创北京市企业新型学徒制单一专业规模新高。

一、强化认识，突显企业为“主角”的校企深度融合

一是共同遴选学徒主体。先由学院根据企业用人的需求及标准制订企业新型学徒制相关专业的招生计划，并完成企业新型学徒制学员注册，最终实现学院和企业统一招生招工（徒），双元培养。

二是共同制定培养方案。校企双方围绕合作企业所需人才标准，结合学院教学要求，共同制定广电和通信设备电子装接工、工业机器人系统运维员、液晶显示器件制造工、芯片制造工、半导体集成电路装调工、中央空调系统操作工等专业企业新型学徒制人才培养方案，共同设计教学模块、开发教学内容、实行工学结合一体化的授课模式，使人才培养对接用人需求、专业对接产业、课程对接岗位、教材对接技能。

三是共同组织教育教学。学院在企业新型学徒制工作中创新教学机制和学习机制，

校企双方共建课堂活动，以“做中学、学中做”为原则，工学交替开展教学活动，同时，学院邀请企业大师进入课堂讲授岗位技能，实现校企无缝对接。

四是共同建设师资队伍。实行双导师制是企业新型学徒制的重要内容，因此学院和企业各自选派专业骨干教师和技术骨干人员担任学徒指导教师和企业导师，双方共同承担教学与实训指导工作，推行“师带徒”培训形式，明确导师职责，形成一套较为完善的管理机制，切实提高人才培养的质量与针对性。

二、提升能力，发挥学院的关键“配角”作用

企业新型学徒制以企业为主体，但如果离开技工院校的积极配合，就只能是“独角戏”，做好新时期下的企业新型学徒制工作，必须强调企业承担主体责任，技工院校要责无旁贷地担当起关键“配角”。在具体实践中，学院主要从以下四个方面入手演好自己的角色。

一是学习政策，吃透文件。企业新型学徒制工作是一项政策性很强的工作，学院作为政企的沟通桥梁，必须先一步深学政策，掌握精髓。学院第一时间组织领导班子学习相关政策文件，从领导层面取得深刻认识，形成工作开展的思想共识，再按层级、工作相关性等不同维度组织教职工学习并进行研讨，这也为学院编制适用于学院的学徒培训管理流程、企业新型学徒制工作管理制度手册等企业新型学徒制内部管理制度打下了扎实的基础，更为开展工作过程中为企业提供政策咨询、项目申报、经费申报等全流程服务发挥了重要作用。

二是入企宣传，释放动能。学院立足所属行业、区域技能培训需要，主动深入北京电控所属企业解读政策，按照政府引导、企业为主、院校参与的原则，使企业深刻认识到，培养对象是企业自己的人，培养出来为企业所用，培养目标、内容标准体现的是企业的意志，又有政府、学校的人力和财力支持，企业得到的是实实在在的好处。通过培训，员工技能素质提升，就业岗位稳定，他们更加敬业爱岗，企业生产效率提升，企业与员工实现双赢，这对调动企业主动参与起到了关键作用。

三是成立机构，明确职责。学院成立了分管领导牵头的领导小组，负责工作规划、督导和协调工作。领导小组下设教育教学、培训管理、信息服务、质量监督等工作小组，

具体负责项目实施，根据工作要求形成工作方案，分解落实工作责任，明确责任人，使工作落到实处。

四是整合资源，强化优势。学院将“企校双制、工学一体”的企业新型学徒制培养模式作为深化校企合作的载体，整合学院国家级高技能人才培训基地、世界技能大赛项目和国家级高技能人才培训基地建设项目优质资源，为企业新型学徒制学员开展线下培训，提升技能操作能力。

三、创新形式，突出学院作为企业新型学徒制主力军作用

一是“一企一案”定制化服务。由于学院合作的企业业务领域跨度大，大部分涉及高精尖产业，企业的用工特点差异化较大。为保证政策落地，满足企业用人需求，学院按照“一企一案”的原则，全面深入采集企业及学徒的培训需求，构建有针对性的课程体系，形成具有鲜明企业特色的定制化人才培养方案。以北京燕东微电子科技有限公司的半导体分立器件和集成电路装调工为例，该方案历时两个月，采集企业及学徒信息 50 条，方案从草拟到定稿反复论证和修改 7 次，最终形成岗位能力培养方案。

二是拓展培训信息化形式。为解决企业学徒工学矛盾，学院充分利用信息化手段，进行各种创新性实践，采用线上线下结合方式开展培训工作。2020 年 12 月底，学院完善国家级高技能人才培训基地信息化平台功能，为了确保企业新型学徒制学员的学习效果，新增人脸识别的检测和使用功能，完善线上学习过程管控，增强学员线上学习的体验感，方便学徒进行线上学习。同时，首次尝试通过京东方科技集团主会场 +7 个所属二级公司分会场的直播开班试点形式，集中启动北京电控 2 552 人企业新型学徒制培训。

三是开发企业新型学徒培养专用学习资源。开发与企业新型学徒制培养相适应的课程标准和工作页，以模块化设计知识点和技能点，紧贴企业岗位工作任务；开发与培训课程相应的资源包，进一步完善信息化服务平台功能。学院成为北京市第一个通过安全信息等级保护 2.0 三级测评的技工院校，达到学校类信息平台的最高安全等级。学院 50 余位专业教师新建 8 个职业 2 000 余课时线上学习资源，实现上线课程 300 门。

四是倡导班主任提供有温度的管理服务。线上教学也为如何确保培训质量提出难

题，为了实现严格管理与有温度服务相结合，学院抓住班主任管理工作，创新性为班主任“赋能”，以确保线上培训教学质量。采用“全面统筹 + 技术全程管控 + 分班人性化管理”运行模式，划小管理单元，实行班主任全程跟班管理方式，建立专职班主任队伍 30 余人，全程全天候在线开展学员管理服务。定期收集培训学员相关资料，包括学徒承诺书、照片、视频资料等，做好舆情管控。定期汇总反馈学员整体学习综合完成情况，并根据学员的完成情况形成图表分析，为提升培训水平提供参考依据。学院班主任老师与学员间通过“见字如面”形式，在班级微信群里用文字传递着企业和学院给予企业学员技能提升的殷殷期盼。《致学员开班的一封信》暖心提示全体学员在复工复产过程中做好防护，在特殊时期养成提升技能、自主学习的好习惯。“学员你好，学习过程中有需要，可以随时 @ 我。”这是每一位班主任老师在班级群里对企业学员的开场白。这些有温度的服务，为学员营造了良好的学习氛围，直击学员的内心，顺利实现了从“要我学”到“我要学”的转化，这也是提升企业新型学徒制工作整体水平最根本的内在动力。

点评：北京电子信息技师学院充分发挥技工院校技能人才培养主力军作用，积极推动开展企业新型学徒制培训：一是担当关键配角，积极主动作为。主动深入企业宣传解读政策，调动企业开展企业新型学徒制的积极性；整合世界技能大赛项目和国家级高技能人才培训基地建设项目优质资源，为企业学徒制学员提高技能创造一流条件。二是深度校企合作，创新育人模式。学院和企业共同遴选学徒主体、共同制定培养方案、共同组织教育教学、共同建设师资队伍，使技能人才培养与企业用人需求无缝对接。三是贴近企业需求，开展定制化服务。根据企业用工差异化较大的特点，按照“一企一案”原则，制定具有鲜明企业特色的人才培养方案，开展定制化人才培养。

北京奔驰汽车有限公司：以“万人学徒”项目为契机培养技能人才队伍

一、背景

技能是强国之基、立业之本。技能人才是支撑中国制造、中国创造的重要力量。北京奔驰汽车有限公司（以下简称北京奔驰）的技能人才培养工作，以习近平总书记对技能人才工作的重要指示精神为指导，以实现数字化、柔性化、高效、可持续的工厂建设为目标，各项培训基于公司战略精准定位，高度聚焦服务生产一线。

2021 年作为“十四五”开局之年，恰逢党和国家全面推行中国特色企业新型学徒制的契机。为落实公司新能源化、智能化发展战略，实现技能人才队伍的全面升级转型，北京奔驰谋定而动，在 2021 年 10 月启动了企业新型学徒制“万人学徒”项目。首批选定新能源汽车装配及维修和工业机器人系统操作运维两个工种，高度聚焦北京奔驰“十四五”发展战略规划人才需求，精准定位人才转型方向。

二、行动

“万人学徒”项目覆盖了公司 90% 以上蓝领员工，共计 9 915 人参加，新能源汽车装配及维修、工业机器人系统操作运维两个工种都是汽车制造行业急需工种。该项目的实施能够确保公司三年后的产品技术转型平稳过渡，积累普及新能源汽车专业知识，储备培养技能人才。

与此同时，公司筹划安排了近 400 名导师，负责近万名学徒现场培训的学习指导和管理，所有课程学习模块，都做到学后有测试评价，夯实基础知识，提升专业性技能。为此，项目团队还设计了针对性很强的特殊实操环节，比如带电装配、触电体验、安全急救、MPS 体验课程、公司质量体系等。通过这些模块，确保学徒能够得到系统化、规范化、专业化、定制化的课程学习。

为保证培训计划的顺利实施，北京奔驰与北京市两所职业学院成功合作。在技能人员教育培训方面，北京奔驰借鉴了梅赛德斯·奔驰集团在德国的良好做法，并将德国培训经验与国内当地的职业教育经验相结合，在“双基地”和“双导师”体系的基础上，开发出北京奔驰与各职业学院之间的最佳工作模式。

三、执行

“万人学徒制”项目启动的三个月期间，北京奔驰组织召开项目沟通会及课程评审各类会议 20 余次、筛选及扫描合同 1 万余份、签订师带徒及培养协议近 5 万份，自主开发课程超过 100 余门、编制课件 132 套，编纂测试考题 1 500 余道，制作各类教具超过 20 台套。

学徒技能的提升途径主要包括：线上、线下、在岗、脱产等，多种培训训练形式并举，以系统化、多样化、专业化、规范化的要求加以实现。公司根据学徒现具备的能力特征，科学地组织安排学徒通过所在班组、工段、车间、工厂、公司等各级培训平台，进行量身定制的技能提升培训，并输送学徒到外部职业院校、知名高校（例如清华大学等）参加更高端的培训和研修活动。2021 年，公司选择输送了 60 名高级技师参加清华大学新能源课程研修班。

师带徒还主要体现在企业新型学徒讲师团队方面。培训部统一协调公司七大专业首席技师工作室，形成了以首席技师为首、技师与工程师团队为辅的讲师团队。不仅在技能实操方面，而且在理论方面也为学员做了充分的讲解，能让员工全面了解掌握新能源车的相关知识，为公司后续的转型提供人才基础。北京奔驰共选拔培养讲师 93 名，其中首席技师 4 名，技师 38 名，工程师 51 名。开发新能源实训教具 20 余套、新能源知识展板 30 余面。另外，公司还为每一名学徒都安排了导师，并签署了师徒协议，由导师负责每一位学徒的日常学习指导，随时做到答疑解惑。

国家级技能大师赵郁工作室是“万人学徒”的主要培训场所。通过整修及资源投入，场地整体贯通，以新能源知识点与技能点展板为主线串联，按照生产流程分别是：新能源发展史与基础知识、新能源安全、电池生产模块、新能源整车生产模块、新能源质量管理模块和“新能源模型车”组装模块。整个培训链衔接紧密合理、布局巧妙，每个模块均有核心教具及辅助教具、与现生产一致性的流程和最新的产品技术概况，课程以普及性为目的，分别匹配不低于 50% 的对应实操环节，确保知识点的导入和掌握。质量管理模块配置了以白领技术人员为主的师资力量，课程穿插生产实际案例，深入浅出，通俗易懂。公司还为 100 余名讲师、400 余名导师（师傅）团队的每一名成员颁发了聘书，在项目实施前，为每一位讲师提供了两个月的专项授课培训，保证质量。

面对汽车产业行业电动化、网联化、智能化、共享化的大趋势，北京奔驰抓住机会、直面挑战，抓住企业新型学徒制“万人学徒”项目的重要契机，着力于解决公司现有技能人才队伍中，传统制造型人才居多，涉及新能源、智能制造领域人才缺口大的瓶颈问题，为实现对现有技能人才进行专业技能提升，统筹规划技术转型打下坚实基础。

点评：“万人学徒”企业新型学徒制项目是积极探索中国特色企业新型学徒制培养新技术工人的新尝试。北京奔驰汽车有限公司在借鉴德国“双元制”的基础上，创新技能人才培养模式，将企业培养与优秀职业学院无缝对接，自主开发教学资源，在实际生产技术岗位上进行实训，取得更好的教学效果，同时在“双基地”和“双导师”体系工作基础上，实现汽车制造业高级技术工人培养新模式。

天津

津南区：构建产教融合职业技能培训体系

一、积极鼓励新建和引进职业培训机构

发挥以西门子培训中心和市公共实训中心为代表的高端培训资源的标杆、虹吸效应，发挥职业院校高、中级的提升培训功能，发挥职业培训学校中、初级的基础提升培训功能。重点面向农村劳动者、失业人员开展适合就业的二、三产业相关的职业技能培训，面向高校毕业生开展智能制造、大数据、互联网等新兴职业相关的技能培训，为津南经济社会发展提供强有力的技能人才支撑。

二、做大做强津南职业教育产业群

引导支持企业积极兴办学历制技工学校，力争在全市率先建成第一家民营企业办技工学校。以坐落在津南区的全市首家民营“海河技工学校”为试点，与津南海河教育园区职业技能培训资源融合发展，积极开展市场化运作，把津南打造成为全国职业技能人才输出基地，发挥职业技能培训平台聚集的集约优势，实现职业技能人才培养循环经济的发展。

三、推动“职业技能等级认定平台”建设

鼓励支持津南区技工院校、行业协会、实力企业开展职业技能等级认定资质备案工作，同时，引进吸收全国已备案的第三方评价机构进驻津南，规划“中国天津职业技能等级认定综合评价中心”，打造评价工作的产业群，占领全国职业技能等级认定工作的高地。

四、筹建国家级“新职业试验应用推广基地”建设

扶持津南区培训资源探索国家新职业标准的研发工作，在培训教材、培训内容、职业技能等级认定工作领域推动国家标准的制定。在新职业试验应用推广等工作上，加大政策、资金、渠道的支持力度。

点评： 天津市津南区构建了产教融合的职业技能培训体系，在培训供给主体上，注意发挥龙头企业、政府公共实训机构（中心、院校）、民办培训机构等方面的多元主体作用，并实现资源的共建共享。在培训内容上，既注重提供适合农村劳动力、失业人员学习的二、三产业的技能培训，也注重培育发展适合高校毕业生的新职业技能培训。在服务链条上，将培训与评价协调发展，特别是注重“技能等级评价”这块新兴产业，着力培育“评价工作的产业群”。

经济技术开发区：多措并举加强技能人才培养

一、搭建政策矩阵，持续营造技能人才队伍建设优良环境

结合“海河工匠”建设和落实区域发展特色，从技能人才引进、培养、提升、保障等方面，实施“匠才开发”“匠人圆梦”“国际交流”等8项技能人才专项培养工程；建立“产业集群系”培训支持体系、“泰达工匠”需求对接体系、“互联网＋培训”技术支撑体系、“终身制培养”政策支持体系4个支持创新工作体系，确立技能培训工作在人才工作中的重要地位，构建并保持技能人才队伍建设长期优势。

二、优化培养载体，促进优质资源和社会需求有效对接

借助“海河工匠”建设政策，优化区域培训资源建设。认定了48家企业培训中心、5家企业公共实训基地、3家市级技能大师工作室、2家市级高技能人才培训基地、1家国家级高技能人才培训基地，设立了民办职业培训学校20家；入选享受国务院特殊津贴高技能人才9人、“海河工匠”称号2人、天津市技术能手20人、滨海新区技能大师

19 人；推荐、引进线上学习平台 54 个，指导长城汽车等 20 家企业全面上线自有学习平台。

三、开展多样培训，满足经济社会发展对技能人才的需求

建立以企业培训中心为龙头、技能大师工作室为抓手、各级各类院校和培训机构为主体、其他培训形式为补充的现代培训制度与体系，着重开展新技术、新工艺、新设备、新材料培训。全力推动区内企业开展线上培训、以工代训，参训人员共计 12 万人次。2021 年春节期间，组织企业职工留津培训近 2 000 人，确保了春节前后就业和用工形势平稳。

点评： 天津市经济技术开发区通过搭建“矩阵”，持续营造技能人才发展环境。“矩阵”即是从技能人才引进、培养、提升、保障入手，全方位实施系列专项工程；所谓“持续”，就是不断强化和改进，构建并保持技能人才队伍建设长期优势。

河北

秦皇岛市：念好培训“三字诀” 托起“稳稳”的幸福

秦皇岛市人力资源社会保障局坚持把培训作为就业的“敲门砖”，念好培训“三字诀”，在低、中、高三个维度分类施策、精准发力，真正让劳动者一技在手、就业不愁。

所谓低，就是对低收入群体开展就业培训。特别针对广大农村劳动力，将培训与就业深度融合，大范围组织开展了养老护理员、家政服务员、烹调、面点等职业技能培训，让他们有一技之长。几年来，先后对 1.2 万名困难群众进行技能培训，实现有就业意愿的人员 100% 就业。

所谓中，就是对中等收入企业职工开展技能提升培训。秦皇岛先后筹集资金两个亿，在全省率先建设了职业技能公共实训基地，依托技师学院及驻秦高校，建成智能制造、智慧旅游、IT、现代物流等多个实训中心，面向企业免费开展实训，为秦皇岛产业发展储备了技能人才。

所谓高，就是围绕高技能人才开展技工教育。全力支持技工院校发展，推进校企合作、产教融合，技工院校招生规模和就业率大幅攀升。全市技工院校就业率达到 98% 以上。为了培养高素质的技能人才，秦皇岛技师学院积极推进专业建设品牌化、办学模式国际化、教学管理标准化、技能培训职业化，不断创新“引企入校、校企协同”的育人模式，一批“大国工匠”从这里发芽破土。

点评：职业技能培训是促进就业和服务发展的重要手段，秦皇岛市将培训覆盖到各类群体，在低、中、高三个维度分类施策，既体现了培训的普惠性，又发挥了培训的引领性，既保障了困难群体就业，又为产业发展储备了人才。

唐山市：大力开展技能培训　助力唐山技能强市

唐山是一座具有百年历史的工业城市，唐山经济的发展繁荣，离不开一代代产业工人的创新创造和拼搏奉献。近年来，围绕唐山市“打造服务转型升级需要的产业工人大军”的目标，唐山市人力资源社会保障局大力实施以企业职工为主体的职业技能培训工程，为促进稳就业发挥了积极作用。

一、宣传造势广覆盖

为了让免费培训这一利国利企利民的好政策家喻户晓，让市民广泛参与，唐山市人力资源社会保障局精心编制了电子海报，在受众人数较多的媒体平台大力宣传“培训谁、谁培训、培训什么”，日公众浏览量超 10 万；印制了“你学技能，政府买单”“培训给补贴，技能利终身”的纸质海报，张贴到所有村庄、社区及重点企业，使唐山人无论是上班还是回家，只要拿起手机，都能看到相关的培训信息。唐山市丰润区的王春荣，是一名普通农家妇女，看到宣传后，先后参加了育婴员培训、家政企业职业经理人培训，目前担任一家家政公司运营部经理，年收入 6 万余元。

二、以赛促训助提升

从 2018 年开始，唐山市政府决定每年举办一届唐山工匠职业技能大赛，截至 2021 年已连续举办四届，共计一万余人报名参赛，选拔出“唐山工匠”80 名、“唐山技术能手”160 名。各县区、各企业积极开展赛前培训，使参赛选手潜心训练，有的企业为获奖职工进行二次奖励，提高职工待遇。唐山三友集团的罗洋是一名普通的化学检验工，多年来她利用一切可以利用的时间，学理论、练技能，在唐山工匠大赛上一举夺冠，当她拿着奖杯回到岗位上时，企业领导和工友们敲锣打鼓地欢迎她。唐山工匠大赛已成为唐山技能人才队伍建设的闪亮名片。

三、企校联手促培养

依托唐山属地技工院校和企业高技能人才培训基地、技能大师工作室，助推企业技能人才培养，大力推行企业新型学徒制。目前，唐山有国家、省、市级高技能人才培训基地26个，技能大师工作室38家，成为唐山市高技能人才队伍建设的中坚力量。两年来，培养企业新型学徒7 000余人，高技能人才总量达30余万人。

点评：唐山市针对社会劳动者，以发布电子海报、张贴纸质海报形式，将职业技能培训政策宣传到村庄、社区及企业，保证每一位有需求有意愿的劳动者都能够参加职业技能培训；针对企业职工，每年举办职业技能大赛，以赛促训，着力提升企业职工技能水平；针对技能人才培养，大力推行企业新型学徒制，校企合作培养技能人才。

邯郸市：为企业转型架桥　为群众就业铺路

邯郸是千年古城、现代“钢城”，也是一个拥有近千万人口的大城市，企业多、职工多，职业技能培训需求大、任务重。邯郸市人力资源社会保障局按照“分类指导、突出重点，典型引领、以点带面”的工作思路，在西部工业区通过企业新型学徒制培训、在职职工培训、岗前培训，深入推进“校企合作、产教融合”，促进技能人才培养，提高企业用工效率和经济效益。河钢邯钢职工谢东伟，参加了杨洪国家级技能大师工作室“一岗多能”专项技能提升培训，在全国钢铁行业职业技能大赛中荣获轧钢工项目第3名，先后攻克连铸动态轻压下轧机机架震动等多项重点课题难关，彻底解决了轧材优良率不稳定的问题，谢东伟从一名普通的轧钢工晋升为作业区作业长，成长为“一专多能”的复合型人才。像谢东伟这样的高技能人才，邯郸有25.7万人。

职业技能提升行动实施以来，邯郸市人力资源社会保障局先后为河钢邯钢、新兴铸管、冀中能源峰峰集团、邯矿集团、万合集团、普阳钢铁、裕华钢铁、太行钢铁、崇利制钢等10余家龙头支柱企业培训职工5万余人，培养企业新型学徒8 188人。

面对中、东部万千富余劳动力，提出“多一门手艺、多一条出路”的口号，皇甫晓园是中、东部就业人员的代表。皇甫晓园是一名普通的农村女孩，她从小就爱美爱化妆，立志成为一名美容师。她平时打工收入不高，想系统学习美容知识，却因为学费高昂望而却步。2020 年，她看到了职业技能提升行动的有关政策，了解到不仅培训全免费，还为参训者提供就业创业指导，于是积极报名参加了培训。现在，她带领 5 名一起学习的姐妹开办了美容工作室，实现了自己的创业梦想。像皇甫晓园这样通过培训实现就业创业的例子还有很多，职业技能提升行动实施以来，邯郸共培训各类人员 20 余万人次，使各类劳动者变成了人才资源，帮助他们走上了各自的工作岗位，特别是让广大农村富余劳动力掌握了一技之长，在邯郸形成了魏县“实打实”、涉县“靠得住”、峰峰“月嫂”等一大批劳务品牌。2020 年，仅魏县一县劳务输出就达 28.5 万人，创造工资性收入 80 亿元，为农村劳动力等重点就业群体带来了实实在在的实惠。

点评：国家推行终身职业技能培训制度，就是要面向职工、就业重点群体、建档立卡贫困劳动力等城乡各类劳动者大规模开展职业技能培训，加快建设知识型、技能型、创新型劳动者大军。在这点上，邯郸市通过职业技能提升行动组织技能培训，培养出河钢邯钢职工高技能人才谢东伟、普通劳动者创业带动就业的皇甫晓园等典型技能人才，为企业转型搭建技能人才培养桥梁，为广大劳动者就业铺路。

山西

大同市：立足技能培训　促进技能增收

大同市按照“一县一个扶贫产业”的总体思路大力开展技能培训，闯出了贫困人口持续增收的新路。

一、打造“天镇保姆”劳务品牌

“天镇保姆”是大同市最早发展的劳务品牌之一。大同市人力资源社会保障局积极推动，在天镇县专门成立了保姆培训学校，8 年来累计培训家政服务员 3 万人，毕业后分散在京津冀蒙等城市就业的有 2 万余人。保姆属于家政服务员培训系列，分 5 个等级，一名初级保姆收入约 5 000 元 / 月，中级 6 000 元 / 月、高级 8 000 元 / 月、技师 9 000 元 / 月、高级技师 12 000 元 / 月。天镇县仅此一项劳务收入就达 4 亿余元。

二、打造世界文化遗产“广灵剪纸”品牌

2007 年，“广灵剪纸”被评为全国优秀劳务品牌。过去没有技能培训前，村民们只能剪一些窗花等单层单色剪纸，没有太大的销售市场。经过培训后，广大劳动者学会了制图、上色、剪裁多层多色的剪纸，作品有立体感、技术含量较高。现在一幅大型彩色剪纸需 2~3 个月剪成，能卖到几千元。

三、打造“中药炮制工”劳务品牌

在浑源县打造“中药炮制工”劳务品牌，大力发展黄芪加工业。浑源县每年黄芪的种植面积达 28 万亩，带动 1.7 万名贫困对象就业，人均增收 2 000 元以上，成为脱贫攻坚的支柱产业。

四、打造“大同铜器制作技艺”品牌

云州区“大同铜火锅”是国家级非遗项目。1973年，周恩来总理将“九龙奋月”铜火锅送给来访的法国总统蓬皮杜。目前，通过“师带徒、徒传艺”，不仅传承了铜器制作技艺，还解决了部分贫困人口的就业问题。

五、打造“手编”劳务品牌

通过广泛开展草编、柳编、麦秸画等培训，灵丘县实现了妇女劳动力在家门口就能就业的目标。

六、打造“农民职业技能培训”品牌

山西省是全国最早为农民颁发技能认证的省份。在阳高县，通过培训的农民，每户至少管理一个蔬菜大棚，每个大棚年收入在2万元以上。全县蔬菜大棚种植面积4.44万亩，仅此一项收入就达到8.8亿元。

点评：大同市职业技能提升行动的亮点在于个性化发展，六县六产业，培训随着产业转，形成一县一培训特色品牌。技能培训支撑、推动了各县的地方特色小产业发展壮大，为大产业、脱贫致富产业发展彰显了技能的力量，体现了人力资源社会保障部门在乡村振兴领域的独特价值。

阳城县：技能转动能　转型增活力

近年来，山西省阳城县持续拉高标杆、自我加压，全面推动职业技能提升行动工程提质增效，全县技能人才总量占全县从业人员总量的比例达到34%，重点人群培训后就业率达到40%以上。阳城县努力“打造人人持证样板，争当技能社会先锋”，探索性、创新性地推出了“高位推动、校企联动、品牌带动、比武牵动、产教互动”五项硬核举措，促进了职业技能提升行动政策的落地见效，在阳城大地结出了丰硕的果实，闯出了

一条“技能转动能，转型出雏形”的县域职业技能提升道路。

一、技能改变生活，技能成就梦想

张钰萍，一名普通的单亲妈妈，由于没有工作，平时只能靠打些零工来供养两名正在上学的孩子。张钰萍从手机微信上得知阳城县正在开展“人人持证、技能社会”建设活动，瞅准这个机会，果断报名参加了县里组织的技能培训。顺利拿到中式面点师证书后，张钰萍再也不用四处打工，她靠这一技之长，在县城开了一家小面馆，当起了小老板，月收入六七千元。

张钰萍通过培训实现就业、改变生活只是阳城县“人人持证、技能社会”建设的一个小小的缩影。

阳城县现有户籍人口35.5万人，建档立卡劳动力达27.5万人，阳城县在“高位推动、校企联动、品牌带动、比武牵动、产教互动”五个方面扎实推动，让劳动者实现高质量就业，为县域经济转型发展提供技能人才支撑。在高位推动方面，条抓块统构建组织体系，确立了“职业技能提升工程走在全省前列”的目标，成立了以县委书记、县长任“双组长”的领导机构，坚持一旬一调度、一月一排队、一季一汇报，并积极健全协调联动推进机制，在全县73个人口达到千人以上规模的大村设立技能培训就业服务站，自上而下形成党委政府通盘谋划、人力资源社会保障部门牵头抓总、27个单位通力配合、乡村两级全力实施、各类企业积极参与、社会各界大力支持的工作格局。在校企联动方面，效用导向抓实职业培训，立足实用性、实效性，针对劳动力市场需求反馈和企业急需紧缺分析，主动与应用型高校和职业技能培训学校、培训机构对接，开展订单、菜单、定向、滚动培训；用足用好稳岗补贴、失业保险政策，支持企业实施在岗职工技能提升培训；新冠肺炎疫情期间，线下转线上、同步不间断开展技能培训；密切与省市职业技能鉴定机构协作，全力推动受训人员广泛参加考评，务实规范推动专项职业能力考核，大力提升持证率，2021年新增技能人才约1.6万人。在品牌带动方面，就业导向提升培训实效。突出阳城就业特点，以就业率、增收率为标准，大力实施“一县一品牌”工程，建立了三个劳务品牌技能人才培养基地，着力打造的“濩泽厨工”“濩泽家政”“濩泽匠工”初显影响力。8 387名“濩泽厨工”持证上岗，在阳城及周边县市旅游、康养产业中崭露头角，在省校合作中，与北京大学餐饮中心达成人才双向培养交流合作机制，“濩泽厨工”劳务品牌成色更足，分量更重；引进山西红马甲集团共建规模化培训就业基地，共树“濩泽家政”劳务品牌，开辟向大城市有组织输出家政人员的新路径，“濩泽家政”学员就业率保持在80%以上。在比武牵动方面，真刀实枪提升技能水平。立足阳城“绿色能源供应基地”“蚕桑之乡”“陶瓷名都”“国家全域旅游示范区”等品牌的优势，连续两年成功举办职业技能大赛系列赛事，掀起以赛促培、以赛促训的热潮。阳城在全省树立起县级举办职业技能大赛的样板，无论是比赛的组织、赛事的水准，还是比赛成果的推广都走在全省前列。阳城县连续两年在晋城市赛获得团体第一，省赛获得多个赛项第一，同时推动行业、企业开展技术比武、岗位练兵，营造出崇尚技能的浓厚氛围。在产教互动方面，创新平台升级实训条件。围绕培养中高端技能人才的目标，按照国家级高技能人才公共实训基地标准，新建占地154亩的县职业教育中心；创新体制，与山西文旅集团、晋城职业技术学院三方共建“山西文旅产业学院”；在县职校开展企业新型学徒制教学改革，推动省市县各级各类培训机构在阳城设立机构，共建共享培训实训平台，让更多人受益于“人人持证、技能社会”建设活动的开展，阳城县也获得了山西省“2020年促进就业先进地区评选”第一名。在2021年的党史学习教育中，晋城市委常委会将阳城县全面推动“人人持证、技能社会”工程提质增效列入了晋城市“我为群众办实事”重点项目清单，作为全市排名第二的实事项目，在全市大力推广。

二、技能转动能，转型添活力

赵家亮，阳城县润城镇河头村人，2020年参加山西省第二届职业技能大赛，获得了果树嫁接项目第一名，被授予“三晋技术能手”称号，成立了技能大师工作室，创新了核桃大树改良技术和野酸枣接大枣技术，自己承包果园300多亩，建立了新润家庭农场，同时为次营、润城、河北、芹池等10多个乡镇的300多名果农进行技术培训和技术指导，不断引进并推广先进的农业机械和生产技术，带领本地农民栽植核桃树、枣树、花椒等适宜经济作物，实现共同增收致富，成了当地名副其实的“土专家”和推动农业转型的“新动能”，被国家林草局聘为“乡土专家”。

像赵家亮这样的技术能手在阳城各个领域都有代表人物，如农机能手市赛冠军马向军、汽车技术能手吉晋军、市赛物流服务冠军张平、电商直播冠军申燚、中国晋菜大师张学锋等，已成立市级技能大师工作室 5 个，2 个正在申报省级技能大师工作室，不仅带动了行业发展，还促进了产业转型，有力地支撑了一产、二产、三产转型升级。乔香萍技能大师的珐华工艺被中央电视台进行了全面报道，竹林山煤业有限公司白田红技能大师工作室在 5G 智能矿山建设上奋力攻关，许多项技术处于全省领先水平。这些技术能手的培养得益于近年来阳城县多管齐下加强技能人才建设，一方面通过大规模的技能培训，高级别的赛事磨砺，多层次外出交流，促进了技能水平的整体提升，从 2018 年以来已组织各种技能培训 640 余期，累计培训 8 万余人，连续两年组织开展职业技能大赛，1 600 多人参与赛事；另一方面建立了技能人才奖励激励机制，在 2021 年初的工作推进会上，县委、县政府专门拿出 12 万元对 2020 年在省市职业技能大赛上取得一、二、三等奖的选手进行重奖，这次会议上县委书记为全省果树嫁接项目第一名赵家亮颁了奖，同时获奖的还有全省美容冠军樊芬芬，全省网络布线冠军常杰等 42 名省市大赛获奖选手。

这一次的工作推进会在全县引起了巨大反响，崇尚技能、尊重人才的社会风尚更加鲜明，在第二届职业技能大赛中，各界选手的参赛热情以及各行各业学技能、比技能的态势空前高涨。一大批企业建立了自己的培训机构和培训基地，阳泰集团、皇城相府集团等大型企业建立了技能人才薪酬激励办法；民营企业惠康超市、禹伽豪蚕桑制品公司也把技能人才建设作为企业管理的重要抓手，并受益良多。惠康公司的张平在晋城市职业技能大赛上夺得物流服务冠军，极大地激发了员工学技能、练技能、比技能的积极性，促进了企业服务水平的提档升级。惠康超市总经理说："参加各级职业技能大赛，对民营企业来说，既锻炼了队伍，开阔了眼界，又提升了企业的服务水平和核心竞争力，受益良多。"

全县上下已对技能人才建设形成了社会共识，各部门、各行业、各乡镇争先恐后，农业农村、工信、卫健、住建、交通、应急等行业主管部门出台行业政策大力推进，横河、蟒河、润城、凤城等乡镇结合实地开展的以"横河八珍""蟒河食全""润城四宝""凤城百味"为主题的"濩泽厨工"项目制培训成了阳城县全域旅游的靓丽名片。

三、技能人才有厚爱，引得凤凰还巢来

田浩玮，“00后”大学毕业生，一场网络直播技能大赛，让这位年轻小伙成为了网络达人，在网上把阳城高山小米卖到了每斤100元的好价位。此后一大批年轻人受政策的吸引，回到家乡创业，为县域经济发展提供了蓬勃的动力与活力。张维川，1992年出生的阳城小伙，直播达人，2020年回到阳城组建自己的团队，培养网络主播人才，苦于没有自己的场地，县里帮助协调，在电商中心免费给他们提供了专业办公场所。梁坚，31岁，在北京创业，成立了自己的公司，2020年回到阳城成立了“仨仁行文化传媒公司”，吸引了40多名大学毕业生一起搞文化宣传和网络直播，在2020年的“双十一”把阳城的小米锅巴卖火了。为加快服务业提质增效，阳城县以打造国家电子商务进农村示范县为目标，围绕农村电商服务乡村振兴，推广应用数据驱动、智慧物流、大数据、云服务等新理念，着力打造数字经济，先后出台《阳城县直播电商发展三年行动方案》《阳城县支持直播电商发展十条措施》，瞄准新业态数字经济发展方向，向全国直播电商示范县、中西部地区电商直播领先县的目标发力冲刺。

点评：围绕乡村振兴战略实施新型职业农民培育工程和农村实用人才带头人素质提升计划，开展职业农民技能培训，是职业技能提升行动的一项重要内容。山西省阳城县推出了“高位推动、校企联动、品牌带动、比武牵动、产教互动”五项举措，特别是以赛促训，落地见效，着力打造的“濩泽厨工”“濩泽家政”“濩泽匠工”等培训品牌，培养了一批优秀就业创业代表和乡土技能专家，形成了崇尚技能、尊重人才的社会风尚。

内蒙古

呼和浩特市：多措并举 为企业赋能 为农民增收

一、以工代训政策，提振职工稳岗底气

2020 年，中国铁路呼和浩特局集团有限公司（以下简称呼铁集团）作为交通运输企业，受新冠肺炎疫情影响较大，符合以工代训补贴申领条件，人力资源社会保障部门及时将 1.8 亿余元资金拨付至该企业，在惠及 3 万余人的同时，促使企业完善职工培训机制和基础设施建设，让呼铁集团受益良多。按照国家部署，以工代训政策延长至 2021 年年底，后又向 1 264 家企业拨付以工代训补贴资金共计 1.4 亿元。

二、企业新型学徒制培训，增强企业发展活力

2021 年年初，呼和浩特市人力资源社会保障局印发了《呼和浩特市企业新型学徒制实施办法（试行）》，在全市范围内全面推行企业新型学徒制培训，补贴标准为每人每年 6 000 元。伊利集团、正大食品、阜丰生物、中环光伏和大唐托电等 20 多家企业组织开展该项培训，惠及职工 3 633 人。

大唐国际托克托发电有限责任公司培训工作负责人表示，以前企业招聘有经验的技术工人非常困难，立足企业自己培养又费时费力，国家近年出台了许多助力企业纾困发展、培养技能人才的举措，公司也进行了企业新型学徒制培训申报。在培训过程中，结合年轻人特点和公司生产实际，利用线上学习平台进行理论授课，在工作岗位上进行“师带徒”实践，根据日常学习和结业成绩评选优秀学员，发放“工匠奖学金”，获得企业职工的一致好评。企业新型学徒制培训政策实实在在为企业缓解了技工“招工难”的问题，用“真金白银”为企业育人才、减负担。

三、合作框架协议，探索人才培养路径

近年来，航天六院、蒙牛乳业、中燃公司除了开展企业新型学徒制培训，还分别与市人力资源社会保障局签订了“高层次人才培养合作框架协议”，签约双方在高端人才引进、就业技能实训基地建设、企业职工职业技能提升、优秀人才选拔等方面开展深度合作，以期实现资源共用、人才共育、成果共享，为人才队伍建设提供更好的政策支持。

四、行业部门协作，助力企业人才培训

重点加强行业部门协作，对组织职工参加岗前培训、安全技能培训（含特种作业人员、特种设备作业人员）、在岗培训的企业，按规定给予相应培训补贴。通过形式多样的企业职工培训提高员工职业素质和技能，增强劳动者的就业竞争力。2021 年，呼和浩特市邮政管理局为企业培训快递员 610 人，市应急管理局为企业培训特种作业人员 2 053 人，市总工会为企业培训在岗职工 1 129 人。

五、就业重点群体培训，夯实乡村振兴人才支撑

呼和浩特市就业重点群体职业技能培训也取得了较好实效，年培训量达 1.8 万人次以上。承担政府补贴性培训任务的内蒙古华侨育才职业培训学校，通过民族手工艺品制作培训，有效解决了农村家庭妇女的就业问题，为全面实现乡村振兴贡献巾帼力量。在培训中，培训对象免费参加蒙古饰品缝制、蒙古头饰制作和刺绣等职业技能培训，培训后可以将半成品拿回家，在家进行产品加工，学校再回收成品并通过义乌小商品批发等平台销售。一般情况下，学员每月可收入约 4 000 元。

点评：呼和浩特市在技能培训方面，抓住企业职工培训这个“牛鼻子”，落实资金，推动开展企业新型学徒制，并根据企业职工特点，利用线上学习平台进行理论授课，在工作岗位上“师带徒”实践，根据日常学习和结业成绩评选优秀学员，发放“工匠奖学金”等，措施行之有效。

锡林郭勒盟：以政策之力稳就业　保民生

一、培训促就业，全家保脱贫

促进贫困群众就业是实现脱贫攻坚最有效、最直接的方式之一。2020年以来，锡林郭勒盟围绕促进就业工作重点，多措并举助推就业扶贫，为打赢脱贫攻坚战奠定了坚实基础。

太仆寺旗红旗镇红喜村引进服装加工企业，建起了扶贫车间，驻村工作队挨家挨户上门动员贫困劳动力接受技能培训，培训后到扶贫车间就业。这让张海芳看到了希望，她年轻时就是半个裁缝，所以上手比较快，接受培训后，成为村里扶贫车间的一名工人。根据订单量，每天缝制校服的收入在80元左右，每月的收入能有2 000余元，她高兴地说："家里收成不错，再加上我每月挣的钱，我家已经脱贫了。"近年来，服装制作、足球缝制、灯笼生产等扶贫车间在当地落地生根、开花结果，许多像张海芳这样的贫困劳动力在家门口实现了就业，摘掉了贫困的"帽子"。2020年，锡林郭勒盟共建成运营扶贫车间29个，吸纳贫困劳动力就业149人。让扶贫车间进村、拓宽贫困家庭劳动力就近就地就业渠道的同时，还将有就业意愿的贫困劳动力全部纳入公共就业服务范围，并根据贫困劳动力的就业意愿和特点，做到"出现一人、帮扶一人、就业一人"，全盟6 414名有就业意愿的贫困劳动力已全部实现就业。

"通过8天的学习，我对牛羊繁殖和养殖技术有了科学的认识，实地参观锡林郭勒大庄园肉业有限公司、正蓝旗永盛养殖专业合作社和森泉养殖专业合作社等地后，为我以后发展壮大畜牧业指明了方向"，乌力吉说。乌力吉参加全盟贫困地区畜牧业专业技术人才实用技术培训班后，不仅开阔了眼界，更增强了他靠技能增收致富的信心。2020年，锡林郭勒盟把技能扶贫作为扶贫工作重点任务，加大对贫困地区专业技术人才的培养力度，为贫困劳动力建起一条致富的技术路。开展"一对一"结对帮扶、大力推进"技能培训＋就业扶持”，探索出具有鲜明特色的扶贫模式。通过开展弹性培训、乌兰牧骑式上门培训、以工代训等多种方式，促进建档立卡贫困劳动力应培尽培，截至 2020 年年底，培训建档立卡贫困劳动力 2 535 人，实现就业 2 298 人。值得一提的是，锡林郭勒盟还将农牧民技能提升培训全部纳入补贴范围，切实提升了农牧民生产技能和经营能力，促进了农牧民增产增收。

二、援企稳岗，助企纾困显成效

将以工代训作为突破口，支持企业稳岗扩岗。2020 年 6 月下旬，在全盟范围积极开展以工代训工作，全力支持中小微企业对新吸纳就业困难群体和登记失业人员开展以工代训；支持外贸、住宿餐饮、文化旅游、交通运输、批发零售五大行业的各类企业开展以工代训；按规定给予企业每人每月 600 元培训补贴，享受政策期限为 6 个月；进一步释放中小微企业吸纳劳动力就业潜力，引导支持企业有针对性地开展相关培训项目，为中小微企业渡过难关、保住岗位提供更有效的支持。截至 2020 年年底，全盟共受理以工代训企业 770 家，受理并完成审核公示职工申请补贴约 6 万人次，拨付补贴资金 3 560.5 万元。

元和大酒店有限责任公司是当地一家中型住宿餐饮企业，企业有员工 197 人，2020 年上半年受新冠肺炎疫情影响，企业面临裁员减员问题。盟、市两级人力资源社会保障部门积极和企业对接，开展“一对一”送政策上门服务活动，元和大酒店人力资源负责人感慨地说：“受新冠肺炎疫情影响，我们酒店从 2020 年大年初一停业，持续到 5 月份才恢复正常营业。在上半年企业经营困难时期，多亏了锡林郭勒盟人力资源社会保障部门及时送政策，在疫情期间让我们企业享受到了社会保险费减免及各类补贴优惠政策，帮助我们渡过难关，稳定了员工队伍。2020 年全年，我们企业享受各项政策补贴及减免社保费共计 162.7 万元。”

点评： 近年来，锡林郭勒盟多措并举，努力做好“稳就业、保民生”工作，其中建立扶贫车间尤为突出，努力实现培训促就业、就业助脱贫，成效显著。2020 年，当地引进有关企业建成运营扶贫车间 29 个，让扶贫车间进村，吸纳贫困劳动力就地就业149人。同时，将有就业意愿的贫困劳动力全部纳入公共就业服务范围，做到“出现一人、帮扶一人、就业一人”，全盟6 414名有就业意愿的贫困劳动力全部实现就业。

辽宁

阜新市：创业培训为梦想插上翅膀

近年来，阜新市高度重视全民创业带动就业工作，按照市委、市政府的决策部署，紧紧抓住阜新市新一轮转型振兴的有利契机，加快形成政策扶持、创业培训、创业服务“三位一体”工作机制，努力构建专业化、社会化、常态化的创业培训新格局，创业氛围渐趋浓郁，创业层次不断提升。

一、培训机制更完善

“本来觉得自己学的专业就业面比较窄，工作不好找，参加这次创业培训后，感觉豁然开朗，培训老师讲的创业思路和想法对我很有启发，未来不管是创业还是就业，都比较有信心了。”一名刚参加完 SYB 创业培训的学员说。

在大学生创业意识培训课上，培训老师从专业的视角，以互动的方式生动地向参加培训的学员讲解创业相关知识，激发大学生创业意识，让参加培训的学生们受益匪浅。市人力资源社会保障局依托办学优势，不断强化培训成果转化与落地的导向教学方式，以创业培训、技能培训为抓手，创新工作举措、改进培训方式、完善培训机制，有效提升创业就业成功率。

二、培创衔接更有效

进一步加强对学校培训的全程指导，分别建立学员创业档案，了解学员创业想法和意向；建立创业项目资源库，及时为学员推介适合初期创业的项目，帮助学员找到适合自己的创业路子；提供创业平台，向学员推介全市创业孵化基地，介绍入驻创业优惠政策、服务环境和便利条件，引导学员进入孵化基地创办企业。同时，注重把握课程体系和授课内容向契合学员创业项目的角度转化，建立和完善从学员筛选到培训成果转化的整体服务体系，依托各培训机构积极推进培训工作对接与落地。

三、培训成效更显著

始终把创业培训成果转化与落地作为创业培训的落脚点，努力为学员搭建创业平台，引导扶持学员实现创业。以佰富顺心和联宇职业技能培训学校为例，推出“企业＋培训＋电商＋经纪人”的发展思路，采取“两条腿走路”的办法。学员通过培训后，具备初级创业能力并准备创业的，学校和公司免费提供技术指导和项目服务，从项目选择到项目实施，全程帮助学员实现创业。截至2021年年底，已实现创业的学员有21人，项目包括直播网站、养鸡场、超市、农产品经销等。

学员赵佳奇曾两次创业失败，2020年8月参加创业培训后又燃起创业的斗志，创业指导教师跟踪回访，建议他整合资源，找到朋友一起合作开创观唐房产中介公司，公司业务不断扩大，现已经雇用员工4人；学员张艳华原经营小卖部，经营状况每况愈下，通过参加SIYB培训班系统的学习及老师的帮助，转变了经营思路，通过线上线下相结合等方式售卖商品，学校在后期跟踪服务中组织旗下烘焙工厂及供应链公司对其进行全方位扶持，帮助她整合周边商店，丰富店内产品，对商品的陈设和店面的装修给予指导，使原来的小卖部扩大成了覆盖周围好几个村的综合性商店。

四、后续服务更贴心

为了帮助创业者解决企业经营中遇到的困难和问题，市人力资源社会保障局成立了多个后续专家服务团队，及时跟踪、了解培训学员的创业情况，为创业者提供专家讲座、专项指导和小额担保贷款扶持等多项后续服务，有效解决了创业者的后顾之忧。针对创业者需求研究制定了“1+1+2+3”免费服务措施，“1+1”是指专家团队针对每位创业者1对1服务，“+2”是指对养殖业和种植业服务，“+3”是指每周定时线上咨询服务、每月定时线上农业技术讲座、每季度组织专家团开展下乡送技术活动。目前已开展“1对1”专题线上服务21次，技术讲座2次，线上咨询5次，为实现学校提出的“携手千名产品经纪人，服务万家百姓生活”目标打下了坚实的基础。

通过有力的工作措施和创业培训工作新模式，落实有针对性的就业创业扶持政策，满足重点就业群体的创业就业需求，阜新市创业培训工作扭转了过去“人员组织难、政策落实难”的两难状况，实现了创业者从“要我学”向“我要学”的质的转变。

点评：辽宁省阜新市创业培训的亮点可以概括为三个方面：一是抓好政策扶持、创业培训、创业服务“三位一体”工作机制的完善，努力构建专业化、社会化、常态化的创业培训新格局。二是培训与创业紧密衔接，建立和完善从学员筛选到培训成果转化的整体服务体系，依托各培训机构积极推进培训工作对接与落地。三是研究制定了“1+1+2+3”免费服务措施，创业培训后续服务细致贴心。

葫芦岛市：建章立制　规范创新
率先启动创业技能提升行动

2021 年，葫芦岛市在全省范围内率先制定并下发了《关于〈印发葫芦岛市创业能力提升行动实施方案〉》，全面启动创业能力提升行动，创新开展网络创业培训，并结合葫芦岛市工作实际，重点部署开展面向全市高校（中职院校）应届毕业生的 GYB 创业意识培训工作。

一、以创新为抓手，率先开展 GYB 创业意识线上培训

2020 年 5 月，新冠肺炎疫情形势严峻，在全民防疫线下停课的情况下，为确保创业能力提升行动的顺利实施和全市就业形势的总体稳定，葫芦岛市积极组织和协调相关单位对职业技能提升行动进行了新的工作部署，进一步明确开展 GYB 线上培训。在全省率先启动 GYB 创业意识线上培训直播课堂，利用网络平台和钉钉线上直播软件，面向全市退役军人和高校应届毕业生开展创业意识培训。

创业讲师变身网络主播。通过在线直播、连线答疑、线上指导等方式，与学员针对

当前就业创业形式、创新创业思维等创业话题进行教学互动；新颖灵活的授课方式，让学生们能够随时随地自主学习，为了保证培训质量，要求培训过程有直播录像，参训学生钉钉考勤打卡，实现全程可查询、可追溯。在培训总课时不变、培训标准不减、培训质量不降的原则下，实现做好疫情防控的同时确保培训工作顺利进行。截至 2020 年 7 月，线上直播培训高校毕业生和退役军人近 5 000 名，培训合格并取得证书的有 4 601 名。此次培训作为辽宁省影响力广泛的 GYB 创业培训项目之一，同时得到了葫芦岛市媒体的高度关注，葫芦岛日报、晚报相继报道。

二、以管理为抓手，保证 GYB 创业意识培训质量

2021 年 10 月，根据省、市级相关政策文件要求，葫芦岛市全面启动网络创业培训和 GYB 创业意识培训工作，明确“十四五”期间开展网络创业培训 3 000 人次以上，面向毕业学年高校（中职）学生、退役军人等重点群体开展 GYB 创业意识培训 3 000 人次以上。对于开展培训的形式、对象、过程和考核进行了明确的规定，从制度上杜绝了虚假培训、冒领补贴等问题的发生。2021 年，葫芦岛市所有县（市）区培训全部采取订单式和项目制培训的形式，面向毕业学年高校（中职）学生、农村转移劳动者等特定群体开展培训 5 800 余人，其中 5 264 人培训合格后取得证书。

葫芦岛市服务业职业技能培训学校和葫芦岛市第一职业中专等承担政府补贴的培训机构，组织创业培训讲师团队，利用学生晚课和周末的时间走进大学教室，通过理论讲授、小组讨论、沙盘游戏、角色互动、头脑风暴等方式，从创业基本要素评估分析、创业条件分析和准备等方面详细讲解了大学生创业所亟需的创业理念、素质和能力，帮助学生提升了创业意识和思维，厘清了创业思路，同时也为学生们提供了一个交流创业想法的平台。通过线下体验式教学，让学生们能够更直接地感受到讲师热情洋溢、幽默风趣的课堂氛围，也更能充分调动学生们的参与度和积极性，挖掘其创业潜力，激发其创业热情。参加培训的学生严格遵守课堂纪律和考勤时间，培训出勤率达到 90% 以上。培训结束后，学生们表示通过创业培训，对大学生创新创业有了更深层次的认知与理解，激发了对专业学习的兴趣。

点评：葫芦岛市针对就业重点群体开展职业技能提升培训和创业培训，制定具体方案，全面启动“创业能力提升行动”，创新开展“互联网＋创业培训”，依托高校（中职）优质教育资源，采取订单式和项目制等形式，对退役军人、高校应届毕业生、农村转移劳动者等特定群体开展培训，取得很好的效果。

吉林

吉林市：全面推行企业新型学徒制
着力培养新时代工匠人才

一、企业新型学徒制培养工作开展的基本情况

2019 年，吉林石化公司、吉林公交集团等 8 家企业 669 名职工参加了第一批企业新型学徒制培训，补助资金 133.8 万元。2020 年，吉林恒源纸业、华微电子等 28 家企业 3 313 名职工参加了第二批企业新型学徒制培训，补助资金 662.6 万元。已开展的两批新型学徒制培训涉及焊工、电工、管工、车工、中式面点师、餐厅服务员、中式烹调师等 30 余个职业（工种）。2021 年，吉林市在总结前两年企业新型学徒培训经验的基础上，更加注重学徒工种的确定，使之更加契合吉林市“12345”产业发展格局的发展战略需求，特别是向化工、冶金、新材料、汽车、医药等职业（工种）倾斜，使职业技能培训的针对性更强。

二、主要经验做法和取得的社会效益

一是深入调研，建章立制。为深入了解企业具体需求，重点走访了中石化公司、吉林化纤集团、吉林江机、公交集团等大型骨干企业，收集记录企业实际需求、问题咨询、意见建议、培养模式等信息。在充分调研的基础上，吉林市人力资源社会保障局与市财政局联合制定下发了《关于贯彻落实企业新型学徒制有关问题的通知》，从企业申报、评审、开展培训、监督检查、结业考核和鉴定、落实补贴政策等方面对全市大规模开展企业新型学徒制进行了部署，为企业新型学徒制开展建立了体制机制保障，确保了吉林市企业和培训机构的企业新型学徒制工作有章可循。

二是广泛宣传，扎实推进。通过媒体广泛宣传企业新型学徒制相关政策。企业新型

学徒制作为一种新模式，在开展初期，很多企业不了解、有疑惑，参加的意愿不强，积极性不高。针对这一现象，吉林市人力资源社会保障局充分利用电视、报纸、微博微信等多种媒体，对企业新型学徒制进行全方位宣传，使企业、培训机构都充分了解相关政策。引入专家评审机制，审慎推进工作开展。为合理分配使用职业技能提升行动专账资金，扶持重点企业和行业，激发企业参与的热情，组织相关专家进行评审论证，审慎分配学徒指标，既考虑了重点企业，如中石化、公交集团，也考虑了重点行业，如化工、军工行业。通过召开启动仪式扩大企业新型学徒制影响力。2019 年 9 月 20 日，企业新型学徒制启动仪式在吉林省工业技师学院举行，首批参加企业新型学徒制的 8 家企业和 8 所培训机构共 320 人出席活动。启动仪式得到了新闻媒体的广泛宣传报道，江城日报、江城晚报都大篇幅登载，吉林市电视台也做了专题报道。企业新型学徒制迅速引起社会广泛关注，进一步扩大了在吉林市的影响力。

三是产教融合，科学培养。科学合理确定企业范围。企业新型学徒制倾向于制造业企业，但也应该将服务业、农业等其他行业纳入其中，使各行各业都能享受到政策红利。吉林市首批企业新型学徒制参加企业除了中石化、吉林化纤集团、吉林江机、金洪汽车等传统制造业企业外，还纳入了吉林公交集团、吉林旭晟人力资源公司等服务型企业。科学合理确定职业（工种）范围。扩大职业（工种）范围，不拘泥于通过职业技能等级认定取得职业资格证书的职业（工种），凡是职业分类大典中列入的职业（工种）都可纳入。未列入职业分类大典的职业（工种），就参照职业大类纳入，如吉林江机是军工企业，企业特有职业（工种）如靶场试射工、导弹装配工、火工系统装配工均按职业大类予以列入。科学制定培训计划。培训计划既体现职业素养、安全生产规范、工匠精神等通用知识内容，也体现每个工种的培训知识、教材、学时、培训教师、培训地点、师傅带徒弟等计划内容。企业新型学徒制培训计划总学时为 400 学时，其中师傅带徒弟 240 学时，集中授课 80 学时，线上培训 80 学时。

四是强化监管，提升质量。严把资格审核关。在企业新型学徒资格审核中严格把握两点，一个是劳动合同签订时间必须在 1 年以上，另一个是正常缴纳社保，不欠保。严把材料申报关。企业申报材料要规范齐全，省厅文件规定的申报材料必须应报尽报，不落一项。要求申报书中所列项要填全，培训计划必须与培训机构共同制定且单独列出，要切实可行可操作，详细规定到场地、课时、期限、专业、教材、授课教师、结业考核等事项。严把信息收集关。加强了对学徒、师傅、导师等基本情况的信息收集工作。收集培训机构导师姓名、技术等级（职称）、专业、资格证书等情况；收集企业师傅姓名、工种、技术等级、资格证书、入职时间、社保缴费、劳动合同签订等情况；收集企业新型学徒类型，如学徒是否属于12个月以内的新入职员工、是否属于在岗职工技能提升、是否属于转岗等情况，同时还收集企业开班时间、学徒上课签到情况等。通过以上信息的收集，做到对学徒、师傅、导师等情况的充分了解和掌握，以便备查时一目了然。严把培训监督关。为了确保企业新型学徒制工作规范有序推进，对企业和培训机构的培训过程强化监督管理。根据学徒培训出勤情况、专业技能操作表现、考试取证情况综合打分，实行动态考核；培训机构对学徒在机构的学习考勤、课堂学习表现等情况进行记录考核，不定期到企业跟踪检查实操教学情况，并制定考核鉴定方案；市人力资源社会保障局对开班情况进行监督检查，及时收集推进过程中的问题和建议。严把培训结果考核关。企业新型学徒制培训结束后，针对企业培训情况的考核是学徒培训的重中之重，为防止企业突击完成培训、虚假培训，在考核中采取措施规避企业的做假行为，如要求企业列出学时明细表、上交完整培训视频、上交师带徒视频、原始的签到记录等材料来完整重现企业培训过程，并要求企业提供笔试、实操考试试卷和视频。经过初步考核，2020年共有8家企业因未开展培训、没有提交材料或存在提交虚假材料的情况，对上述企业下达了返还补贴通知，8家企业已将64.2万元补贴全部返还。上线企业新型学徒制培训监管系统。针对2019年和2020年培训监管难的问题，委托软件公司针对吉林市特点开发了企业新型学徒制培训监管系统，从企业申报、实地考察、学徒基本材料审核、线上课程、线下培训、师带徒学时等各方面进行全方位无死角监管，使学徒制培训全过程看得见、摸得着、可追溯。

通过开展企业新型学徒制培养，吉林市的企业新型学徒制取得了一定社会效益。企业新型学徒制受到企业的欢迎、支持和肯定，实现了“教学环境与职场环境、教学过程与生产过程”零距离对接。企业新型学徒制专班的学员，经过课程学习后理论知识得到补充，职业素养得到提升。校企双方师资共同改进教学内容和教学模式，拉近企业需求和教学的距离，校企产生了“化学反应”，得到了企业的认可和肯定。企业新型学徒制的开展，使企业职工职业技能水平得到快速提高，也在一定程度上缓解了吉林市企业高技能人才匮乏的压力。

点评：吉林市开展企业新型学徒制培训的经验比较全面，其中最重要的经验是注重培训质量。强调科学培养，合理确定企业和职业（工种），制定科学的培训计划，内容全面。同时建立一套质量保证体系，从资格审查申报，到培训过程监督、培训结果考核，形成完整的监管体系，实现全方位“无死角”监管，使企业新型学徒制培训全过程看得见、摸得着、可追溯。

白城市：畅通培训就业绿色通道
打响“吉林白城家政”服务品牌

近年来，白城市家政服务的市场需求越来越旺盛，正逐渐成为吸纳下岗失业人员、农村富余劳动力的重要行业之一。2019—2021 年，白城市全力推进职业技能提升行动，从家政培训入手，积极探索建立培训、竞赛、考级、就业一条龙服务的工作机制，强化措施，落实责任，为家政服务业规范发展提供有力技能人才支撑。

一、统一认识，夯实基础，积极启动三年家政技能培训活动

白城市充分挖掘和利用自身培训资源，加强制度建设，将全市 32 所职业院校（含技工院校）、职业培训机构列为辐射全市的家政培训基地，引入竞争机制，将 10 家有实力的域外培训机构列为白城市定点家政培训机构。借助人力资源社会保障部门职业培训优质的师资和大型家政企业较为完善的实训基地，进一步充实家政培训力量。

二、统筹谋划，内外联动，力促家政培训工作上新台阶

强化模式创新，积极打造“吉林白城家政”品牌。依托白城市家政培训实训基地，计划 2020—2022 年三年时间，打造“吉林白城阿姨”“吉林白城大姐”“吉林白城大

嫂”“吉林白城学子”等品牌技能人才2万人，进一步形成了为白城市内、周边以及一、二线城市提供具有白城特色家政品牌服务的培训格局；深入高校开展家政服务大讲堂，带动高校毕业生开展家政服务的意识。2020年以来，白城市共有家政培训机构29个，省市级家政实训基地2个，开展家政服务类培训超1万人次。

三、助力扶贫，强化对接，提高广大农村妇女的就业创业能力

一是强化扶贫培训。全面打响“吉林白城阿姨”品牌化发展，采取深入农村、乡镇方式，争取乡镇政府支持，全部集中统一安排，面向广大农村妇女，累计开展家政服务、养老护理、育婴员等培训，采用理论学习与技能演练实践相结合的方式，让学员们培训一结业就可轻松上岗。

二是积极开展劳务对接。各人力资源机构和民办职业培训机构积极考察外地城市家政服务市场需求，积极建立劳务信息共享、培训资源共享、优惠扶持政策共享、定期联系、跟踪就业服务的长效工作机制。三年来，与上海、沈阳、大连、长春4个中心城市的5家省内外家政服务企业建立了劳务对接关系，同时与县内经常开展合作的2家家政服务企业达成进一步合作，“吉林白城家政”品牌初见成效。2020年，白城市针对养老服务人员进行了对接培训1 202人次，先后向白城、长春、沈阳、大连等地推荐输出2 120人次。

三是积极搭建对接平台。白城市联合阿里巴巴（钉钉）平台建设开发了“白城互联网＋智慧就业”公共就业综合服务平台，充分运用手机App服务，进一步完善白城创业就业服务平台（www.bccj.com.cn），重点解决农民工、就业困难人员等重点群体的上岗就业难、技能提升难、脱贫致富难、返乡创业难、法律维权难等问题。2021年共有农民工、退伍军人、城镇失业人员等5 000余人参与线上直播招聘活动，促成100多名求职者达成家政服务就业意向。

四、打造开展“家政＋线上”融合培训模式，推动高校毕业生家政服务培训工作

一是促进“吉林白城学子”培训转型。积极做好学员甄别、筛选工作，面向临床专业、护理学专业、医学美容技术专业和眼视光专业的高校毕业生，从他们的就业需求出

发，推出家政服务业中养老护理员和育婴员等工种的职业技能培训，受到学生的热烈欢迎。

二是推进校企合作。加强与高职院校合作，根据毕业生特点，在具备资质的专业从事家政服务的人员中，聘请具有医学护理资质的中高级养老护理课程讲师，利用大型家政企业较为完善的实训基地，科学设置课程，精心编写教案，坚持“实际、实用、实效”原则，增强培训的针对性和实效性。

三是保证线上培训质量。依托线上培训平台，采取线上直播教学方式，教授理论和实操课程，严格管理学生登录、打卡、签到及听课时长情况，确保资金使用效率。白城市 2021 年开展高校毕业生家政服务类培训 3 394 人次，拨付补贴近 100 万元。

点评： 白城市根据当地劳动力资源丰富而就业市场空间不足的实际情况，从家政服务培训入手，书写了一篇就业大文章。2019—2021 年，白城市充分挖掘利用当地及域外职业院校、培训机构力量，面向农村广大妇女及临床、护理等专业高效毕业学生开展家政服务、养老护理、育婴员等职业技能培训，联合有关部门举办养老服务人员技能大赛，与上海、沈阳、大连、长春等省内外家政服务企业进行劳务对接，推荐输出就业，打响了“吉林白城阿姨”“吉林白城大姐”“吉林白城大嫂”等劳务品牌，三年职业技能提升行动取得了实实在在的成绩。

黑龙江

佳木斯市：加强技能培训精准度　打造特色劳务输出品牌

一、纳入年初工作计划，摸清工作底数

一是加强领导，精心组织。市委、市政府高度重视职业技能提升行动，将其作为重要民生工程进行专项推进，每年都召开专题会议进行安排部署，市委常委会议、政府常务会议先后多次听取有关情况汇报，研究解决问题。

二是明确目标，压茬推进。以职业技能提升行动质量年活动为抓手，出台了《佳木斯市职业技能提升行动实施方案（2019—2021）》，将任务目标细化分解落实到部门、乡镇（社区），紧盯节点，压茬推进，确保完成全年目标。

三是健全体系，完善机制。将职业技能培训工作纳入年度目标考核的重要内容，明确政府主导、人力资源社会保障局牵头、部门配合的工作体系，构建以政府补贴培训、企业培训、市场化培训为主要供给，以市技能培训中心、技工院校、职业培训机构为主要载体，以就业技能培训、岗位技能提升培训和创业创新培训为主要形式的组织实施体系。建立完善定期报告、督办检查、考核评价等六项制度，形成长效沟通机制，构建上下联动、齐抓共管工作格局。

二、做强已有劳务品牌，依据市场需求强化品牌

一是做优做精。桦南县创新实施“九八九”转移就业扶贫工程，着力以育婴师、养老护理员两个国家级家政服务劳务品牌为引领，重点打造厨师、面点、美容、保健按摩、健身指导、汽修等八大技能培训品牌，突出培训特色，打造品牌专业，扩大社会影响力和市场竞争力。累计培训学员约 1.3 万人。同江市通过作品计件、按时记功、合作提成等多种方式进行创收，拓宽了培训的途径，活化了培训的方式，创新了培训的手段，

让接受培训的学员们在学习技术的同时也有适当的收入。共加工各大旅游景区纪念品 1 380 余件，年产值达 128 万元。在 2021 年建党百年大庆之际，制作了百人百幅剪纸，还创新制作了 20 套鱼皮装饰服装，并用鱼皮刺绣的方法制作了长达 13 米的赫哲婚俗长卷。

二是叫响叫亮。桦南县在深入调研、大数据比对分析的基础上，从 12 个培训专业中优中选优，主打“桦南月嫂”“桦南护工”两个王牌专业，大力扶持培训，扩大招生。目前，“桦南月嫂”“桦南护工”已成为北京、哈尔滨等高端市场颇具名气的劳务品牌，月工资均在 1 万元以上，部分金牌月嫂月工资高达 3 万元。桦南县就业技能培训中心成为“京（北京）黑（黑龙江）家政服务培训输出基地”。

三是拓展拓宽。坚持贴近市场、服务就业的培训方向，根据求职人员和企业对人才的要求，合理设置并不断调整优化培训专业，努力适应新行业、新业态、新模式下的就业市场需要。同江市开展了鱼皮画、剪纸、手工编织、麦秸画等专业的培训。富锦市在原有专业的基础上，增设了假发编织、农机维修等专业。桦南县增设了无人机（飞手）、西式面点、修脚、互联网营销员专业，培训后的学员深受市场热捧，真正做到了“市场需要什么，我们就培训什么”。

点评：佳木斯市在推动职业技能提升行动方面，分县打造劳务品牌，将职业技能培训与劳务输出紧密衔接，培训实效明显，实现了培训与经济社会发展的互动、多赢。人力资源社会保障部门深耕劳务输出服务主阵地，既在输出地做好技能培训服务，也将农民工维权、基本住宿和乡情联络等服务项目延伸到北京、青岛、哈尔滨等输入地。

上海

黄浦区：打出技能人才激励试点“组合拳”探索黄浦特色技能提升新路径

黄浦区是上海市的中心城区，承载了上海城市发展记忆，孕育了一批具有相当经济、文化价值的老字号，每一个老字号背后都蕴藏着精益求精的工匠精神和世代传承的精湛技艺。黄浦区围绕建设具有世界影响力的社会主义现代化国际大都市核心引领区的目标，主动对接上海市加快实现“四个率先”、加快建设“四个中心”和现代化国际大都市的要求，积极贯彻实施职业技能提升行动，结合实施全国首批技能人才专项激励计划试点，突出产业特点，发挥技能优势，积极探索黄浦特色技能提升新路径。

一、聚焦重点难点，推出黄浦特色技能发展“三清单”

黄浦区高度重视技能人才队伍建设，制定出台《黄浦区关于技能人才专项激励计划试点实施方案》，成立试点工作联席会议，加强组织领导，健全促进技能人才发展工作机制。结合区内技能人才多分布于服务业的特点，对区属国有企业、服务业重点领域骨干企业开展广泛调研，找准企业在技能人才激励发展中的共性问题和个性需求，推出“三个清单”。

一是聚焦政策，完善促进技能发展的“政策清单”。整合专项扶持引导政策，涉及六方面共计 20 项，聚焦劳动者技能提升、高技能人才培养选拔保障、技能培训资源整合优化等方面，推动解决技能人才发展实际问题。

二是找准问题，研究满足个性化需求的“服务清单”。适应现代产业体系建设及传统技艺保护传承的需求，在找准问题的基础上，推出高师带徒助传承、人才工作室促发展、拔尖人才授荣誉等 10 条激励举措，并在总结经验基础上，推出“服务清单 2.0 版”，进一步推出拓展培养渠道、推动交流合作等 9 条扶持举措，为加强黄浦区技能人才队伍建设创造有利条件。

三是形成共识，明确企业主体作用的“责任清单”。与 30 家重点跟踪企业及 15 家区属国有企业签订集体约定书，落实好“责任清单”，即：“3+X”，1 份约定书、1 份协议书、1 个试点方案、X 项个性化激励措施，充分发挥企业主体作用。

二、聚焦政策服务，探索黄浦特色技能培养“三突破”

加强高技能领军人才培养，加快培育一批适合黄浦区产业发展需求的高技能人才，推动建设本区首席技师工作室 28 个，传统技能工作室 31 个，共育共建技能人才工作室 6 个。

一是突破职业资格范围限制，完善区级首席技师资助制度，将国家职业资格未涵盖的技能技艺纳入区级首席技师项目资助范围，如邵万生糟醉、培罗蒙西服定制等 3 个区级首席技师工作室。

二是突破人才选聘年龄限制，加强“非遗”、老字号传统技能传承创新，将企业选聘的劳动年龄段以外技能传承人纳入区级传统技能工作室资助范围，如恒源祥绒绣、海派剪纸艺术、鲜得来排骨年糕制作、培丽酱菜酱料品控、童涵春堂中药炮制等 7 个区级传统技能工作室。

三是突破传统人才培养模式，发挥国家级、市级、区级各类技能人才工作室作用，吸引外省市企业、院校高技能人才及其团队，与黄浦区共育共建技能人才工作室，跨区共建项目 4 个，跨省市共建项目 2 个，辐射长三角地区，实现区域间合作。

三、聚焦品牌建设，推动技能人才成长环境得到新改善

一是构建多层次技能竞赛体系，注重发挥黄浦特色职业技能竞赛品牌效应。广泛开展各行业、各层次的职业技能竞赛，发挥竞赛的以赛促训作用，每年举办区级职业技能竞赛活动，竞赛规模在 1 000 人左右。2019 年承办市级一类竞赛“四大品牌”“上海购物”专场竞赛，吸引来自全市近百家企业、院校组队参赛，相关报道点击量达 500 万；

推动行业协会、企业集团、职业院校、街道社区等，开展岗位练兵和技能比武活动；支持开展“淮海杯”首届商旅文行业技能大赛、金咖联盟“红房子杯”咖啡大赛、“中华杯”职业技能竞赛等，取得良好社会效应。

二是加强技能领域开放，形成以品牌特色、优势专业构成的优质资源建设梯队。在已拥有全国首家中外合作职业培训机构蓝带厨艺培训学校的基础上，引入法国 LV 集团旗下玫珂菲专业彩妆技能培训品牌，在自贸试验区以外率先设立外商独资职业培训机构，成功推动比利时 IGI 珠宝检测品牌贵金属首饰与宝玉石检测、首饰设计等培训项目落地黄浦区。

点评：黄浦区的技能人才队伍建设最主要的工作特点在于组织领导，开展广泛调研，找准企业在技能人才激励发展中的共性问题和个性需求，特别是推出“三个清单”，即完善促进技能发展的“政策清单”，满足个性化需求的“服务清单”，明确企业主体作用的“责任清单”，从而形成了促进技能人才发展的工作机制。

青浦区：积极打造“青能浦卓”企业职业培训品牌

为加快构建区域职业能力建设高地，不断适应“长三角一体化”国家战略下的区域产业跨越式转型发展，遵照“资源整合、优势互补、互惠双赢、共同发展”原则，2017 年 6 月，上海市青浦区与上海国家会计学院签署了人才培养战略合作协议，确定了《关于推进区域职业能力建设发展规划（2017—2021 年）》，并于 2017 年 10 月正式启动“青浦区企业职工职业培训和区域职业能力建设”项目，项目名称取“勤能补拙”谐音而为“青能浦卓”，意即青浦区企业职工技术技能提升，追求卓越发展。2018 年 1 月“青能浦卓”公众号正式上线。通过“青能浦卓”培训平台，青浦区紧密贴近企业一线培训需求，推动企业职工更高质量就业和更为稳定的从业，不断适应青浦区产业跨越式转型发展。

一、项目基本情况

“青能浦卓”共分成以下三个层级展开培训。

第一层级为面向企业家开设的“企业家核心能力发展项目”。此项目针对企业核心管理层，依托学院高端师资资源，培养企业家核心发展能力，起到带动效应，服务青浦人才战略。

第二层级为面向企业中层管理者、生产经营骨干人员、班组长等开设的“管理能力和专业技术技能提升培训项目”。此项目为专题课程，主要开展符合青浦区产业发展的快递物流、会展服务、民用航空、创意产业、智能制造、电商运营、总部经济、大数据、供应链等培训，帮助企业中高层人员实现知识技能的更新、补充、拓展和提高。

第三层级为面向区内所有企业职工的个性化移动学习平台。此项目针对企业职工受制于各种工学矛盾等因素无法参加面授学习的情况，充分利用碎片化时间以网站、微信、移动终端 App 等移动学习载体提升职业技能。微课程涵盖生产制造、运输物流、农林绿化、商贸旅游、生活服务、创意时尚、信息通信、物流快递、管理咨询、创业技能等，使职业能力提升不再受时间、空间、地域的限制。在线平台还充分利用结果运用的方法，通过学习领取积分、积分商城换礼等激发学员培训积极性。

截止到 2021 年年底，“青能浦卓”项目第一层级累计培训 299 人，第二层级累计培训 4 365 人，第三层级平台累计注册 6.3 万人，累计选课学习 42 万人次。

二、主要做法及特点

一是创建一个品牌——“青能浦卓”。

“青能浦卓”是青浦区创新运用地方教育专项资金全面实施区域职业培训品牌化战略的重要组成部分。通过三个层级的管理，技术、技能型人才培养，分层分类实施推进企业职工职业能力提升，积极打造与区域产业体系相匹配的职业能力建设高地。

上海市自 2011 年起全市开征地方教育附加税，并将地方教育附加专项资金用于支持企业开展职工职业培训。2016 年 7 月，青浦区成立了由区人力资源社会保障局、区财政局、区发改委、区经委、区科委、区教育局、区总工会等七部门组成的企业职工职业培训工作协调小组，由区人力资源社会保障局牵头，按照“以企业实际需求为导向、以公共服务平台为载体”的工作思路，建立起较为完善的运用地方教育附加专项资金开展企业职工培训的运行机制。

二是打造一个高地——推动营商交流。

2017 年 9 月 25 日，中共中央、国务院印发《中共中央　国务院关于营造企业家健康成长环境　弘扬优秀企业家精神　更好发挥企业家作用的意见》，指出企业家是经济活动的重要主体，这也是中央首次以专门文件明确企业家精神的地位和价值。此外，有学者研究表明，企业家与当地营商环境的契合度直接影响企业价值的创造。国际上公认的营商环境指标体系中，“教育与培训”条件也是其中一项重要指标。基于此，青浦区通过“青能浦卓”第一层级项目打造一个人才培养高地，将此作为青浦营商交流的新亮点和进一步优化青浦区营商环境的新举措。

培训项目不仅有课堂教学形式，还带领学员走进知名企业，以现场教学交流的形式开展学习，根据每个班级的具体情况，学院开展了包括西门子、海尔、比亚迪、美的、丰田、万科、TCL 等多家企业在内的现场教学。通过“眼看 + 思考 + 交流 + 提炼”的四结合模式，将传统的企业走访与学者案例分析结合起来，培训效果明显优于传统的教学方式。“国家的背后是制造业，制造业的背后是国家”，通过到国际先进企业进行学习与交流，学员们深感中国制造业、科研水平与发达国家的差距，深感区域转型升级任重而道远。

三是营造一个氛围——助力企业发展。

三个层次互动，带动企业发展。近年来，青浦会展经济、北斗导航、现代物流等新兴产业平台快速聚集，创新型企业高速发展对各层次企业人员的能力建设提出更高要求。针对不同行业、不同人员的培训需求各异的情况，“青能浦卓”三个层级中 80% 的培训课程为根据需求量身定制，旨在提升企业在行业内的创新发展能力。“青能浦卓”第三层级项目课程建设方面，已上线 9 大类技能视频课程 684 门。在第一层级企业家班的带动下，很多企业技术技能骨干报名参加了第二层级的专题培训，6 万多名企业职工注册成为第三层级学员。通过三个层级的学员的带动效应，引领区域企业职工整体技能素质的提升和发展。

用好培训渠道，“思政”进课堂。习近平总书记在全国高校思想政治工作会议上强调，要用好课堂教学这个主渠道，各类课程都要与思想政治理论课同向同行，形成协同效应。“青能浦卓”在三个层级中有序开展了“课程思政”与“思政课程”的建设工作，将思政课程引入培训项目。如两期第一层级培训班，通过与建川博物馆合作，为学员开设了抗战反思的思政课程，樊建川馆长本人用自己的人生故事与生命思考给学员上了一堂生动的思想政治和爱国主义教育课程。

共享学院资源，提升综合素质。作为“青能浦卓”项目的附加资源，上海国家会计学院向学员开放了学院的论坛与讲座资源，如学院 2018 年共向青浦区企业学员开放了院级论坛 23 次，部门级讲座或在线直播讲座 54 次。学院组织的各类主题的知识分享活动，如大数据与企业纳税风险管控、中国航天与航天精神、数字联通“一带一路”等，受到了企业职工的热烈欢迎，有的单堂讲座参加人数达 60 余人。学院资源的开放和共享，有助于拓展青浦区企业职工的学习渠道，助力提升区域人才的综合素质建设。

上海协和氨基酸有限公司的学员唐立新写来感谢信，他说，“青能浦卓”从宏观经济形势到地方经济环境，从企业经营实务到成本、财务、营销、品牌的管理等，有非常系统的培训课程，让学员从中学到了很多以往没有接触到的知识和技能，开阔了视野，为今后在企业开展工作提供了很多有益的理论知识和实际经验，真的是为企业着想，为企业服务。

“青能浦卓”项目是探索区院合作、聚焦区域产业企业，利用地方教育附加统筹资金的创新培训方式，加快构建区域技术技能人才培养的全新尝试，这标志着青浦区的企业职工职业培训工作进入了品牌化发展阶段。

点评：在职业技能行动方案中明确提出要大力推广“互联网 +”等先进培训方式，鼓励建设互联网培训平台。青浦区对“青能浦卓”项目投入大量资源，建立专项培训公众号，进行分层技能培训，课程设置合理，培训对象覆盖面广，特别是一线技术工人能够利用碎片化时间在网站、微信、移动终端 App 等移动端学习提升职业技能，技能培训“应知 + 应会”，对技术技能人才培养是很好的探索。

江苏

南京市：聚焦重点 守正创新 助推职业技能提升行动高质量发展

职业技能提升行动实施以来，南京市职业培训工作进入了黄金发展期，驶入了“快车道”。2019—2021 年，全市共开展各类补贴性职业技能培训 273.3 万人次，支出专账资金 15 亿元，培训人数和资金量均位列全省前列。

一、工作成效

一是聚焦“体系化”，构建培训新格局。坚持需求导向，不断完善培训政策体系。出台关于落实南京市三年职业技能提升行动的若干措施、支持企业开展以工代训、开展战疫助企“稳岗项目制培训”、组织实施项目制培训等 20 余个政策文件，打出援企稳岗政策组合拳，不断健全“1+N”政策包。坚持改革导向，不断丰富培训项目体系。聚焦产业导向和劳动者需求，在全国同类城市中率先出台企业执行职工教育经费税前扣除政策奖励实施细则，在全省率先实行补贴非目录清单内的企业职工技能培训，统筹推进实施高危行业领域安全技能提升计划，因地制宜实施新研发项目培训和项目制培训等。坚持目标导向，不断完善培训实施体系。建立“横向协同，纵向联动”大培训格局，强化人力资源社会保障牵头作用，建立了 21 个市级部委办局参与的协同工作机制；强化各区主体责任，街道社区、行业协会、园区、院校等各相关单位积极广泛参与培训工作；充分发挥企业培训主体作用，全市 4 万余家大中小微企业广泛开展各类技能培训并申报补贴。

二是聚焦“精准化”，拓展培训新领域。分类分层实施企业职工技能提升行动，推出岗前培训、以工代训、春节留宁岗位培训、稳岗项目制培训等专项培训，全市 200 余万名职工参与技能培训，助力企业战疫情、渡难关、促发展；面对新就业需求，251家企业聚焦岗位需求，参与适岗培训创新试点，开展新职业新技能培训；支持5万余名新就业形态劳动者参加培训并考取快递员等职业资格或技能等级证书；大力开展企业新型学徒制培训，合作企业已有200余家；聚焦乡村振兴，举办60余期“宁姐月嫂”母婴护理等上岗稳岗培训，退捕渔民“暖心行动”就业培训、民宿从业者技能培训、船员特殊岗位职业培训、特殊群体就业创业培训等一系列精准化职业技能培训，助力企业留工稳岗，促进重点群体提升技能再就业，着力化解就业结构性就业矛盾。面对新冠肺炎疫情影响，已支持50余万人次参加线上培训。因时制宜建立了“南京市职业培训在线”专题专栏和职业培训“e起学”学习平台，为劳动者提供免费线上学习课程。

三是聚焦“特色化”，增添培训新亮点。赋能企业发展，将项目制培训作为南京市职业技能培训体系的有效补充，变革“政府补贴目录清单”原有模式，突破企业职工“获证奖补”限制，实行“一个项目一个方案”，20余个市级培训项目立项实施，推动南京市主导产业紧缺人才培养。推动南京“新研发项目”迭代升级，鼓励在宁高校、职业（技工）院校、优质培训机构积极申报，验收合格的给予建设奖补，云计算、大数据等30余个新研发项目落地见效。实施“紫金山英才宁聚计划”，为高校毕业生和失业青年提供上万个见习岗位，就业见习已成为南京市引才聚才的一项重要举措。以赛促训，搭建就业创业培训成果展示交流平台。连续举办六届青年大学生创业计划书大赛，举办南京都市圈首届青年大学生创业计划书大赛、首届民宿从业人员技能大赛等赛事，促进劳动者技能交流、风采展示。

四是聚焦“创新型”，激发培训新活力。人力资源社会保障与财政、税务等部门联合，在2020—2021年连续两年实施了企业执行职工教育经费税前扣除奖励政策，对培训基础能力建设投入、技术技能人才培养成效和社会价值贡献突出的企业给予30万~100万元奖励，通过抵税、奖励等方式鼓励企业加大所需技术技能人才培养投入，40余家企业脱颖而出共计获得近2 000万元奖励。获奖企业与国内外多所高等院校开展校企合作，组建职业教育、产教联盟，设有实训基地、高技能人才基地和技能大师工作室，广泛开展多样化培训，增强了企业的竞争力和吸引力。

二、经验做法

一是严把“入口关”，建立质量评估机制，确保培训有效供给。2019 年，南京市通过公开招标方式确定参与政府补贴的职业培训机构，普通高校、各类职业（技工）院校或经人力资源社会保障部门、教育行政部门批准依法设立的民办职业培训机构或市级及以上主管部门认定的培训基地或具有培训资格的社会团体均可参与投标。2020 年起，南京市进一步加大培训供给，建立“自愿申报、区级审核、市级备案、协议管理”的管理机制。符合条件的单位可向注册地区人力资源社会保障部门提出申请，报市级备案后，编入当年培训机构目录，可面向全市开展培训。2019—2021 年三年公布的政府补贴职业培训单位分别为 83 家、97 家、107 家，从结构来看，高等院校（含职业院校、技工院校）、优质社会培训机构数量占比逐年增加。每年开展政府补贴职业培训单位履约评估工作，切实加强培训单位管理。评估结果向社会公布，并作为能否承担下一年政府补贴职业培训工作的重要依据。

二是严把“质量关”，建立动态调整机制，提高培训针对性、实用性。每年举办政府补贴职业培训机构负责人研修活动，举办不少于 20 场业务经办和系统操作培训会，着力提升培训机构管理服务水平。探索形成了“面试选拔、入库考核、提升培训、动态调整”的南京特色师资管理模式，目前入库师资达 2 500 余人，有效保障了培训质量。在培训委托协议中要求培训机构严格按照经审核备案的培训计划和方案开展培训，做好考勤、教学、培训效果评估、档案管理等工作。

三是严把“过程关”，建立多方校验机制，确保培训过程真实有效。为确保培训资金安全，南京市出台就业技能培训、创业培训、师资管理、督导、考核等多项业务工作规范。培训过程管理采取远程督导和实地督导相结合方式进行。培训过程实时监控并实时自动抓拍，同时委派第三方督导员现场抽查、市区工作人员随机督导、学生 App 实名电子考勤等手段实施培训全过程督导。通过培训过程跟踪、图像抓拍上传、学员手机考勤、学员评价、培训效果展示、电话回访等功能，实现了培训过程可追溯。编制《企业新型学徒制培训实施情况资料格式汇编》，进一步规范企业新型学徒制培训实施过程，每月集中通报培训进展及学徒流失情况。

四是严把“出口关”，建立环环相扣机制，确保资金审核拨付正确安全。建立了培训质量督导考核与培训补贴经费挂钩机制，督导不合格的不予拨付培训补贴。所有补贴发放前均通过市人力资源社会保障局官网对外公示，申报补贴人员信息通过省一体化平台自动比对，审核环节规范严谨。按规定建立健全培训资金绩效评价体系，按要求委托第三方开展培训资金绩效评价。2019 年以来，南京市持续建设培训信息实名制管理信息系统，依托系统完成培训报名、班级审核、过程管理、补贴申报及发放等工作；2021 年 8 月省人力资源社会保障一体化平台在南京上线后，已全部实现系统内办理培训补贴发放与审核业务。

五是严把“廉洁关”，建立互相监督机制，确保廉政风险教育落到实处。常态化开展廉政风险教育和案例警示教育，以“严管就是厚爱”的原则，要求干部职工干干净净做人做事，梳理廉政风险点，确保无遗漏无盲区；加强内控建设，采取工作人员不定期轮岗机制，规避风险防止腐败。对审计检查等发现的问题及时核查处理。畅通群众监督渠道，及时处理 12345 政务热线工单，形成了《12345 政务热线工单及信访件办理情况》月度报告机制，举一反三改进相关工作，着力形成为民办实事作风建设的长效机制。

点评：南京市聚焦体系化、精准化、特色化、创新型，全面推进职业技能提升行动实施，其工作亮点是充分发挥企业培训主体作用，调动全市 4 万余家大中小微企业广泛开展各类技能培训并申报补贴，围绕企业和劳动者的实际需求，分类分层开展各类培训，充分发挥了职业技能培训助力企业发展、促进劳动者稳就业的作用。

无锡市：坚持需求导向　激发培训动力
依托职业技能提升行动持续扩大技能人才有效供给

职业技能提升行动实施以来，无锡市累计开展各类补贴性职业技能培训 243.9 万人次，发放专账资金 11.6 亿元。截止到 2021 年年底，全市技能人才总量达 120 万人，其中高技能人才总量达 48.9 万人，较提升行动前分别提高 27% 和 31%，每万名从业人员中高技能人才数达 1 166 人，较 2018 年增加 235 人。全市技能人才总量占就业人员总量的比例为 39.1%，高技能人才总量占技能劳动者总量的比例为 40.8%。

一、培训赋能，多措并举促进技能培训量质齐升

无锡市把深入推进职业技能提升行动、大规模开展职业技能培训作为“我为群众办事”实践活动的重要内容，聚焦职业技能培训工作中的短板和弱项，坚持需求导向、问题导向，以规范管理、高效服务为主线，打出以工代训、岗前培训、线上技能培训、安全技能提升培训、企业新型学徒制、岗位技能提升培训、项目制培训等政策“组合拳”，助力援企稳岗，同时转变服务理念、简化办事程序、提高审批效率，努力使“人找政策”变“政策找人”，推动惠企政策应享尽享、快速兑现。

一是援企纾困，拓展培训普惠性。广泛开展下岗失业人员、高校毕业生、就业困难人员、新生代农民工等就业重点群体技能培训和创业培训，将长江流域禁捕退捕渔民、灵活就业人员作为纳入补贴性技能培训范围，助力促就业、稳就业，确保“应培尽培、应补尽补”。实施企业稳岗扩岗实施计划，抢抓以工代训政策实施窗口期，在全省首家出台并实施以工代训政策，创新推出“符合即享受”模式，充分运用金保系统自动调取符合条件的企业和个人，让政策找人、政策入企，实现培训补贴免申请发放，创出了无锡模式，省人力资源社会保障厅给予推广。应对疫情防控形势，及时出台企业新录用职工岗前培训、春节稳岗留工技能培训政策，大力实施“互联网 + 职业技能”培训计划，实行告知承诺、事后监管模式，通过大数据比对，及时兑现培训补贴，为高质量就业储备蓄力。截止到 2021 年年底，全市累计发放以工代训补贴 5.9 亿元，支持企业 11.9 万家，惠及企业职工超 97.7 万人；累计发放岗前培训补贴 2.1 亿元，惠及企业职工 72.1 万人；开展线上技能培训 35.2 万人次，发放线上培训补贴 1.7 亿元。

二是强企提质，增强培训针对性。加大培训直补企业力度，针对不同项目和参训群体，精准施策，建立培训补贴直补企业、培训机构和劳动者相结合的机制。坚持需求导向，组织开展职业培训需求调查，动态更新发布紧缺型职业（工种）目录、培训机构和评价机构目录，形成政策与产业发展、劳动者就业良性互动。实施缓解“招工难”专项

应对行动，建立重点企业专员结对联系制度，加大企业职工岗位技能提升培训力度，扩大企业技能人才评价自主权，在省内首家建立企业职工培训中心申报制度，并列入职业培训机构目录，支持龙头企业辐射带动中小微企业开展技能培训。提升技能培训的结构和层次，全面推行企业新型学徒制，促进人才链与产业链对接，激发企业技能人才培养内生动力，助力缓解工学矛盾，创新高技能人才岗位研修制度，每年培训技师、高级技师 100 名以上，培养高技能人才的攻关、创新能力。完善专项技能培训政策供给，拓展培训范围，支持邮政、卫健、民政等部门开展快递从业人员、医疗护理员、养老护理员、服刑人员等特殊人群开展技能培训评价和技能竞赛。职业技能提升行动实施以来，全市培训企业新型学徒 7 017 人，补贴培训高危行业和特种作业从业人员 8.59 万人。

三是拓展渠道，做活培训探索性。搭建“产业需求供给”通道，多维度拓展职业技能提升服务。聚焦数字经济发展，出台项目制培训支持政策，通过实施企业职工岗位技能提升培训、新产业新职业项目制培训，2021 年培训数字技能人才 1.8 万人。促进新就业形态发展，积极对上争取，无锡市入选省内唯一的全国新就业形态技能提升和就业促进项目扩大试点城市，将滴滴出行、阿里巴巴、五八到家和顺丰同城 4 家平台企业作为试点企业，创新将平台企业未建立劳动关系的灵活就业人员，以获得劳动报酬的相关凭证作为补贴依据，赋予试点企业培训评价自主权，推行线上线下相结合方式，促进新业态从业人员稳定就业。2021 年全市已备案培训新就业形态从业人员 5 083 人。作为省首批职业培训券试点城市，大力推广使用电子职业培训券，探索建立职业技能培训全过程闭环管理体系，依托电子社保卡线上渠道引导劳动者凭券参加技能培训服务，充分调动劳动者参与技能培训的积极性。2021 年全市共发放电子职业培训券 13 万张，指导用券 1 万余张。

二、评价赋能，释放企业技能人才评价动力

大力推行职业技能等级认定制度，健全多元化技能人才评价机制，加快技能评价主体培育，扩大评价职业（工种）覆盖面，强化技能竞赛技术保障，编印技能等级认定操作指引手册，给予企业在评价标准、申报条件、考核形式、试题命制等方面充分的自主权。在省内率先规范中小企业委托认定、专技人才贯通等破格评价情形。截止到 2021

年年底，全市职业技能评价取证 8.38 万人，新增职业技能等级认定备案主体 154 家，全市共有职业技能等级认定备案主体 298 家，可开展技能评价职业 246 个，是评价制度改革前的 5 倍。自 2019 年起，全市累计开展职业技能鉴定取证（含统考）19.1 万人，新增高技能人才 12.7 万人、新增技师和高级技师 5 018 人。

三、强化监管，提升职业技能培训质效

创新思路，采取“三提升”，确保职业技能培训落到实处。

一是提升培训监督管理。坚持市级指导、县（区）指导原则，成立培训督查组，建立不定期监督制度，推动培训规范化、正规化和科学化。

二是提升技能培训质量。加强培训事中事后监管，在全省率先建立补贴性培训随机抽查制度，引入第三方社会机构，对各类培训采取社会公示、纳入信用管理、“双随机”抽查等方式加强培训过程监管，切实提高培训质量。

三是提升培训服务效能。构建“一平台一网络一窗口”技能人才服务体系，统筹建立技能人才一体化系统，开发培训机构管理、高技能人才重点项目、技工院校管理、技能竞赛、职业能力建设专家库等模块，为技能人才提供政策咨询、补贴申领、项目申报、业务办理等同城通办服务。对接省一体化信息平台上线，实行“开班备案、过程检查、结业审核、补贴审核”全过程网办，提升培训质效。

四、搭建平台，持续提升人才培养载体能级

以项目建设为引领，打造多元化培养载体，激发各类培训主体积极性。充分发挥示范基地、大师工作室带徒传技、技能攻关的引领带动作用，发挥企业、职业院校、行业协会的支持作用，畅通技能人才成长通道。全市已建成高技能人才培养示范基地国家级 5 个、省级 7 个，省级专项公共实训基地 9 个，国家级、省级技能大师工作室、工匠工作室共 56 个。搭建共融共享的技能人才培养平台，启动省内首家市级创业大学建设并获“十四五”教育强国千万级资金支持。无锡市首次入选第 46 届世界技能大赛工业 4.0 项目国家集训主基地，入选信息网络布线、数控铣项目中国集训基地。争创“中国无锡智能制造产业发展实训基地”落地无锡。深化技工教育产教融合，引导技工院校围绕主

导产业设置专业，校企共建实训基地 44 个、特色产业学院 4 所，江苏省无锡技师学院入选人力资源社会保障部与国际劳工组织“一带一路”框架下南南合作技能开发网络首批中方技工院校。

五、选树典型，全力打响“太湖工匠”品牌

强化高技能人才选树，加大高技能人才表彰力度。2021 年首次开展“太湖工匠”评选，评出“太湖工匠”10 人，给予每人 10 万元奖励。全市有 15 人获评全国技术能手，17 人获评江苏（大）工匠，13 人入选先进制造技能领军人才，新增企业首席技师 30 人。强化高层次大赛引领作用，建立健全以世赛为引领，国赛、省赛为龙头、无锡技能精英大赛为主体，地区、行业技能大赛和企业岗位练兵为基础的职业技能竞赛体系，在全省率先出台省级以上职业技能竞赛配套奖励办法，实行全市职业技能竞赛目录发布制度，统筹管理各行业赛事。全市累计组织各级各类职业技能竞赛 97 项，涉及职业 130 个，每年组织参赛练兵 10 万人次以上，通过竞赛年产生无锡市技术能手 200 名以上。2020 年，无锡选手在第五届江苏技能状元大赛中获得 4 个一等奖，状元数连续 3 届全省第一；8 人入选第 46 届世界技能大赛国家集训队。2021 年，无锡市成功承办第九届全国数控技能大赛，无锡 9 位参赛选手获 5 个一等奖，为江苏获全国第一作出了突出贡献。

点评：无锡市统筹实施职业技能提升行动，突出服务产业强市主导战略，着眼培育新时代工匠，致力打造“技能人才与产业发展深度融合示范城市”，充分发挥政策激励导向作用，加速推进劳动者职业技能提升，推行职业技能等级认定制度，广泛开展职业技能赛事，全力为社会培育和输送大批高素质劳动者和技能人才，助力无锡经济转型发展和产业结构升级。

扬州市：用“非遗”老手艺打开就业新路子

“看来我这一辈子都要和水打交道啦！”56 岁的扬州市邗江区方巷镇沿湖村退捕渔民

吴正花，数着搓背馆给她发的6 000多元月薪，露出了开心的笑容。吴正花家祖祖辈辈是渔民，她在长江和邵伯湖里弄了半辈子的水。响应国家号召渔民上岸后，身体健壮、一辈子闲不住的她发起了愁，儿子在城里工作还没结婚，没孙子可带，丈夫在外打工也不常回来，非常想找份工作，除了捕鱼又没啥手艺，这可怎么办呢?“没事，到我们这来当学徒，我们正缺女搓背师呢，学成了月薪保底6 000块!”同样响应政府号召加入退捕渔民就业技能培训行列的扬州传统搓背法“非遗”传承基地“扬州搓背馆”向吴正花伸出了橄榄枝。于是，吴正花来到扬州搓背馆，学习扬州传统“非遗”项目“八轻八重”搓背法。用她的话，刚下了和水打交道的船，又和沐浴行业的水打上了交道。正巧，2020年扬州搓背馆与江苏省扬州技师学院合作开展了企业新型学徒制培训，吴正花成了一名企业新型学徒，开始学习起传统搓背法和现代护理保健知识。两个月后，心眼活、上手快的她就拿到了6 000多元的月薪。

扬州市坚持把退捕渔民就业技能培训工作作为践行“两个维护”的重大政治任务，认真贯彻落实中央和省市禁捕退捕一系列决策部署，开展退捕渔民就业培训工作。而充满乡土气息的“非遗”类传统服务业培训项目，因为无年龄和性别限制、入行门槛低、就业起薪点高，很容易受到渔民的欢迎。

为形成合力，扬州市动员全社会参与退捕渔民技能培训工作。扬州市人力资源社会保障局与江都区人力资源社会保障局合作，由市供电公司全额出资，专门针对退捕渔民开展了一期免费电工培训班，并承诺培训后帮助学员推荐就业。此外，扬州市人力资源社会保障部门还广泛收集整理退捕渔民普遍关心的就业、培训、社保、住房、救助等热点问题37条，形成政策问答，编印《退捕渔民社会保障政策汇编》，向基层干部和退捕渔民发放。

点评： 扬州市将贯彻落实党中央国务院长江流域十年禁捕退捕政策与职业技能提升行动紧密结合，通过技能培训助力渔民顺利实现转行转业、有质量就业。特别是通过组织开展“搓背师”等充满乡土气息的“非遗”传统服务培训项目、电工培训项目等，让失业渔民凭借新技能重新上岗就业，进而实现有稳定收入。这一措施为保持社会稳定、乡村振兴贡献宝贵经验做法。

泰州市：点燃技能培训“强引擎” 全力打造“会飞的翅膀”

泰州市把职业技能提升行动作为稳就业、促就业的“强引擎”，不断创新培训方式、丰富培训内涵、提升培训实效，为技能劳动者打造“会飞的翅膀”。截止到2021年年底，全市技能人才总量达95.6万人，其中，高技能人才28.1万人，万名劳动力中高技能人才数达1 043人。职业技能提升行动实施期间，累计开展各类补贴性职业技能培训49万人，支出专账资金3.3亿元，惠及企业1.2万家。

一、坚持“三位一体”，做好技能培训提升合力文章

合力，是推进技能培训提升的“加速器”。工作中，立足机制、政策、绩效发力，打造“三位一体”技能培训推进模式。

一是抓机制统领。成立了以泰州市人力资源社会保障局主要负责人任组长、分管领导任副组长、17个职能处室分工负责的职业技能提升行动工作领导小组，建立起技能提升行动联席会议制度，定期对开展职业技能提升培训研究部署，做到了职业技能提升培训有部署有安排、有指标有任务、有督促有考核，形成上下联动、左右协同的工作合力，确保全市职业技能提升行动齐抓共管、“一声喊到底”。

二是抓政策导航。2019年，出台《泰州市职业技能提升行动实施方案（2019—2021年）》，打响了职业技能提升行动的“发令枪”。先后制定安全技能培训、防疫项目制、以工代训等专项方案，细分邮政、退役人员等新业态人员培训领域，构建全市职业技能培训“1+10”政策体系，为顺利推进职业技能提升行动提供强有力的政策保障。

三是抓资金绩效。牢固树立职业技能培训资金是专项资金、民生资金的“红线”思维，明确专账资金使用管理细则，创新建立职业技能提升行动补贴信息核查比对系统，健全人员信息比对功能，优化技能补贴发放流程，在提高经办效率的同时有效保障补贴资金使用安全；认真落实“经办、复核、审批”内控流程，确保培训资金“一分不跑冒滴漏、一厘不打折缩水”，经得起阳光的“晾晒”。

二、坚持“用户思维”，做实技能培训提升项目文章

用心，是检验技能培训提升的“试金石”。工作中，坚持“用户思维”，用心推出“你点我做”的培训“大餐”。

一是主动端出“企业新型学徒制培训餐”。作为江苏省企业新型学徒制培训五个试点市之一，泰州鼓励实力雄厚的企业与技工院校优秀师资力量强强联合，以教学资源与实训设备全面共享的模式，高效促进企业新型学徒制教学工作的扎实落地和推进实施。泰兴济川药业有限公司尝到了企业新型学徒制培训“甜头”，先后组织3批职工共423名职工参加了培训，员工流失率由10%降低至7%，企业不仅节约了再招聘、再培训的成本，而且直接提高了生产效率。职业技能提升行动实施以来，泰州市累计组织6家职技院校与罡阳股份有限公司等42余家企业3 500余名职工参加了企业新型学徒制培训，涉及38个职业（工种）。

二是创新推出“防疫项目制培训餐”。为对冲新冠肺炎疫情的影响，泰州为全市技能培训插上“互联网的翅膀”，将线下理论培训全部转移至线上，与清华大学合作开发“技能e学堂”线上培训平台，上线疫情防控知识课、公共基础课、技能精品课等共57门课程，鼓励企业开展“防疫项目制培训”和“稳岗留工迎新春项目制培训”，惠及106家企业、2.6万名员工，确保广大人民群众的健康安全、企业生产有序、就业形势总体稳定，用直抵人心的民生温度，标注了人民至上的情感刻度。

三是精心制作“新业态培训餐”。富有时代感的新职业，连接着经济发展的新趋势和群众生活的新需求，拥有广阔前景和巨大空间。泰州把职业技能培训充分延伸到新经济新就业形态，进一步拓宽培训领域，释放培训效应，多元化培养邮政、网约家政人员，引导企业加强数字领域技能人才培训，在培训模式和组织管理等方面进行系统创新和突破，通过“训、赛、评”一系列政策，进一步释放“培训红利”，强化“培训赋能”，推动新业态职业技能培训跑出“加速度”。

三、坚持“实效为王”，做优技能培训提升效应文章

实效，是展现技能培训提升的“显示屏”。工作中，始终瞄准“三个转化”发力。

一是注重社会培育效益转化。率先推出泰州市技能大师共享服务团，组织全市企

业、行业、院校100多名技术技能领军型技能大师，开展技术攻关服务、培训指导服务、考评服务，实现高端技能人才全社会“共享”。创新打造“泰想吃”职业能力培训品牌，首批推出的“兴化鱼圆制作”“黄桥烧饼制作”“靖江蟹黄汤包制作”“溱湖八鲜制作”“泰州干丝制作”等5个地方特色美食培训项目，易学实用，吸纳就业人员4万多人，劳动者培训考核合格后可领取800元政府培训补贴。

二是注重主体评价活力转化。技能人才评价是技能人才培养的“风向标”，也是技能人才配置的“定位器”。2019年，泰州率先开展技能等级试点工作，泰州济川药业发出了全省第一张技能等级认定证书，第一家兑现待遇。如今，全市已全面开展企业职业技能等级自主认定和专项职业能力考核，用“4+1”评价规范体系定标准、用查询系统作支撑、用培训学习保执行，建设企业技能等级评价机构备案63家，社会培训评价组织7家，专项职业能力考核机构24家，技能等级认定取证数超过10万人，交出了一份“满分”答卷。

三是注重技能竞赛成果转化。充分发挥技能人才在高质量发展的推动作用，建立人力资源社会保障部门牵头，工会、财政、教育等20个职能部门参与的职业技能竞赛组织机构，共同组织开展“百行千企”职业技能竞赛活动，在全市制造、运输、建筑、金融、服务等82个行业，开展了756场次172种类的职业技能竞赛活动，以赛促训、以赛促学，20万多名各行各业的高手互相切磋技艺、展示精湛技能，传递着用技能改变人生、成就梦想的动人力量，一大批技术能手、技能大师脱颖而出。在第三届全国工业机器人技术应用技能大赛中，泰州技师学院教师刘涛夺得金牌。

四、坚持“服务优先”，做精技能培训提升增值文章

服务，是推进技能培训提升的“加分项”。工作中，始终追求“三个确保”。

一是确保培训服务有精度。紧贴产业强市部署和企业需求，组织开展省内技工院校长城汽车行活动，邀请全省交通类技工院校来泰洽谈，通过“共建基地 + 订单培养 + 双导师制”的聚合裂变，促成16家院校与企业“深度联姻”，达成实习、送工合作协议，既为技工院校更好地培养人才指明了方向，也为企业从根本上解决技能人才供给提供有益探索。

二是确保数字赋能有广度。以数字化改革为契机，充分运用江苏省人力资源社会保障一体化平台，推出“异地办、就近办、马上办”的高效便捷“泰好办”服务，把职业技能培训纳入数字化管理体系，将培训过程监管、职业技能等级证书发放、培训补贴申领等事项“串珠成链”，实现技能提升补贴一件事“无感智办”和技能人才管理评价事前、事中、事后全天候监管，真正实现让数据多跑路、企业少跑腿。全面兑现以工代训补贴政策，做到每一笔培训补贴精准“免申直达”。

三是确保试点建设有力度。泰州市作为江苏省电子培训券试点工作的唯一城市，积极先行先试，主动抢抓机遇，应用云计算、互联网、移动智能终端等信息网络技术，整合职业技能培训公共资源，发布全市培训职业（工种）、培训机构、企业用工和市场供求信息，为劳动者提供培训信息资源和服务。通过发放的9.4万张电子培训券，引导培训机构按市场和产业发展需求设立培训项目，也引导劳动者按需自主选择培训项目，不仅圆满完成试点任务，还总结出一条从“培训找人”到“人找培训”的新路子，为全省工作提供可推广、可复制、可借鉴的典型经验。

点评：泰州市积极鼓励企业参与企业新型学徒制培训，使企业尝到新型学徒制培训的“甜头”；开发“技能e学堂”线上培训平台，保证新冠肺炎疫情期间企业生产有序、就业形势总体稳定。在推动职业技能培训工作开展的同时，注重社会效益、主体评价活力及技能竞赛成果的转化，打通技能人才成长渠道。

浙江

温州市：实施职业技能提升行动　提供技能人才支撑

2019年以来，温州市累计培训各类技能人才50余万人次，新增高技能人才11.3万人，全市培训总人数实现超预期的增长，专账资金累计支出达9.2亿元，为全市产业和企业转型升级提供有力技术技能人才支撑，取得了积极成效。

一、培训政策注重激励导向，为技能评价改革提供配套支持

一是出台《温州市区职业技能提升行动培训补贴管理办法》，建立激励终身技能提升的“完整链条”。补贴项目更多、补贴范围更广、补贴标准更高、补贴对象更精准、监督管理更规范。针对不同群体实施差异化的培训补贴政策，建立覆盖终身职业生涯“从无业到有业、从就业到创业、从学徒到技师、从线上到线下”的培训补贴机制，为技能劳动者终身学习技能提供激励性制度保障。

二是加大对紧缺工种和新兴产业工种的支持吸引力度，属于紧缺职业（工种）的，补贴标准上浮50%。相关培训活动被《人民日报》等国家级媒体专报采纳为“温州事例”。

三是创新出台技能等级认定试点企业最高10万元的奖励支持政策，对于开展技能人才自主评价的企业，直接给予培训补助。企业技能人才培训评价活跃度和主体作用得到明显提升，推动企业、院校和行业协会等社会组织参与技能等级认定，为技能人才等级晋升拓宽渠道。目前全市开展备案试点企业411家，第三方社会培训评价机构23家，备案工种达162个，覆盖各行各业人才培训成长需求。三年来，全市共对5.9万余名技能人才开展了职业技能等级评价，促进形成不同等级更加合理的人才结构和布局。

二、培训工种紧贴产业发展，为经济转型提供技能人才支撑

一是持续提升紧缺职业补贴，及时补足技能人才缺口。动态发布紧缺职业（工种）指导目录，培训补贴上浮 50%；对 31 个紧缺技师和高级技师职业（工种）实施为期三年的紧缺岗位津贴政策，每月补贴 500 元和 1 000 元。三年来，全市新增紧缺型高技能人才 7.1 万余人，占新增高技能人才的 62%。

二是加大支柱产业技能人才培育力度，夯实制造业工匠基底。注重优化培训项目，加大统筹引导力度，突出支柱产业技能人才培育。据培训数据统计，从职业类别看，位列第一位的职业是制鞋工，属于温州市五大支柱产业之一，占新增技能人才总数的 18%，另有高低压电器及成套设备装配工、电工、钳工、焊工、车工、眼镜定配工等制造业职业排名靠前；从产业类别来看，新增制造业领域技能人才占比达到 44%，位列第一，其中紧缺型高技能人才中制造业领域占比更是高达 49%，有力回应了温州市发展先进制造业、实施产业强市战略的需要。

三是服务县域经济发展，打造“一县一品”技能人才培育格局。鼓励支持职业院校、技工院校和社会培训机构针对地方产业特色设立培训工种，发挥企业和院校公共实训基地作用，形成“乐清电器”“瑞安汽摩配”“瓯海眼镜”“楠溪月嫂”等一批具有广泛市场需求、带动就业能力强的职业培训品牌项目，培训相关产业技能人才 10 万余人次。

三、技能提升紧扣市场需求，为新职业发展民生领域广育人才

一是紧扣新业态新职业发展趋势，着力培育“数字工匠”。在国家职业（工种）未能覆盖的新兴领域，动态发布 82 个项目制培训清单，将短视频制作、直播带货、新媒体营销、智慧物流运营、机器人运维等数字经济新职业都纳入其中，积极培育“数字工匠”。三年来，开办数字经济领域技能培训班 200 余期，培育 1.2 万余名数字经济领域技能人才。其中，工业机器人系统操作员、工业机器人系统运维员、电子商务师、网络直播等数字经济新业态职业（工种）占新增技能人才 10%，在紧缺型高技能人才中占比 6%。

二是着眼社会民生事业，开发特色培训项目，满足多元民生需求。紧密结合“一老一小”服务、乡村振兴发展等领域显现的人才需求，大力开发迎合时代潮流和富有地方

特色培训项目，如劳动者喜闻乐见的家庭教育指导服务、心理健康咨询、农创客、永嘉麦饼、瓯菜制作、民宿管家等专项能力及项目制培训。三年来，仅家庭服务类技能人才的培训人数就达到了4.3万余名。

三是发挥“以赛促训”作用，岗位练兵快速提升人才素养。通过岗位练兵、技能比武等形式广泛开展竞赛选才，三年累计开展市、县两级技能竞赛300场以上，通过竞赛选拔高技能人才2万余名，带动15万名技能人才竞技大比拼。

四、以工代训助力技能提升，为企业稳岗扩岗放送新礼包

为做好常态化疫情防控中的稳就业工作，提升职工技能水平，采取一个政策、一个系统、一条信息“三个一”创新举措，大力推进以工代训补贴发放工作。形成全市上下贯通的统一标准，数据联通，打通工商、税务、社保等多个信息接口，全自动数据比对，实现申报兑现“零跑腿”，共为全市8.7万家企业发放以工代训专项补贴5.7亿元，惠及企业职工84.5万人，有效发挥政策引领技能提升和稳岗扩岗积极作用，受到社会各界和企业的一致好评。

五、产教融合引领平台建设，为校企协同育人探索新路径

一是加强产教融合引领，提升技工院校服务产业发展能力。全市建有技工院校7所，年招生近3 000名，围绕经济转型升级、产业结构优化和劳动者就业需求，引导技工院校发展与产业发展需求对接，健全校企协同育人机制，发挥院校育才主阵地作用。如温州技师学院，结合汽车产业的新发展，与威马汽车制造温州有限公司合作成立订单班，与王朝大酒店建立企业新型学徒制班，围绕温州社会经济发展，新增设城市交通轨道与供电、康养等专业。

二是依托职业院校、大中型企业，加快高技能人才实训基地和大师工作室建设。目前，建有国家级公共实训基地2个，省级公共实训基地2个，市级公共实训基地23个，国家级技能大师工作室2个，省级技能大师工作室33个，市级技能大师工作室141个。通过国家、省、市三级实训基地、技能大师工作室建设，实现专业化的集中实训，充分发挥师傅在生产岗位上的“传、帮、带”作用，有力推动高技能人才队伍建设。

点评：温州市职业技能提升行动成果丰硕，亮点频频，可用“三实”来概括，一是政策实，建立激励终身技能提升的“完整链条”，补贴项目更多、补贴范围更广、补贴标准更高、补贴对象更精准、监督管理更规范；二是培训内容实，培训工种紧贴产业发展和市场需求，为当地经济转型和产业升级提供有力技能人才支撑；三是落实中央政策举措实，充分发挥企业主体作用和院校基础作用，扎实落实以工代训政策，推行企业新型学徒制培训，建设高技能人才培训基地、公共实训基地、技能大师工作室，开展职业技能等级评价，形成了温州特色培训模式。

绍兴市：以“电子培训券”小应用改革解决培训三阶段实际难题

绍兴市自“电子培训券”全流程应用试点以来，从环节细小处着手，从环境细小处发力，将电子培训券贯穿到培训报名、培训监管、技能评价、补贴申领、培训记录等全流程。人力资源社会保障部门根据大数据分析主动推送电子培训券，劳动者可自主领券、自主选择培训，建立一套覆盖人才成长、市场供给和政府管理的多跨协同终身职业技能培训大体系，促进了培训链、人才链与产业链、创新链的有机结合，解决了培训三阶段实际难题。

以往职业技能培训存在劳动者获取开班信息难、找培训难等问题；培训机构存在开班后找学员难、结报流程难等问题；政府存在培训监管难、结报资料收集难等问题。培训需求侧“工训矛盾”突出，培训供给侧“短平快矛盾”突出。职业技能培训亟待一个数字化平台解决痛点问题。

经过试点，绍兴市建成的电子培训券平台解决了以下难题：

一是解决招生各类难题。改革前，机构以培训收益为导向，点对点邀请学员参训；学员参训没有方向，被动接受培训。改革后，培训机构在“浙里办”平台自主发布开班信息，通过数据资源库对重点群体定向推送培训信息，对接当地重点产业，围绕需求开展培训，破解“短平快矛盾”。劳动者自主点单培训，根据自身就业需求选择培训。政府优先保障重点群体培训，实现线上领券。

二是解决申报各类难题。改革前，培训机构结报补贴需要递交 11 份纸质盖章材料，经历 7 个环节；个人培训至少递交材料 4 份。改革后，培训机构和个人足不出户，也无需提交任何材料，发券用券、开班培训、结业鉴定等培训流程实现“一事联办”，结报时系统自动生成各类材料，经办人员确认后补贴即时发放，发放用时压缩至原来的十分之一，实现培训补贴“无感支付”。

三是解决监管各类难题。改变传统手工签到、视频记录等监管方式，通过实名认证、定位打卡、人脸识别等功能，系统自动计算补贴金额，有效减少人为因素，形成全流程、可追溯的数字化监管，有效杜绝虚假培训、重复补贴等现象，更加确保资金使用安全。

点评：推行电子培训券是件新事，绍兴市针对学员、培训机构和政府监管“三个阶段”的痛点问题，从环节细小处着手，从环境细小处发力，以“一库两端三门户六场景”为主体架构，建成电子培训券平台，将电子培训券贯穿到培训报名、培训监管、技能评价、补贴申领、培训记录等全流程，推动电子培训券落地落实，建立一套覆盖人才成长、市场供给和政府管理的多跨协同终身职业技能培训大体系。

衢州市：以职业技能提升行动为抓手 打通“金蓝领”成长渠道

一、诚心励才，优化“金蓝领”的激励机制

一是提高培训补贴标准。以衢州市职业技能提升行动为抓手，加大职业技能培训经费投入力度，从初级工到高级技师补贴标准分别由原来的 800 元、800 元、1 500 元、

2 000 元、2 500 元，提高到 1 000 元、1 500 元、3 000 元、4 500 元、5 500 元。

二是实施人才津贴制度。在全省率先实施人才津贴制度，对在企事业单位紧缺职业（工种）对口岗位工作，能较好发挥职业技能带头人作用的高级技师、技师，分别给予每人每年 6 000 元、4 000 元的人才津贴，2020 年分别提高到 1 万元、5 000 元。全市历年累计发放高级技师、技师人才津贴 5 000 余万元。

三是建立领军人才激励制度。每年评选培育衢州市杰出技能人才 3 名、衢州市拔尖技能人才（衢州市首席技师）20 名和衢州市优秀技能人才 200 名，分别给予一次性奖励 3 万元、1 万元和 3 000 元。

二、精心育才，打造“金蓝领”的成长摇篮

一是围绕需求“育”人才。加强紧缺人才培训，每年公布一批企业紧缺工种目录，密切校企合作，力促职业院校（含技工院校，下同）学生接“地气”，培养企业急需的“适用畅销型”人才。根据本地产业结构变化，指导技工院校进行专业结构调整，形成了数控技术、机械制造等特色专业。

二是校企合作“储”人才。建立公共实训培训平台，根据衢州市机械制造、新材料、新能源等产业特点，以职业院校、规模以上企业为主体，建立国家级高技能人才培训示范基地 1 家、省级高技能人才公共实训基地 2 家、市级高技能人才公共实训基地 18 家、企业高技能人才培训示范基地 16 家。搭建职业院校培养平台，支持职业院校与企业建立技能人才培养协作关系，与本地企业合作先后开设了“开山班”“红五环班”等多个订单培养班，实现高校人才培养与本地市场需求无缝对接。依托院校和企业平台，建成技能大师工作室国家级 5 家、省级 34 家、市级 55 家。

三是以师带徒“养”人才。拓宽人才培养途径，开展“千名技师带高徒”活动，组织 2 000 余名技师、高级技师以签订协议的形式，与技能水平相对较低的职工结成师徒对子，结合生产实际，提出具体帮学内容与目标。鼓励企业开展新型学徒制培训 1 400 余人次，职工学徒按每人每年不高于 8 000 元的标准补贴，学生学徒按每人每年不高于 3 000 元的标准补贴。

三、用心弘才，擦亮“金蓝领”的金字招牌

一是通过“比武”大练兵。每年举办行业性、地区性技能竞赛、企业技能比武、岗位练兵等各类职业技能练兵比武活动。2019—2021 年，衢州市举办了首届职工技能运动会、美容美发职工技能大赛、红五环集团第四届技能大赛、衢州元立公司第五届职业技能大赛等 82 场练兵比武，激发广大技能人才“比、学、赶、超”的热情和潜能。

二是举办“市赛”显风采。每年举办一次全市职业技能大赛，选取影响力大、从业人员多的工种进行比赛。对获得各工种前五名的选手，分别给予每人 4 000~20 000 元不等的现金奖励。各县（市、区）建立预赛制度，推荐参加全市技能大赛的选手，层层选拔，好中选优，累计参与选手 8 000 余人次。

三是承办“省赛”放异彩。衢州市连续承办 2 届浙江乡村振兴职业技能大赛，全省各地选手会聚一堂。衢州市两名选手荣获 2021 年育婴员职工组、餐厅服务员职工组第一名，代表浙江省出征全国乡村振兴职业技能大赛，并取得优胜奖，擦亮衢州籍技能人才的“金字招牌”。

点评：在开展职业技能提升行动工作中，衢州市采取 3 个“三”举措，为打通技能人才成长渠道发挥了积极作用。一是通过根据紧缺需求“育”人才、校企合作“储”人才、以师带徒“养”人才三育才途径，培养产业发展需要的技能人才队伍；二是实施提高培训补贴标准、实施人才津贴制度、建立领军人才激励制度三激励措施，拓展技能人才成长空间；三是开展“比武”大练兵、举办“市赛”显风采、承办“省赛”放异彩三赛事，展示技能人才的时代风采，擦亮衢州籍技能人才的“金字招牌”。

舟山市：“项目制”培训助力技术工人增收

为激发技能培训新活力，舟山市启动实施“项目制”培训工作，通过构建“政府买单”“群众点菜”“企业定制”的培训模式，健全权责清晰、科学审慎、完备长效的监管

机制，助力产业转型升级，实现技术工人“技能增收”，为建设共同富裕示范区贡献力量。

一、精准发力，为产业发展“定制项目”

一是“政府买单”，围绕转型发展列项目。围绕临港制造、绿色石化、数字经济、船舶修造、海洋旅游等特色产业和新兴职业发展和企业职工技能提升需求，优选出石油化工操控综合技能、仪表检修技能、供应链管理技能、流媒体运营技能等50个培训项目，定制培训“菜单”，大力发展转型职业培训。

二是“群众点菜”，贴近百姓实际定方案。依托“人社干部进百企·精准服务促发展”专项行动，全市人力资源社会保障系统65名业务骨干进驻300家重点企业，联系企业1 411次。通过前期入企摸底，走访行业主管部门和社会化培训机构，结合特色重点产业发展需要进行筛选，首期“项目制”培训围绕绿色石化、智能楼宇、机械制造等工种开设5期。

三是“企业定制”，根据企业需求助发展。由企业提出技能培训个性化需求包，承训机构设计定制课程包，“一企一策”量身定做培训方案。如浙江石油化工有限公司提出提升石油化工综合技能的需求，根据企业需求甄选浙江海洋大学作为承接机构，严格按照“项目制”培训要求形成精细化课程包，合理设置职业素质培训、职业技能培训课程课时。

二、建章立制，为培训过程“保驾护航”

一是明确主体，建立权责清晰的工作机制。出台《舟山市职业技能提升行动项目制培训实施细则》，明确申请主体、承训单位、行业主管部门和人力资源社会保障部门各自的职责和权限，协调各方利用自身基础条件和优势，形成“申请主体提交需求—承训单位定制开办课程—行业主管部门和人力资源社会保障部门审核监管”的培训流程。

二是优化流程，搭建科学审慎的审核机制。对培训项目的设立、内容设置、培训周期、过程管理、监督考核等环节进行详细规定和说明。申报单位可通过网络递交材料发起申请，线上审核通过后向社会公布项目清单，实现项目申报和过程“云端”可视化、可控化、可管化。

三是强化监管，形成完备长效的监管机制。建立“班前审查、班中抽查、班后核查”制度，由申报单位择优公开确定承训机构，承训机构按照要求进行备案或经行业主管部门认定，通过舟山市职业能力建设一体化平台“项目制培训”专栏进行开班备案，报送考核计划，开展培训和申请补贴，实行从开班备案到资金补贴全流程监管。

三、释放活力，为项目培训“提档升级”

一是助力产业转型升级。改变以往技能培训“电钳焊”的刻板印象，着力向绿色石油化工、新职业新业态等方向转变，增加石油化工操控综合技能提升、照护与康复技能等项目，2021 年共开展政府补贴性技能培训 3.9 万人次，其中围绕绿色石油化工重点产业培训 4 700 人次。

二是助力企业增效留才。通过项目制培训取得培训合格证书的员工，可按每人每课时不超过 35 元，每人不高于 1 500 元的标准据实进行补贴，进一步帮助企业更好留住人才。

三是助力群众提技增收。引导企业制定激励化的薪酬分配方案，推出涵盖 177 个工种衔接 6 个技能类别的工资指导价位，进一步提升培训成果与薪酬待遇的转化率，构建技术工人收入有效增长的“良性生态”。

点评：舟山市制定出台“项目制”培训实施细则，明确了申请主体、承训单位、行业主管部门和人力资源社会保障部门各自的职责和权限，形成“申请主体提交需求—承训单位定制开办课程—行业主管部门和人力资源社会保障部门审核监管”的培训流程，很好地保证了政府监管专项资金的使用效率，并且在审查培训机构承接项目过程中有严格的监督机制，实施全流程监管，采取提档升级激励措施为技能人才成长提供了良好的“生态环境”。

台州市：大力开展技能提升行动 高质量推进技工队伍建设

台州市是制造业大市，2021年，台州市围绕“劳有技能”，大力推进“技能台州”行动，深入构建技能人才培育体系、平台体系、激励体系、收入体系，技能人才队伍建设实现新突破，为全省技能人才“量质双升”、共同富裕示范区建设贡献台州智慧、提供台州样本。2021年，全市新增技能人才8.6万人，高技能人才3.9万人，新增技师、高级技师4 800人，居全省前列。

一、围绕“劳有技能”，大力推进职业技能提升行动

一是推动普惠性技能培训提质扩面。全省率先建立“两清单一指数”制度，构建培训质量监控闭环。大力推广电子培训券和线上培训，优先向山区县倾斜，电子培训券发放量居全省第一。大力开展职业技能培训，2021年完成职业技能培训20.6万人次。

二是推动技工院校实现大发展。着力打造省内一流技师学院，推动台州技师学院、台州第一技师学院等两家市级技师学院摘筹，天台、仙居两个县成功筹建技师学院，支持三门技师学院创建一流技师学院，提前4年实现技工院校县域全覆盖。联合温州市人力资源社会保障局成立温台技工院校（产业）联盟，实现资源共享、交流互鉴、协同育人。新增市级公共实训基地10家，实现公共实训基地县域全覆盖。

三是推动技能人才培育模式改革升级。出台《台州市企业新型学徒制提质扩面实施意见》，优化升级政策保障。全面推广台州技师学院“带项目”技能人才培育新模式，实现“企业出题、学校接题、导师选题、学生解题”，打通技能人才培育与高质量就业的“快车道”，提升培养与就业的适配度。目前，累计为各类企业输送高技能人才超过1 600人，就业率达98.8%，留台率达91.2%

二、围绕“激发活力”，大力推进技能评价行动

一是优化升级技能人才评价政策。出台《“台州技工”星级评价激励办法（试行）》，

开发上线“台州技工”星级评价激励管理服务平台，创新开展“台州技工”星级评价工作。累计评出星级“台州技工”9 762 人，给予最高 5 000 元一次性奖励资金、市内国有景区免门票优惠、就医“绿色通道”、流动人口积分奖励等政策激励。

二是全面推广企业技能等级自主认定。运用块状经济龙头企业带头、校企合作、职业技能等级第三方认定等方式，深化推广“台州规范”企业技能等级认定试点工作，鼓励企业采用“一企一案”模式，适当突破年龄、资历和比例等限制开展技能人才自主评价。2021 年新增职业技能等级自主认定试点备案企业 439 家，累计完成企业一线技术工人职业技能等级认定 14 万人次、发证 12 万人次，三项指标均居全省第一。

三是动态完善细分工种技能等级认定标准。结合产业需求，推进塑料制品成型制作工、智能马桶装调工等细分工种认定标准开发，填补全国空白，为细分工种开展认定创造条件。

三、围绕“开放协作”，大力推进技能合作行动

一是深化技能竞赛合作办赛机制。对标世赛健全竞赛组织管理，高水平举办台州市职业技能大赛，市、县开展各类职业技能竞赛 160 场，共产生 19 名台州技能大师、67 名台州市技术能手，实现以赛促学、以赛促练。联合各部门开展劳动竞赛、巾帼建功立业、青年岗位能手评选等活动，多条线、多维度拓宽竞赛渠道，深度挖掘技能人才，打响“技赢台州”品牌。

二是实施技能人才协作招引计划。搭建企业与中西部职业院校合作对接平台，开展“百校千企”技能人才专场招聘，举办“智汇台州 · 百校引才”山西周、云南周等活动，打通技能人才来台州就业“绿色通道”。迭代升级就业见习政策，举办线上、线下就业见习（实习）招聘，创新开展见习岗位直播活动。全市新设立就业见习基地 150 余家，组织 5 155 名大学生来台就业见习，发放见习补贴 2 000 余万元，见习人数全省第一。

三是探索技能合作惠企工作新模式。及时排摸企业结构性缺工底数，“一企一策”制定帮扶方案，开展高技能人才组团服务企业活动，为有工艺改进、技术升级需求的企业开展针对性服务指导，从引才、育才、留才等多维度发力，全面深化技能合作惠企，护航企业发展。

四、围绕“扩中提低”，大力推进技能增收行动

一是疏通技术工人职业发展通道。开展“技术工人成长通道”课题研究，全力开发《台州市技术工人职业发展通道设置指引》和配套激励办法，引导企业并行设置技术工人和管理类职业发展通道，建立横向按工作性质等因素划分不同序列、纵向按技能水平等因素划分层级的技术工人全职业周期发展通道，打破制约技术工人职业成长和收入增长的“瓶颈”。

二是建立技术工人薪酬分级指引体系。深入开展全市技工薪酬现状调查，结合台州经济社会发展指标进行综合评估测算，发布台州市技工职业工种工资指导价位，研究起草《“十四五”台州市技术工人工资指引和参考目录》，为企业推动技能等级与薪酬挂钩提供针对性指引。

三是引导企业建立技能与薪酬挂钩机制。引导自主认定备案企业实现技能与薪酬100% 挂钩。积极推进“人力技改”、股权激励机制改革，推动技工比例、薪资与企业用地、能耗、税收等相挂钩，引导企业建立劳资双方收益共享机制，催生技术工人提技增收内生动力。

点评： 台州市职业技能提升的亮点在于“创新中实干，实干中创新”，具体可以从四方面来体现：一是围绕“劳有技能”，大力推进职业技能提升行动；二是围绕“激发活力”，大力推进技能评价行动；三是围绕“开放协作”，大力推进技能合作行动；四是围绕“扩中提低”，大力推进技能增收行动。

安徽

巢湖市：创新技能脱贫培训方式　推动贫困户实现就业脱贫

一、因地制宜，设置特色课程

一是科学制定培训菜单。根据平时进村入户收集的贫困群众技能培训需求，巢湖市人力资源社会保障局敏锐抓住贫困群众想法：技能脱贫培训科目要接地气、易于操作、立竿见影。过去的技能脱贫培训工种清单主要围绕婴幼儿及老年人护理、家政服务、家常菜及面点制作等，比较“小众”。而多数贫困户更愿意学一门农业种植、养殖方面的技术，以便在自家一亩三分地创收增富。为此，2020 年新年伊始，着手对技能培训工种“求新求变”，对全市所有建档立卡贫困人员开展技能脱贫培训需求全方位调查，经过汇总梳理、专家论证、上级批准，最终确定在巢湖市技能脱贫培训工种清单中增加果蔬种植、水产养殖、畜禽养殖等 3 项特色培训工种。

二是精心制作培训套餐。2020 年 9 日，巢湖市首期果蔬种植技能脱贫培训班在中垾镇如期开班，共 28 名贫困群众免费参加培训。培训承办机构——巢湖市亿信职业培训学校精心设置培训课程，聘请省级、市级专家到场授课。培训计划和课程设置“干货满满”：培训时间充分，为期 10 天，每天 6 个学时；培训方式合理，既有理论讲解也有实际操作；培训内容丰富，涵盖扶贫政策解读、农产品电子商务等方面；培训重点突出，果蔬种植课程占总课程的五分之三。据了解，中垾镇已初步形成特色农业品牌“果蔬种植”，目前果蔬种植达 1 万多亩，家庭农场、专业合作社已达 20 多户，带动贫困户 110 多户脱贫致富。

中垾镇首期果蔬种植技能脱贫培训班参训学员中已种植和准备种植者近 20 人，通过这次培训，进一步提升了他们发展“果蔬种植”的信心。在完成现场教学环节——参观“果蔬种植”示范基地后，学员们开心地说：“这次来学习收获很大，自己家里也在进行果蔬种植，最近正好出现了一些问题，回家后准备好好利用学到的技术解决问题。”

二、全程服务，突出培训实效

为保证培训成效，巢湖市人力资源社会保障部门围绕技能脱贫培训事前、事中、事后三个阶段，全过程抓好贴心服务，确保培训对象有充分的获得感。

一是培训前，早布置，早谋划。加强组织领导，深入调查摸底，抓好技能脱贫培训政策宣传和培训方案制定。一方面召开全市技能脱贫培训推进会，组织承办机构工作人员、培训机构认真学习上级文件精神，严格审核申报参加技能脱贫培训的培训机构，对符合资质的培训机构进行月调度、季督查，加强管理；另一方面，组织各乡镇工作人员进村入户面对面宣传技能脱贫培训惠民政策，引导贫困群众主动参训。同时，督促培训机构精心制定培训方案，确保课程设计安排科学实用、针对学员的后勤保障跟得上。

二是培训中，强化监督，保证成效。严把培训质量关，对培训全程强化监督，督促学校抓好培训质量，严禁培训走过场，保障学员学到真本领。每个培训班培训课间，市公共就业人才服务中心安排专人到培训现场进行技工大省技能脱贫培训民生工程政策宣讲，让参训人员了解政策，进一步提升政策知晓率和满意度。市人力资源社会保障部门、财政部门、开班地乡镇就业保障事务所联合当地民生办随机开展视频检查或现场暗访。培训课程全部结束后，组织学员进行理论知识考试和操作技能考核。对考核合格人员发放结业证书和交通、伙食补贴。培训资金实行公开申报、项目公示、集中支付、绩效考评的工作机制，其中属于补助培训机构的资金直接拨付至培训机构账户，属于补助参训劳动者个人的直接拨付至其个人账户。同时，主动接受审计部门的监督。

三是培训后，建立反馈机制，促进就业。抓好就业指导、生产技术、产品销售等跟踪服务，解决群众就业技能脱贫服务“最后一公里”。

一是要求各乡镇定期召开贫困群众专项招聘会，结合就业扶贫车间建设，搭建就业供需平台，为参训学员提供就业机会。

二是主动收集参训学员在农业生产过程中遇到的难题，联系农村农业部门技术骨干对培训合格人员进行点对点技术指导，了解参训学员的农产品销售问题，协调相关部门帮助解决。

三是定期摸底登记每个有就业愿望的贫困劳动者的就业情况和就业去向，对未就业但有就业愿望的贫困劳动者给予重点关注，切实帮助贫困劳动者尽快找到符合自身条件的稳定工作。

点评：巢湖市针对性开展技能脱贫培训，了解贫困劳动力需求，有针对性地设置培训项目，科学制定“菜单”和培训套餐，采取合理的培训方式，并全过程抓好贴心服务，技能脱贫培训达到乡镇全覆盖，取得了显著成效。

福建

泉州市：传承弘扬“晋江经验” 2.7亿元助推以工代训

为贯彻落实党的十九届六中全会和中央经济工作会议精神，大力传承弘扬“晋江经验”，加快民营企业创新发展，打造一流的营商环境，勇当全方位推动高质量发展超越的主力军，泉州市在职业技能提升行动实施期间，把以工代训作为稳就业、保就业的重要举措，支持企业组织员工通过以工代训的方式，边工作边学习，同时按开展以工代训职工数给予企业每人每月500元补贴，真正做到以训稳岗、以岗促稳。截止到2021年年底，泉州市开展以工代训的企业达近6 000家，惠及9.7万企业职工，发放补贴资金超2.7亿元。

一、简化补贴程序，优化办理流程

泉州市不断完善以工代训补贴政策，简化补贴程序，制定《泉州市企业以工代训补贴申请流程》，符合条件的参保企业通过福建省补贴性职业培训管理平台申报补贴，相关补贴条件通过系统数据库后台比对，减少申报企业重复提交材料的环节，实行全程网办和快速办，最大限度为申报企业提供快捷的服务。

二、广泛宣传发动，指导企业申报

为推进以工代训政策落地实施，泉州市人力资源社会保障局指导13个县（市、区）全面梳理困难企业名单，筛选出重点企业，按企业所属地分派给各乡镇街道、开发区、出口加工区等，借助乡镇街道力量火速提高以工代训政策知晓率，企业也可通过人力资源社会保障局网办大厅查询困难企业的名单。通过公众号、新闻媒体、短信推送、电话摸排、乡镇企业微信群、企业政策宣传会等途径落实政策宣传，并通过线上建立微信指导群和线下指导企业相结合的方式，为企业答疑解惑。据统计，泉州晋江市累计向企业经办人员、财务人员、法定代表人等发送 14 次 3.8 万条短信申报通知，共受理 2 400 多家企业以工代训补贴申请，涉及资金 8 300 余万元，以工代训完成量占泉州总量的 1/3 以上。

三、创新兑付方式，落实补贴资金

为加快资金兑付时效，泉州市在全省率先通过“福建省乡村振兴（扶贫惠民）资金监管平台”兑付以工代训补贴资金超 1.4 亿元，实现企业网上申请、部门网上审核、资金网上直达企业、企业补贴秒到账，有效提高补贴兑付速度，缩短补贴兑付时限。同时，兑付完成后，资金平台自动向社会公开资金兑付的明细信息，接受社会监督，确保补贴资金安全。

点评： 泉州市开展以工代训覆盖面广，这项工作的有效实施对新吸纳劳动者就业的企业、困难企业和重点行业给与了大力支持，企业以训稳岗、以岗促稳，实现经营的良性循环，同时符合技能人才成长要求。

龙岩市：创新智慧培训新模式　打造技能培训升级版 全力抓好职业培训券试点取得实效

2020 年以来，作为全国首批职业培训券试点城市，福建省龙岩市创新运用电子社保卡，在全国率先打通了职业培训券业务全流程，打开了全新职业技能培训市场。职业培训券已在龙岩市全面推广使用，成为职业技能培训的主要载体。截至 2021 年 3 月底，龙岩市累计发布培训方案 866 个，约 6.5 万人参训，已领取 4.2 万张职业培训券，其中，进入结果及资金审核拨付 8 000 余人，已拨付补贴 437.8 万元，待审批公示资金约 70.6 万元。依托职业培训券，大大加快了龙岩市职业技能培训进度。

一、试点先行，建平台拓展新功能

一是及时谋划早跟进。试点工作启动以来，龙岩市组建试点工作专项攻坚小组，制定实施方案，组织力量全力攻关。明确将职业培训券试点工作作为全市人力资源社会保障系统“一把手”工程推进。2020 年 7 月，龙岩市和山西、广西、西藏同步发放了全国第一批职业培训券。

二是多方参与试运行。邀请技工院校、培训机构、企业等 10 多家单位 400 余人次参与前期试运行，并争取到省人力资源社会保障厅、财政厅的政策支持，下发文件允许通过职业培训券方式结算职业培训补贴，成功发放了面值不等的抵用券，按照抵用券的数额来核拨资金。

三是培训模式有创新。始终围绕培训市场需求，尽可能方便企业和群众使用，通过与技校、培训机构密切合作，稳步推进试点工作，实现从“无面值抵用券—有面值专用券—定向和通用面值券”模式升级，推出的“社保卡 + 职业培训券的通用券、定向券，面值券、抵用券”四种应用模式，应用场景全国最多、效果全国领先，用券量位居全国前列。

四是线上领券多渠道。龙岩市电子社保卡应用渠道均已开通领券平台，并具备与国家级、省级监管平台无缝对接的能力，利用社保卡覆盖面广和直达用户的优势，调动劳动者参加职业技能培训的积极性，进一步拓展电子社保卡在培训领域的应用。

二、优化服务，新模式破解老难题

一是优化培训补贴流程。参训者不再需要垫付，直接使用职业培训券即可参加培训，减少参训者培训负担，同时服务获取更简易，参训者甚至不用出门，在家即可选取部分培训项目和培训机构，推动职业培训服务快速推广；培训机构补贴周期缩短，不用担心垫付风险，只需按照要求完成培训，提供符合要求的“培训服务 + 培训券”消费记录，即可进行培训补贴申请，业务部门审核通过后，即可享受相应补贴。

二是扩展精准培训渠道。参训者可灵活自主选择培训项目，企业根据实际需求自主设定培训课程、自主选聘任课教师，采取“理论 + 实操”“线上 + 线下”模式开展培训，实现培训供需精准匹配。现已自主开发并推出电工、焊工、汽车维修工、家政服务、烹饪、消防、礼仪等 26 种培训券项目。

三是培训信息智能推送。与就业、社保等数据比对，依托电子社保卡向有培训意愿的人群精准推送职业培训券，引导劳动者自主选择参加职业技能培训，实现从“要你培训”到“我要培训”的转变。目前，龙岩市已精准推送培训服务信息 4 万多条，使更多的劳动者能够高效便捷获得技能培训。

四是拓展技能培训载体。与龙岩乡贤企业字节跳动联合探索以职业培训券为载体的云培训模式，联合开展两期 170 人直播电商技能培训；利用职业培训券技术优势，建成福建省首个工业园区标准化职业技能提升中心，搭建了技能培训“线上 + 线下”精准对接平台。

三、精准监管，数字化全程可追踪

一是实人实名登记签到。依托电子社保卡实人实名认证、人脸识别、培训签到和定位打卡、现场拍照等功能，加强龙岩市培训实名制管理能力，并实现龙岩市实名制培训信息系统与全国社保卡服务平台的对接改造，培训机构通过一部手机即可访问全国社保卡服务平台验证页面，通过职业培训券唯一码进行验证，确保安全性、及时性。

二是培训资金全程跟踪。培训全流程实现数字化后，通过职业培训券实现全流程监管，业务管理部门实时开展监管，过程数据清晰汇总，用户信息及学习档案一目了然，培训资金的走向更加清晰明了。

三是智能发券双重审批。实行“一人一次一券一码”，职业培训券信息与用户身份信息绑定，具有唯一性，可以有效避免重复补贴、虚假培训。参训者完成培训后，通过自动化审批和人工审批结合的方式，将繁杂的培训审批过程规则化、数据化，进而加强全市培训情况、培训进度及培训效果管理，建成以社保卡为载体的劳动者终身职业技能培训电子档案，进一步提升培训数量和质量。

点评：龙岩市积极推进培训的智慧化建设，即以“电子社保卡 + 电子职业培训券”为平台载体，实现培训模式创新、培训资金补贴发放创新、培训过程电子化监管创新等。破解以往补贴发放环节多、手续复杂、档案保管难、以往线上线下培训监管难等问题，为政府组织职业技能提升培训探索了新模式，提供了新范例。

宁德市：全面推行企业新型学徒制
助力企业高技能人才培养

宁德市是全球最大的聚合物锂离子电池生产基地和全球最大的不锈钢生产基地，不锈钢新材料产业已突破千亿产值。随着四大主导产业的快速发展，现有的人力资源储备难以满足企业规模化发展对技能人才的需求，特别是高技能人才短缺在一定程度上制约了企业的快速发展，宁德市人力资源社会保障部门主动作为，按照政府引导、企业主导、院校支持的原则，在企业全面推行以“招工即招生、入企即入校、企校双师联合培养”为主要内容的企业新型学徒制，有力解决了企业后备技能人才不足的问题。

一、抓重点，技能人才培养与产业发展相结合

宁德市四大主导产业中的五家龙头企业（宁德新能源、时代新能源、上汽乘用车福建分公司、青拓集团、中铝东南铜业）共有约 6 万名产业工人，企业不仅面临缺工问题，更大的难题则是技术工人的短缺已经极大地影响到了企业竞争力的提升。青拓集团人力资源部部长感慨道：“青拓集团地处福安湾坞镇，地理位置比较偏僻，在生活娱乐方面相对其他企业没有更多吸引力。企业为了引进技能人才，采取全国招聘、提高薪酬待遇、设置岗位晋升办法等措施，但还是招聘不到足够的技能人才。正苦于无法解决这一拖企业后腿的难题时，企业新型学徒制培养政策为企业打开了一条全新的技能人才培养思路——与其一味花功夫引进技能人才，不如就地培养。非常感谢政府送来的好政策，解决了企业的燃眉之急。”

宁德市技能人才的培养以当地四大主导产业需求为重点，大力推进企业新型学徒制，2020—2021 年开展企业新型学徒制培训 4 681 人，培养规模位居全省前列，有效缓解了四大主导产业中龙头企业技能人才缺乏的问题。

二、谋共赢，校企合作与政府激励相结合

在推广企业新型学徒制工作中，政府的主要作用是搭平台、建系统、给补贴，让校企合作有更多的灵活度和更大的操作空间。这种培养模式主要带来了以下三个变化。

一是改变了以往校企合作培养由政府来主导的传统做法，充分发挥企业主体作用，由企业自主设计专业课程，突出企业内部战略规划、技能提升、岗位匹配等内容。

二是改变了以往短期速成的培养模式，以工匠的标准高质量培养技能人才，不仅让普通员工也能有成长晋升的空间，也让企业能够储备一支稳定的高技能人才队伍。

三是改变了政府传统补贴政策，大幅度提高补贴标准，中级工班每人每年补贴5 000元，高级工班每人每年补贴6 000元，极大提高了企业积极性。

宁德职业技术学院的老师深有感触道："以前校企合作培养技术工人比较困难，一方面由于企业生产繁忙导致员工培训时间受限，另一方面培训也会增加企业人力资源成本，现在政府搭建企业新型学徒制培养平台、给予高标准培训补贴，学校送教上门，极大地激发了企业参与校企合作的积极性；整个培训过程通过系统监管，做到全过程有迹可查，实施起来再也不用担心监管和审计等问题；同时在施训过程中，学校通过与企业的互动交流，进一步提高教学水平，真正实现了三方共赢。"

三、保质量，精准施教与岗位实际相结合

企业新型学徒制培养教学的核心重点是要让员工所学知识技能与工作岗位相匹配，为了确保培训质量，校方多次召开"校企恳谈会"，深入企业的培训部门和一线岗位进行调研摸底，全面了解岗位和技能需求情况，校企双方集思广益、几易其稿，从找准岗位需求到设置培养方案、课程等均做到了为企业"量身定制"。宁德技师学院薛冰超老师感叹道："以前校企合作主要是通过订单班、冠名班的形式为企业培养后备技能人才，存在理论和实践结合不够紧密的问题，培养的学生与岗位匹配度较差，学生到了企业生产一线还需要上岗培训，经过较长一段时间的磨合才能完全适应。而现在推行招工即招生、入企即入校、企校双师联合培养的企业新型学徒制模式，实现了培训内容与岗位要求紧密对接，学以致用，受到了企业的一致好评。"

四、求发展，培养成效与企业认可相结合

企业新型学徒制培养模式能否持续发展，关键要看培养效果是否让企业满意。为了确保培养成效，校企合作实施了“五个共同”，即共同制定人才培养计划、共同组建教师队伍、共同开发课程体系、共同实施教育教学、共同开展考核评价。老师与学员深度互动，建立学习交流群，老师把课堂延伸到生产线上，可以随时掌握学员的学习动态，学员在实际操作中遇到的问题也可以随时向老师提问，同时教学方案可以针对学员遇到的问题及时动态调整。时代新能源的学员李佳说：“原来我在生产线上只知道按步骤操作，遇到故障就不知道怎么处理，现在学习了机械原理，一些简单故障也知道如何排查与检修，提高了生产效率。”朴实的话语既透露出了学员通过学习提升技能后的喜悦之情，也为企业培养技能人才吃下了“定心丸”。企业新型学徒制培养模式强大的生机和活力，必将为企业可持续发展提供坚实的技术技能人才支撑。

点评：宁德市积极开展企业新型学徒制培训，重点在于把握好几个关系，一是与产业发展的关系，紧紧围绕主导产业人才需求，致力于产业发展；二是政府和企业的关系，政府支持保障，充分满足企业要求，发挥企业的主导作用；三是企校关系，加强企校合作，实施“五个共同”，实现了培训内容与岗位要求紧密对接，学以致用，保证培训质量。

江西

南昌市：服务中心　围绕大局　技能提升助力“六稳”“六保”

紧紧围绕职业技能提升行动的决策部署，南昌市一方面严防严控新冠肺炎疫情，另一方面创新政策措施，有效激发劳动者和培训主体参与职业技能提升行动的动力和活力，劳动者的职业技能水平和就业创业能力明显提升，为促进南昌经济发展和做好“六稳”“六保”工作提供了有力支撑，并取得了积极成效。三年来，全市共完成各类补贴性职业技能培训26.4万人次，拨付资金2.5亿元。

一、建章立制，培训工作体系持续完善

先后出台《南昌市人民政府办公厅印发南昌市职业技能提升行动实施方案（2019—2021年）的通知》等7项配套政策措施，探索建立了职业技能提升行动“南昌126模式”。“1”就是“一个机制”，即建立全市统一联动的工作机制。成立南昌市职业技能提升领导小组，加强组织领导，树立全市上下“一盘棋”的思想。“2”就是“两级推动”，即市级层面和县区层面一并部署推进。做到市级、县区级同步推进、同步谋划、同步落实，实现目标共聚、信息共通、资源共享。“6”就是“六步工作法”，即按“谁组织、谁负责”的原则建立培训管理体系，以“流程统一、要求统一、标准统一”为目标，创新建立“开班申请（备案）—组织实施—巡查抽查—考核鉴定—台账检验—资金核拨”的“六步法”工作流程。

二、锁定目标，“六稳”“六保”护航有力

分层次开展企业新型学徒制培训，南昌市部署了各重点企业开展企业新型学徒制培训，突破了企业职工缺乏系统学习的技能瓶颈，构建了以职业实践为主线，以项目

课程为主体的模块化专业体系，实现了企业职工理论知识和专业技能知识的“双提升”。2021 年，全市申请开展企业新型学徒制培训 1 720 人，其中中级工 1 255 人，高级工 465 人，拨付资金 293.8 万元；对 2020 年 17 家开展企业新型学徒制培训的 821 人进行了决算，其中中级工 641 人，高级工 180 人，拨付资金 228.9 万元；累计拨付资金 522.7 万元。

三、聚焦重点，促就业助发展齐头并进

根据职业技能提升相关文件，全市重点群体的就业创业培训有序推进。

一是就业技能培训提升就业竞争力。就业技能培训是消除劳动者无技能从业的重要措施，针对就业困难人员、农村转移劳动力、退捕渔民、年度毕业生开展就业技能培训是近年来各县区促进就业、就业扶贫的重要手段。2021 年，全市共开展各类就业技能培训 3.65 万人次，拨付补贴 2 299.44 万元。

二是企业职工技能提升培训保障企业生产效能大提升。技能提升培训是企业重视人才培养、提升企业生产效能的重要措施。通过培训提升了企业员工素质和职工劳动技能，促进了企业生产转变，为企业发展升级提供人才保障。2021 年，全市共开展各类企业职业技能提升培训 3.7 万人次，拨付补贴 3 087 万元。

点评：南昌市组织开展职业技能提升行动，交出了良好成绩单，主要得益于以下几点：一是有完备的顶层设计；二是有“126 模式”的系统推动；三是突出重点项目和重点人群的培训，如企业新型学徒制培训，就业困难人员、农村转移劳动力、退捕渔民、年度毕业生等重点人群以及企业员工的培训。

宜春市：提升技能水平　激发人才活力
为高质量跨越式发展赋能

2019 年以来，宜春市以实施职业技能提升行动为契机，积极构建面向城乡全体劳动

者的终身职业技能培训制度，持续深入开展各类补贴性职业技能培训，全面提升劳动者就业创业能力，有效缓解就业结构性矛盾，为全市经济高质量跨越式发展提供强有力的技能人才支撑。三年来，全市累计开展各类补贴性职业技能培训 33.2 万人次，使用专账资金 2.1 亿元。

一、健全机制、完善政策，“三个到位”确保高位启动

一是组织领导到位。成立职业技能提升行动协调工作领导小组，由分管市领导任组长，市人力资源社会保障局局长任副组长，各相关市直单位分管领导为成员，对全市职业技能提升行动进行统一调度指挥。同时指导各县市区相应建立协调工作领导小组，在市县两级构建一体化领导工作机制。

二是政策制定到位。建立完善“1+N”政策体系，即以一个总体方案为引领：以市政府名义下发《宜春市推进职业技能提升行动实施方案（2019—2021 年）》，为全市职技能提升行动制定蓝图、指明方向；若干配套政策为补充：先后出台《关于进一步落实以工代训政策的通知》《关于支持企业一线职工参加岗位练兵和技能竞赛活动的通知》《关于全面推行企业新型学徒制的通知》《关于进一步加强市本级职业技能提升行动资金使用监管工作的通知》等 4 个配套文件，进一步明确各类职业技能培训补贴标准，完善政策支持体系，细化工作业务流程。

三是政策宣传到位。组织开展职业技能提升行动服务周活动，面向企业、院校、培训机构、劳动者集中宣传解读技能提升行动等政策内容；深入企业、院校、培训机构，专题宣讲职业技能提升行动各项惠企政策；制定《宜春市职业技能提升行动宣传手册》《宜春市就业扶贫职业培训工种目录一览表》，开设“职业技能提升行动”专栏，制作宜春市职业技能提升培训政策指南动态宣传微信页面，分类制定企业版、劳动者版提升行动宣传“政策包”。

二、精心组织、加强引导，“三个加强”确保有力推进

一是加强工作调度。成立职业技能提升行动领导小组工作专班，建立市直单位、县市区提升行动联络工作机制，定期深入县市区、企业开展职业技能提升行动工作调研，

落实“周报告、月调度”工作制度；以市政府督查室名义，对进度落后的县市区进行督办。

二是加强业务指导。制定职业技能培训操作流程和企业职工参加岗位练兵、技能竞赛活动流程，加大对各县市区和“三区”提升行动各项工作的调研和指导，推动职业技能培训工作有序规范开展。

三是加大培训供给。发挥技工院校“训育并举”作用，支持规模以上企业或吸纳就业人数较多的企业设立职工培训中心和实训基地，支持企业设立高技能人才培训基地和技能大师工作室，不断强化培训供给。全市技工院校达到8所，建成国家级高技能人才培训基地2家，省级高技能人才培训基地4家，省级技能大师工作室4家，市级技能大师工作室48家，各类民办职业培训机构140家，年培训规模达8万人次。

三、围绕需求、精准施策，“三个紧盯”确保落地见效

一是紧盯产业发展需求，大规模开展企业职工岗位技能培训。围绕“产业兴市、工业强市”战略，把职业技能培训融入全市产业发展大局，紧盯锂电新能源、新材料、生物医药、机电装备制造等主导产业需求，全方位提升企业职工岗位技能。围绕现代企业发展技能人才需求，积极搭建校企合作桥梁，大力推行企业新型学徒制培训。支持重点行业产业企业根据用工需求和稳岗需要，开展以工代训。三年来，全市开展企业职工岗位技能培训17.8万人次，拨付职业培训补贴1.3亿元。其中，企业新型学徒制培训2 138人次，拨付职业培训补贴401.9万元；开展以工代训7.5万人，拨付补贴资金8 815.6万元，惠及企业1 126家。

二是紧盯重点群体就业需求，大规模开展就业技能培训。以就业需求为导向，面向城乡贫困劳动力、符合条件的高校毕业生、城乡未继续升学的初高中应届毕业生、农村转移就业劳动者、城镇登记失业人员等就业重点群体，持续开展就业技能培训。围绕乡村振兴战略，实施新型职业农民培养工程和农村实用人才带头人素质提升计划，开展职业农民技能培训。三年来，全市针对就业重点群体开展就业技能培训9.6万人次，拨付职业培训补贴4 166.9万元。

三是紧盯创新创业需求，大规模开展创业培训。以高等学校、职业院校毕业生、农村转移就业劳动者、失业人员等群体为重点，实施创业培训“马兰花计划”，举办2期创业培训（SYB）师资培训班和1期宜春学院创业培训（SYB）讲师师资提升专场训练营活动，大力支持“互联网+职业技能培训”，扩大创业培训覆盖面。三年来，全市针对就业重点群体开展创业培训5.81万人次，拨付职业培训补贴3 988.9万元。

点评：宜春市职业技能提升行动工作主要特色为：一是政策完善，制定完善《宜春市推进职业技能提升行动实施方案（2019—2021年）》及相关配套文件组成的“1+N”政策体系；二是组织有力，成立职业技能提升行动协调工作领导小组，严格落实“周报告、月调度”工作制度，及时进行未完成进度督办，加强培训业务指导；三是宣传到位，通过多种方式和渠道广泛开展技能提升行动政策宣传解读。

丰城市：“量体裁衣”搞培训 “多点开花”促就业

技能培训是推动就业的加速器，近年来，丰城市立足群众需求，统筹培训资源，实施精准培训，大力开展家政服务员、育婴员、中式面点师、西式面点师、茶艺师、电脑基础技能、游泳救生员、美容化妆以及创业（包括电子商务、网络创业培训）等不同职业（工种）的培训，通过就业部门、定点培训机构及职业院校的共同努力，为劳动者“量体裁衣”，全力提升其就业创业技能，让越来越多的劳动者通过培训活动学习知识、掌握技能，走上了更宽广、更美好的人生道路。

一、因人施策，精准掌握需求

以“应培尽培、能培尽培”为目标，对全市劳动力的技能情况和就业培训意愿进行摸底，全面掌握培训需求，同时广泛宣传培训政策和培训项目，引导有培训需求的劳动力参加适合自身特点的培训项目，确保有培训意愿的劳动力全部参加培训，帮助劳动力提升就业创业技能，促进实现灵活就业、创业。

二、因类施策，精准制定菜单

市就业主管部门积极探索技能培训新模式，由“政府配菜”向“群众点菜”转变，将“群众需要什么、政府培训什么”作为工作的出发点，开展多渠道、多层次、多形式的技能培训，从而增强就业技能培训的针对性和实效性。丰城市以职业院校、技工学校、培训机构、企业培训为主体，统筹全市各类培训资源，引进了 15 家培训机构，根据产业发展实际和劳动者自身条件，精心设置企业岗前培训和创业培训，开展电商、特色种养、中西式面点、育婴员、家政服务和计算机操作等技能培训。

三、因需施策，精准提供服务

依托园区企业、扶贫车间、产业基地、电商创业园，开展面对面、手把手教学培训；围绕家政市场需求和妇女从业实际，精心设置育婴员、家政服务员等内容。为方便学员参训，将技能培训课堂搬到田间地头、扶贫车间、生产车间、职业院校，使技能培训更接地气、更具实效。在培训过程中，劳动者一边免费学习技能，享受生活费补贴，一边接受就业主管部门提供的职业能力测评、职业指导等服务。对有本地就业意愿的劳动者，通过举办专场招聘会对接园区企业、扶贫车间和产业基地等就业平台，积极为其对接合适的就业岗位。对有创业意愿的劳动者，为其提供创业项目指导、创业贷款等相关政策咨询和扶持。

2021 年以来，丰城市累计开展企业职工岗位技能培训、岗前培训 1 890 人次，就业技能培训 2 584 人次，创业培训 2 139 人次，培训后就业率达 52.7%。

点评：职业技能培训能否得到社会劳动者的欢迎，关键在于是否根据劳动者需求设计培训项目以及培训后推荐就业岗位。在这方面，丰城市进行了有益的尝试，以“群众需要什么、政府培训什么”作为工作的出发点，将技能培训课堂搬到田间地头、扶贫车间、生产车间等，并为受训学员提供职业能力测评、职业指导和对接就业岗位等服务，使技能培训更接地气、更具实效。

山东

青岛市：立足实际　探索创新
推动新就业形态技能提升试点深入实施

2019年以来，青岛市对职业培训生态体系进行了重塑和完善，突出制度创新，突出市场化思维，突出信息化管理，推动职业技能提升行动深入开展。

新就业形态技能提升和就业促进项目试点工作是职业技能提升行动对接新业态发展的又一次创新突破，青岛市结合本市培训工作实际，探索创新，深入推进试点工作，指导试点企业开展就业重点群体新就业形态技能提升培训近2万人次，为职业技能提升行动再添助力，进一步促进重点群体稳定就业和经济高质量发展。

一、提高站位，顶格协调，做实前期准备工作

随着新业态的迅猛发展，新就业形态成为当前重点群体实现就业的重要形式，在新冠肺炎疫情形势下，开展新就业形态技能提升和就业促进项目试点工作是落实稳就业、保居民就业的重要举措。在充分认识试点工作重要意义的基础上，青岛市进一步提高政治站位，将试点工作作为落实“六稳”“六保”任务的重要举措，积极主动开展各项准备工作。在没有相关经验可借鉴的情况下，充分调研新就业形态特点和人员培训需求，在培训范围、补贴条件、培训管理等方面进行了探索创新。分别与试点企业多次深入对接磋商，并会同财政等相关部门与试点企业召开了专题座谈会，就培训人员范围、补贴条件等方面达成共识。在此基础上，结合青岛市现有培训政策体系，出台了《关于支持试点企业开展新就业形态岗位技能培训的通知》，为试点工作的顺利实施奠定基础。

二、立足实际，创新突破，提高培训的针对性

一是突破传统培训补贴范围条件。根据新就业形态特点，突破现有传统就业模式的企业职工培训补贴政策要求企业与劳动者签订劳动合同并缴纳社会保险的限制，将与试点企业未建立劳动关系但通过企业平台提供服务、获取劳动报酬的新就业形态就业的重点群体纳入培训补贴范围。按照试点方案要求，结合《人力资源社会保障部办公厅 财政部办公厅关于做好职业技能提升行动专账资金使用管理工作的通知》规定，与财政部门对接确定培训人员范围为未签订劳动合同缴纳城镇职工社会保险的贫困家庭子女、贫困劳动力、城乡未继续升学的初高中、农村转移就业劳动者、下岗失业人员和转岗职工、退役军人、残疾人、毕业年度高校毕业生和离校 2 年内未就业高校毕业生（含技师学院）等就业重点群体。同时，将参训人员通过平台获得的月收入作为试点企业申领补贴条件之一，要求“试点企业申领培训补贴的上一个月，参训人员在青岛地区通过企业平台提供服务获取的月收入超过青岛市现行最低工资标准”，企业申领培训补贴时需提供相关收入证明材料，以此促进企业吸纳参训人员实现新就业形态就业。

二是创新培训组织管理。根据新就业形态培训实际特点，要求企业在参训人员培训开始 10 个工作日内，通过青岛市人力资源社会保障局官网进行培训信息登记，上传培训方案和培训人员相关信息。培训实行实名制管理，培训内容由试点企业根据岗位技能需求自主确定，培训课时不少于 20 课时。试点企业可以通过自建线上培训平台、App 或所属培训机构开展培训，可采取线上或线下的方式实施，线上培训确保有签到注册、有学习记录、有答疑测试，培训过程要可查询、可追溯。鼓励试点企业开发了具有特色的专业知识课程，并将劳动者权益保护、交通安全、职业伤害预防、疫病防控、城市文明礼仪等方面的知识纳入培训内容，进一步提高试点企业新就业形态劳动者的综合素质能力。培训课程结业考核后，由企业发放相应课程培训合格证明，确保培训质量和实效。

三是优化补贴申领流程。为进一步提升服务效能，培训人员条件采取信息数据比对，实现“全程网办”“零跑腿”，培训补贴申领采取全程网办，试点企业根据培训合格且符合相应条件的人数，通过线上提出培训补贴申请，采取集中导入的方式，提交人员培训信息、申领补贴的上一个月参训人员依托企业平台在青岛地区提供服务的接单数量和获取的

月收入等相关材料，符合条件的人员按规定给予试点企业培训补贴，进一步提高补贴申领便利性。

三、聚焦实效，全力推进，确保试点任务成效

按照试点方案要求，聚焦试点项目实效，全力推进试点工作具体实施。

一是加大政策宣传发动。以人力资源社会保障部组织的试点工作推进会暨试点签约仪式为契机，充分做好新就业形态岗位技能培训宣传和发动工作，通过各类媒体宣传，鼓励就业重点群体积极参加新就业形态岗位技能培训，提高技能水平和稳定就业能力。另外，对接试点企业，鼓励企业建立培训激励机制，对培训合格后通过平台实现新就业形态就业的劳动者，试点企业给予适当的奖补，提升人员的培训积极性。

二是加强培训工作督导。督导试点企业进一步完善培训方案和培训信息登记工作，规范培训行为，确保培训效果。指导企业加强培训相关档案材料的管理，完善线上培训平台相关功能，确保培训信息可查询、培训过程有管理、培训质量可追溯。

三是强化补贴资金监管。严格落实补贴申领拨付流程，加强补贴条件的审核，提高资金使用效益，推动试点任务顺利实施，确保试点有实效出成果。

2021 年，青岛市积极申报纳入扩大试点工作，在 2020 年试点经验的基础上，进一步扩大培训人员范围，扩大试点企业范围，扩大培训工种范围，优化补贴操作流程，确保新就业形态岗位技能提升培训试点取得实效，形成可借鉴推广的“青岛模式”。

点评： 新就业形态岗位技能培训是职业技能提升行动中进一步扩大培训对象范围的一个很好的试点，具体工作中将试点企业里未建立劳动关系但通过企业平台提供服务、获取劳动报酬的新就业形态就业的特殊重点群体纳入培训补贴范围，也是用足国家政策资金的一个亮点；同时进一步扩大试点企业范围，扩大培训工种范围、技能等级层次，采用信息化手段优化补贴操作流程，新就业形态岗位技能提升培训在青岛市取得实效，形成新做法、新经验。

威海市：聚焦需求 精准发力 倾心打造“乡村人才振兴”威海特色培训品牌

乡村振兴关键在人才。大力实施职业技能提升行动以来，威海市认真贯彻落实省委省政府关于打造“乡村振兴齐鲁样板”的决策部署，牢牢抓住“人才”这一关键点，聚焦乡村振兴样板片区建设需要，充分发挥职业技能提升行动在促进乡村人才振兴方面的撬动引领作用，在稳步推进常规性农村实用技能培训的同时，创新开展了“乡村振兴专家大讲堂”“威海鲁菜师傅”助力乡村振兴工程、“乡村振兴技能培训直通车”等专项培训活动，着力打造独具特色的“乡村人才振兴”培训品牌，充分激发了本土人才“存量”潜能，发挥了外来人才“增量”作用，为实施乡村振兴战略提供了强有力的人才培养支撑。

一、立足“高端把脉”，创新开办“乡村振兴专家大讲堂”

“乡村振兴专家大讲堂”是威海市人力资源社会保障部门精心打造的高端培训和专家服务品牌，也是为各级乡村振兴主体和广大参与者量身定制的理念创新、机制创新、科技创新和能力提升的强大平台。实施职业技能提升行动以来，威海市人力资源社会保障局围绕调研摸底情况和培训对象需求，先后邀请中国工程院院士、海归博士、外国专家和清华大学、中国人民大学、中国政法大学、山东大学、华中农业大学、京东电商、凤岐茶社、中国工程焊接协会的35位专家，主讲了“互联网赋能乡村振兴”“人才支撑乡村振兴”“互联网农业”“三农发展与农产品质量”“巾帼创客电子商务”“乡村特色旅游”“威海鲁菜师傅”等8个专家大讲堂，并通过专家实地考察、主旨演讲、项目推介交流、专家把脉问诊和现场实操培训指导等形式，共培训全市80个样板片区（田园综合体）的负责人以及涉农企业（园区）、家庭农场和农民专业合作社经营管理者、新型职业农民和农村妇女2 100余人，每期都有几十甚至上百人自发参训。特别是连续两年邀请京东、淘宝、拼多多特邀电商专家，为全市乡村一线创业就业者授课，受到参训者热烈欢迎和高度好评。威海极北茶叶有限公司的刘涛经理高兴地说："我从事茶叶种植已经16年了，以前的销售方式比较传统和单一。今天听了专家老师的讲课，受益匪浅，我意识到了商品线上线下同步销售的重要性。下一步，将尝试通过抖音、快手直播等更加灵活的线上销售方式，进一步打开产品的销路。"

二、立足"品牌引领"，创新开展"威海鲁菜师傅"助力乡村振兴工程

为更好落实国家职业技能提升行动中的农村劳动者转移就业、农村实用人才技能提升计划等部署要求，落实好乡村人才振兴重点任务，在组团学习广东省"粤菜师傅"技能培训经验的基础上，研究印发了《"威海鲁菜师傅"助力乡村振兴工程实施方案》，在全省率先开展"鲁菜师傅"技能提升培训工程，实施"威海鲁菜师傅"培育行动、职业发展行动、就业创业行动"三大行动计划"，并结合威海市职业技能提升行动，加大威海特色菜烹调和特色面点制作等专项职业能力开发，重点对接里口山、石岛等乡村旅游或渔家风情片区农（渔）家乐、民俗旅游一体店等，加大中式面点师、中式烹调师等职业的技能培训力度，通过开展烹饪技能培训和竞赛等活动，着力打造一批"威海鲁菜师傅"示范店、特色店，全面提升威海鲁菜烹调和面点制作技能人才培养能力，促进城乡劳动者技能就业、技能创业和技能致富。里口山近郊休闲样板片区"好客人家"农家乐23号的姜爱芹是第一期"威海鲁菜师傅"培训班成员，本来只是抱着试一试的心态参加培训，但培训过后表示："培训下来，发现以前经营农家乐的经验是远远不够的，要让菜品花样更丰富，口味更好，农家乐才能办得红红火火。这次培训让我学到了不少好东西，以后再有这种培训千万要告知我。"截止到职业技能提升三年行动期末，全市已组织开展"威海鲁菜师傅"培训超1万人次。

三、立足"基层提升"，创新开通"乡村振兴技能培训直通车"

围绕实施乡村振兴战略和脱贫攻坚工程，针对农村居民和贫困人口就业创业愿望，积极对接市、县、镇三级样板片区，设立了20个培训基地和培训点，把开展"乡村振兴技能培训直通车""精准扶贫培训直通车"等专项活动作为实施职业技能提升行动的创新内容，对参训居民不设年龄限制，免费开展乡村旅游、养老护理、母婴护理、胶东

花饽饽、农业技术等实用就业创业技能培训。2019年以来，累计开展农村居民和贫困人口培训275批次，共计1.2万人次，组织举办胶东花饽饽、创意农家宴等地方特色浓郁的农民技能大赛两场。比如，在临港区汪疃镇打造的威海胶东花饽饽培训基地，常年邀请胶东花饽饽面食技艺协会带头人于日芬为特邀讲师，每年为农村妇女和贫困人口开展花饽饽和特色面点培训20余期、1 200余人参训，培养的徒弟实现成功创业100余家。威海市打造的“乡村振兴培训直通车”活动品牌，受到新华社记者关注并持续报道，实地采访并撰写《山东威海：村里开来乡村振兴技能培训直通车》《开到村口的“乡村振兴技能培训直通车”》，稿件点击量突破300万人次，并先后被农民日报、人民网、央广网、中国扶贫在线等57家国家及地方媒体转载，有力提升了威海市乡村人才振兴的知名度和影响力。

威海市在大力实施职业技能提升行动中创新打造的“乡村人才培训”特色品牌之所以深受农村基层的欢迎，主要突出以下三个特点：

一是培训需求了解清、摸得准。威海市人力资源社会保障部门每年都通过实地调研、座谈交流、问卷调查等方式面向全市80个乡村振兴样板片区（田园综合体）进行全面摸底调研，并先后两次赴浙江乌镇对凤岐茶社云上农业、智慧农业发展模式进行调研对接，精准了解乡村振兴样板片区（田园综合体）及农业企业对人才、技术、项目和培训的需求信息，为精准开展“乡村振兴大讲堂”培训活动夯实了基础。

二是邀请专家层次高、针对性强。针对前期调研汇总情况，围绕培训需求，发挥国家和省级专家资源优势，有针对性地邀请国内外专家，把专家讲座、实战培训与现场考察、专家问诊、合作交流、一对一指导等相结合，培训内容丰富、理论与实践紧密结合，培训和指导范围涵盖了果树栽培、蔬菜种植、中药材种植、土壤改良、海水养殖、农产品深加工、乡村旅游、电子商务等在内的我市乡村振兴产业重点领域，受到基层一线培训对象的广泛欢迎。

三是培训内容接地气、实战性强。参训学员们纷纷表示，邀请专家讲授水平高、授课内容丰富、案例接地气，具有较强的针对性、指导性和启发性，在思想上有了新认识，理念上有了新转变，视野上有了新拓展，能力上有了新提升，做到了振兴要什么就讲什么、人才缺什么就补什么。威海神山葡萄科技有限公司总经理感慨道：“通过培训学习了新的思维方式和新的销售模式，让我们受益匪浅。下一步公司将结合培训学习内容，与授课专家搞好对接指导，在产品介绍、包装文化上体现与众不同的卖点，进一步借助互联网，将产品更好更快地卖给消费者、卖向全国。”乳山市大孤山镇上刘家村农产品销售以花生、苹果等农产品为主，通过培训学到了“私人定制”这个关键点，培训后将针对客户需求，开发新的销售模式，把全村的农副产品推向更广阔的市场。目前，该村已成功开展绿色农产品种植认养项目，共被“私人定制”认养花生、烟薯、小麦等农产品42亩、苹果60余棵，客户群涉及北京、上海、安徽等地，村集体收入年新增4万余元。

点评： 威海市职业技能提升行动工作的着力点是技能助力产业振兴和劳动者增收。聚焦市、县、镇三级乡村振兴样板区建设需要，威海市因地制宜开设了常规性农村实用技能培训，同时创新开展了“乡村振兴专家大讲堂”“威海鲁菜师傅”“乡村振兴技能培训直通车”等地方特色专项活动。培训工作亮点在于，既有开眼界长知识的专家大讲堂，也有特色技能的“威海鲁菜师傅”培训，更有接地气的胶东花饽饽培训、果树栽培、蔬菜种植、中药材种植、土壤改良、海水养殖、农产品深加工、乡村旅游、电子商务等培训。

河南

安阳市内黄县：弘扬工匠精神
打造“人人持证、技能河南”建设高地

安阳市内黄县大力弘扬精益求精的工匠精神，全力打造“人人持证、技能河南”建设高地，为全面建设新时代富强文明平安美丽新内黄提供强有力的产业人才支撑。

一、坚持高位推动，凝聚工作合力

制定了内黄县“人人持证，技能河南”建设工作方案，成立了以书记、县长为组长，各成员单位正职为成员的领导小组。县人力资源社会保障局实行“一把手”负责制，对“人人持证、技能河南”工作亲自抓、负总责，成立专班，局党组成员任小组组长，业务骨干为成员，在人、财、物方面予以全力保障，确保工作落实到位。

二、坚持工作创新，扩大培训规模

一是突出特色，打造康养培训品牌。实行“以市场为导向、以管理为基础、以技能为核心，以就业为根本”的培训理念，锐意改革创新，探索人才培养新模式，围绕服务内黄县康养产业发展，培养一批新型康养专业人才，为内黄县建设成康养综合功能区做出新贡献。已通过翔宇医疗企业自主认证高级技师 112 人，中高级技能人才 400 人，为翔宇医疗公司在冲击波、磁疗等 37 项技术领域做出突出贡献，并参与或主持国家重点研发计划 4 项。

二是突出重点，助力陶瓷产业升级。针对企业反映的产业升级所需技能人才培养需求，结合实际，创新形式，实行“线上＋线下”相结合的模式，大力开展企业新录用人员岗前技能培训，通过加大政策宣传，落实政策补贴等方式，激发学员的学习主动性，

使培训效果在有限的时间内达到最优化。目前，正在帮助陶瓷企业成功申报企业评价鉴定中心，为内黄县陶瓷产业全部企业人员技能评价工作打下坚实基础。

三是依托温棚瓜菜产业，订单培训惠群众。由乡镇人力资源社会保障所摸底排查，了解群众技能培训需求，大力开展精准职业技能培训。采用定点培训与培训下乡、订单培训与大众培训、农闲白天培训相结合的多样化培训形式，设置电商、糕点制作、家政服务等热门实用技术培训课程，切实提升职业技能培训实效。例如，依托梁庄镇冯庄村股份经济合作社 1 400 亩温棚产业优势，对广大种植户开展专项种植培训，提升种植户技术水平，为农民增收提供有力保障。

三、加强培训督导，提升培训质量

加强对各民办职业培训学校的督导，抽调专班和局纪检监察室人员一并对培训过程全方位监督。

一是加强事前督促协调，疏通培训堵点。人力资源社会保障局培训专班人员对各乡镇、各培训机构场地和疫情防控措施，在培训前进行逐一摸排，对培训可能遇到的师资等困难进行协调解决，确保培训顺利进行。

二是做好事中监管指导，提升培训质量。对已经开展的培训，除进行视频监管外，还实地听课，对培训质量进行评分，对培训中存在的问题一一指导，并要求企业和培训机构限期整改，提升培训质量。

三是强化事后回访检查，增加劳动者培训满意度。针对已结束的培训，通过现场和电话回访方式了解劳动者培训效果和满意度，针对他们提出的问题进行不断提升和改进，确保培训的时效性和实用性。

点评：落实“人人持证，技能河南”要求，内黄县培训工作开展广泛，一个季度培训 1 万多人。在扩面的同时，抓好培训质量，特别是实施对民办培训机构的监管，组织专班和纪检人员实施监督，加强事前督促协调，做好事中监管指导，强化事后回访检查，保障培训质量。

焦作市：规范电子培训券使用 助力精准培训

焦作市作为依托电子社保卡平台发放电子培训券开展职业技能培训第一批试点地市，自试点工作开展以来，坚持试点先行、稳步推进，在全省率先探索全区域、全项目推广，形成了“市—县—校”三级推广体系，有效推进了职业技能提升行动的开展。

一、试点先行，完善系统衔接

自被确定为试点后，焦作市确定了焦作技师学院、焦煤（集团）高级技工学校、方盈职业培训学校、时代职业培训学校及部分企业代表参与电子培训券的试运行工作，并成功下发了第一批企业培训、技能培训的电子培训券。为拓宽领券渠道，焦作市电子政务中心积极协调，与平台对接电子社保卡端口，并在焦作人社微信公众号、“焦”我办App等多个渠道投放使用，确保参训用户和培训机构便捷利用电子社保卡实现个人领取与使用、培训机构登记与验证。2020年年底，全市共发放电子培训券1 060张，占全省发券量的44.6%，位居全省第一。

二、稳步推进，扩大发券范围

2021年3月，为进一步巩固电子培训券试点成果，促进全市职业培训正规化、有序化开展，印发了《关于在我市推广职业技能电子培训券的通知》，率先在全省全面推广职业培训券。为确保全面推广落到实处，分别组织县（市、区）人力资源社会保障部门、职业培训机构和企业等召开10余场次业务培训会，指导各县（市、区）人力资源社会保障部门精准发券，加强发放对象的普惠性及针对性。此外，焦作市在支持现有各类线下职业技能培训的基础上，积极探索职业培训券多种用券模式及适用场景，面向线上职业技能培训发放电子培训券，真正做到了区域、机构、项目全覆盖。

三、加强宣传，营造良好氛围

为拓宽政策知晓面，营造“政府＋学校＋劳动者”共同监管的氛围，在各街道、社区等合适的位置悬挂宣传横幅；在各职业培训学校、社区宣传栏、公交站牌等公众聚集区域位置张贴宣传海报；组织职业培训机构开展现场宣传活动，宣传电子培训券基础知识，惠民领取电子券的相关程序，引导群众现场申领电子培训券并报名参加培训。通过宣传使广大群众真正了解和掌握如何领取和使用职业技能电子培训券，最大限度激发广大劳动者学习技能，促进技能提升培训工作提质增效，实现从“培训机构找人”到“人找培训机构”的重大转变，有效推动了焦作市“人人持证、技能河南”建设。

点评：电子培训券作为劳动者免垫付便捷享受职业技能培训服务的载体，可以调动劳动者参加职业技能培训的积极性。焦作市作为电子培训券首批试点地区之一，积极作为，通过在焦作市人力资源社会保障微信公众号、“焦”我办 App 等多个渠道投放使用电子培训券，确保参训用户和培训机构便捷利用电子社保卡实现个人领取与使用、培训机构登记与验证。同时，积极探索电子培训券多种用券模式及适用场景，面向线上职业技能培训发放使用电子培训券，真正做到了区域、机构、项目全覆盖，实现了试点工作的预期目标。

许昌市：实施企业新型学徒制“四个一”工程
推动工业产业提质升级

许昌市创新“人才强市”“就业优先”“工业兴市”战略路径，组建工作专班，突出高端培训、专项培训、精准培训和特色培训，实施企业新型学徒制“四个一”工程，即全市人力资源社会保障部门成立 10 个工作组，实地走访 1 000 家以上企业，开展 100 家以上企业培训，每家不少于 100 名职工参加学徒培养。截止到 2021 年年底，全市共组织 117 家大中型企业 1.2 万名职工参加了企业新型学徒制培训，持续打造许昌工业制造技能人才品牌。

一、瞄准产业需求，打造培育链条

坚持技能人才培养服务制造业高质量发展主攻方向，结合许昌市“633”工业发展体系和4个千亿级产业集群，对装备制造、节能环保、新材料、新一代信息技术等重点产业发展需求，构建“政府引导、企业为主、院校参与”培育链条。市县两级财政优化资金支出，每年筹措整合各类资金1 000万元用于支持企业新型学徒制培训，组建10个工作组定期深入走访企业，了解企业培训需求，“一企一策”建立动态工作台账，并根据企业需求，从人员招聘、推荐就业、岗前培训、技能提升、待遇落实等方面，提供订单式、全链条终身培训服务。

二、强化供需对接，创新培训模式

加大培训供给，整合全市培训资源，建立培训服务“菜单”，根据企业岗位实际和职业（工种）分类，灵活运用“一企多班”“一企一班”或“多企一班”多种形式，指导企业与职工、院校签订培养协议。引导培训机构加大投资力度，更新实操设备，保证技能方面的实用性、先进性，做到培训教学设施与企业生产实际相适应。坚持“走出去、请进来”，聘请熟悉现代化企业的生产技术、生产工艺和流程的企业技师、高级技师和工程师任教，不断更新理念，创新教学方法。把握学员特性，根据岗位需要，制订个性化培训计划。有效对接需求，结合企业技能人才需求和生产情况，采取集中授课、上岗实习、实践参观，远程教学，“互联网 + 培训”、职工技能竞赛、邀请名师工匠讲解等灵活多样的培训方式，把培训办到实训基地、操作车间，把培训服务送到每个企业职工手中，有效缓解工学矛盾。全面推行“招工即招生、入企即入校、企校双师联合培养”制度，实现效应叠加、优势互补，如瑞贝卡集团联合技工学校开展制品加工企业新型学徒培养，累计培养1 561人，工艺水平得到有效提高。

三、深化产教融合，打造技能品牌

深入贯彻推进“人人持证、技能河南”建设工作，持续打造工业制造技能人才品牌。强化激励措施，推行培养和评价“双结合”，建立技能导向激励机制，实行民营企业技能人才职业技能等级与工资水平挂钩制度，对完成学徒培训并取得相应资格证书的职工晋升职级并落实工资待遇。全市已有西继迅达、远东传动等 29 家民营企业相继出台了相关激励政策，进一步激发了企业职工参与学徒培训的积极性和主动性。完善实操体系，采取“企校双制、工学一体”，通过学徒培训，一方面提高了职工对职业道德、安全生产的认识以及熟练操作能力，提高了工作效率；另一方面，规范了企业管理，减轻企业负担，提高生产效率和产品质量。如森源集团学徒将学到的知识运用到生产中，完成了多项技术革新和项目攻关设计，已制作了 4 套、改进了 2 套机器人抓手，改进试制了安装梁冲孔模具、充气柜工装底座、接地开关安装工装等，累计为企业节约成本 300 余万元。

点评： 许昌市人力资源社会保障局定期深入企业调研，了解企业培训需求，提供订单式、全链条终身培训服务，整合全市培训资源，建立培训服务“菜单”，有效对接需求。采取集中授课、上岗实习、实践参观、远程教学、“互联网 + 培训”、职工技能竞赛、邀请名师工匠讲解等灵活多样的培训方式。强化激励措施，推行培养和评价“双结合”，建立技能导向激励机制，实行民营企业技能人才职业技能等级与工资水平挂钩制度，对完成企业新型学徒制培训并取得相应职业资格证书的工人晋升职级并落实工资待遇，在培训方式和激励机制上值得肯定。

湖北

荆门市：职业培训提技能　惠企利民助发展

“在疫后重振的关键时期，我们急需一批掌握电工知识和技能的操作工，人社部门了解情况后迅速启动‘三进三送’行动，组织工作人员进园区、进企业、进社区，为企业和劳动者‘送政策、送培训、送岗位’，几天后电子电工免费培训班开班，公司组织372人参加培训，员工在上岗、转岗前接受了线路板工艺流程、安装等方面的系统学习，这场培训‘及时雨’让我们的生产用工得到有效保障。”荆门弘毅电子科技有限公司人力资源部部长张玉蓉说。

“三进三送”是荆门市大力实施职业技能提升行动质量年活动的一个缩影。近年来，荆门市人力资源社会保障局紧密围绕全市经济社会发展需要，精准对焦企业所需所盼，靶向式开展职业技能培训，致力打造懂技术、会创新、能奉献的“荆工巧匠”，全力助力企业战疫情、稳岗位、保生产，帮助劳动者能就业、快就业、就好业，达到了以训提能、以训稳岗、以训纾困的良好成效。

一、聚焦产业需求，培训动能强劲释放

荆门技师学院院长介绍，长城汽车荆门项目是全市工业振兴的重要支撑性项目，为服务企业生产线建设、加快投产达产，学院主动上门对接企业需求，专门定制培养协议，正在组织冲压、焊装、涂装、总装等生产车间员工申报培训1 300人，全力保障汽车产业链技能人才需求。

荆门市人力资源社会保障部门深入开展“543”靶向培训工程，突出“五类”重点培训，实施“四单”定制培养，创优“三项”服务保障，引领技能劳动者向荆门十大产业集聚。针对“最缺工”的机械制造、电子信息、装配式建筑、服装生产、家政服务五

大行业，开办电气自动化、数控加工、焊工、养老护理员、育婴员等技能培训班，采取企业下招工“订单”，培训机构出技能“菜单”，劳动者按需“点单”，政府出资“买单”的“四单”模式，组织荆门技师学院等20多家培训机构为全市100余家企业实施定制培养。截止到2021年年底，全市完成补贴性职业技能培训4.4万人次，支出培训资金4 700.2万元，位居全省前列。

通过党员干部下沉包联企业提供“点对点”服务、劳动就业服务机构（人力资源产业园）驻企“个性化”服务、补贴资金统筹调度“跟进式”服务，不断延伸就业、培训服务触角，帮助企业在“家门口”解决面临的人才培养、引进和招工等方面难题，政企校携手绘就人才引育用留“同心圆”，构建育才聚才“新高地”，已累计为产业园区输送各类人才近2万人次。

二、突出企业主体，培训道路越走越宽

在人工智能、机器换人的时代，很多企业都面临着员工技能提升、员工转岗和招用掌握新技术人员的现实问题。面对“新人难教、熟手难招”的困境，荆门市大胆“破局”技能人才培养模式，2016年在湖北省率先启动实施企业新型学徒制培训，充分发挥企业在人才培养中的主体作用。近年来组织荆门技师学院、钟祥市高级技工学校与30多家企业合作办学，在工业机器人应用与维护、电气自动化设备安装与维修、焊接加工、汽车维修等16专业，开设中级工班8个、高级工班17个、预备技师班9个，培训达到2 653人，按照每人每年不低于5 000元的标准给予培训补贴，累计投入近500万元。

“通过实施以工代训，我们公司获得职工生活补贴和工资补贴440多万元，稳住了员工‘饭碗’，提升了员工技能，让企业吃下了‘定心丸’，安‘薪’运转，真是‘雪中送炭’。”湖北亿纬动力有限公司赵宝玲说。

2020年以来，荆门市人力资源社会保障部门将以工代训作为支持全市复元重振、惠企利民、减负稳岗的重要政策举措，以企业为主体，充分利用自有场所和生产设备，让职工边工作边培训，组织发动全市275家企业职工参加以工代训，参训规模达3.63万人次，落实以工代训补贴3 122.2万元，稳定岗位3.5万个，全市规模企业缺工率下降至1.92%。

同时，为满足不同群体的培训需求，荆门市人力资源社会保障部门还开办了“云上技校”、打造了“空中课堂”，在湖北护工学徒制培训等项目中推出了电子培训券，通过依托电子社保卡线上渠道向参训人员发放职业培训券，消除了劳动者参训的成本负担和顾虑，调动了劳动者的参训积极性。

“请打开‘支付宝’的电子社保卡模块，领取面值 1 000 元的职业培训券，经培训平台核验后，刷脸签到打卡，开始线下培训……”在京山市就业训练中心教室内，京山市爱玛家家庭服务有限公司的 40 名员工拿起手机，报名参加为期 7 天的湖北护工基础班培训。参训学员胡俊在体验了职业培训券后，激动地说：“前几天，我申请了护工培训，直接在手机上申领了 1 000 元的电子培训券，根据自己时间安排选择好培训时间和地点，想去培训到现场一核验就可以了，真的很方便。”

三、强化基础能力，培训底盘加固升级

初冬暖阳下，荆门技师学院、钟祥市高级技工学校新校区工地一派繁忙景象，各项工程正在紧张有序地施工建设。

荆门市正着力打造以技师学院为龙头、重点企业为支撑、民培机构为纽带的技能人才培养新高地，计划投资 10 亿元、用地 1 000 亩迁建荆门技师学院，建设国家级高技能人才培训基地。2021 年 10 月，荆门技师学院新校区一期正式投入使用，未来将立足通航产业申办湖北通航职业技术学院。同时，支持钟祥市、京山市借力磷化工、长寿食品、文旅大健康等优势产业，建强湖北技能强省战略工程示范县、市，支持钟祥高级技工学校申创技师学院。

人才培养离不开平台建设。在荆门九尊食上酒店管理公司“尹东大工匠工作室”，湖北省首席技师尹东正在开展带徒传技教学活动。“我们工作室每年开展中式烹饪培训 300 余人次，已培养企业岗位技术能手、技能骨干 32 人，其中 5 人在湖北工匠杯等职业技能大赛上获奖。”尹东自豪地说。荆门市政府高度重视“大工匠”工作室建设，连续 5 年累计投入 300 万元，建成“大工匠”工作室 30 个，给予每个工作室 10 万元的资金扶持，如今大部分工作室成员都已成为全国技术能手、湖北省首席技师、湖北省技术能手和荆楚工匠。

荆门市还鼓励引导社会资本投入职业培训，开发形成了“京山月嫂”“钟祥豆腐郎”“荆楚家政妹”等服务乡村振兴的劳务品牌。在技能培训的推动下，劳动者们凭借技能实现了就业创业、增收致富，一张张洋溢着喜悦感、幸福感、自豪感的笑脸不断在荆门大地上涌现。“感谢人社部门推荐的技术培训，我参加缝纫技能培训后，就入职了湖北东林服装公司，现在每月收入 4 500 元左右。”钟祥市大柴湖经济开发区鱼池村村民全翠萍满意地说道。

技能是就业之基。在朝着“技能兴企、人才强市”目标迈进的道路上，荆门针对不同群体的技能培训需求和就业创业愿望，一条条惠企惠民的政策适时跟进，一项项技能培训的项目成效显著，帮助一个又一个怀揣技能成才、技能就业的人们圆了梦想，腾飞了希望。

点评： 荆门市着力围绕“技能兴企，人才强市”这个大目标进行布局发力，在“靶向培训”“发挥企业主体作用”、电子培训券资金保障和强化培训基础平台建设等方面想办法做文章，成效明显，既解企忧，又提升民技、民智，形成了人才兴旺、百姓增收、产业振兴的多赢局面。

宜昌市秭归县：以职业技能培训品牌创建为抓手开展“湖北护工”培训

2021 年，湖北省秭归县以强培训、促就业、保稳定为目标，以职业技能培训品牌创建为抓手，立足“我为群众办实事”，勇于思想破冰，开展“湖北护工”培训工作，在疫情防控期间，为持续有效巩固拓展脱贫攻坚成果、助力乡村振兴发挥了力量。

一、“三精”举措，领跑全省“湖北护工”培训工作

2021 年 9 月，秭归县积极组织培训工作，创下了全省第一个开班、全市第一个完成培训任务的佳绩。短短 3 个月时间，采取理论与实操相结合、线上和线下相结合、培训

和技能等级认定相结合等方式，共开展 11 个班次，培训合格 389 人，辐射 12 个乡镇，高标准、高效率、高质量完成了培训任务。

一是精准推荐培训机构。本县共有 8 家定点培训机构，为了准确定位，开展结合实际更强、学习内容更优、服务范围更广的培训，经过调研、推荐、评审，最终确定了一家长期开展家政服务培训、有丰富家政服务经验的定点培训机构——秭归县华航职校承担本次培训任务。

二是精心挑选师资队伍。为了提升培训质量，打造一支“湖北护工”专业队伍，向高精尖人才突破发展，把培训做实做强，培训机构主动对接，海量摸排，采取本地教师与高校教师相结合的方式，在全国 20 多家家政服务培训学校中，高薪聘请一支能开展高级育婴员和专业养老技能培训的师资团队，在培训实际授课中，融合共促、扬长避短，带领培训学员学理论、强实操，达到了人人懂理论、个个会操作的实际效果。

三是精致打造课程内容。根据“湖北护工”大纲要求，结合本县实际，实现技能多样化，给培训学员提供更多就业机会，秭归县华航职校拟定了育婴员、家政服务员、养老护理员等多个工种的培训计划，培训内容包括职业道德、基础知识、技能实际操作，操作时间占培训课程的 70%，培训内容丰富、培训过程规范、培训效果明显，寓教于乐，得到了广大学员的一致好评。

二、“二送”服务，强力巩固拓展脱贫攻坚成果

为了更好地落实政策，进一步巩固拓展脱贫攻坚成果，秭归县把培训搬到了田间地头，搬到了老百姓家门前，搬到了脱贫攻坚的最前沿，培训人群侧重于农村剩余劳动力和脱贫户，共计培训 310 人次，为巩固脱贫攻坚成果发挥了应有的作用。

一是送政策到人。“湖北护工”培训时间紧、任务重，为了让培训惠及更多人群，秭归县人力资源社会保障局和华航职校举全局全校之力，奔赴 12 个乡镇 8 个社区，县人力资源社会保障局利用系统公众号、政府门户网发布培训信息，华航定点培训机构采取“两进两入”即进街道进社区入村入户、微信朋友圈推介、发放宣传单宣传等方式，宣传培训政策及内容，大大提高了群众参训积极性，也吸引了外出务工人员回乡培训；对培训合格的就业困难人员和农村学员按规定给予生活补助，免费对其进行技能等级认定，

让培训学员得到满满的获得感，确保了培训的顺利进行。

二是送培训上门。考虑到农村剩余劳动力和脱贫户进城培训难，培训机构深化改革培训举措，将培训班办到村落，让培训学员就近培训，切实为培训学员“降成本”。

三是送服务到家。大山深处，重峦叠嶂。有的脱贫户居住离培训地点较远，为了确保培训时间，让脱贫户能参加培训，培训机构租用车辆，原地待命，接送他们早出晚归，让脱贫户培训“零跑腿”；部分培训学员虽然发放有生活补贴，但因节约或者购买不便等原因，多数学员午餐不能解决，培训机构自费或聘请厨师集中制作，或联系农家乐集中购买，为培训学员解决午餐问题，让他们安心培训；培训结束后，为了让培训学员学后能就业，培训机构主动对接全市家政服务公司、养老机构、医院等单位，为其推荐就业。

三、“三带”突围，助力经济高质量发展

就业是最大的民生，培训是就业的根本。突出“实用性”和“专业化”，以秭归县“四县四区”建设为目标，扎实开展培训，全力服务乡村振兴，推动县域经济发展。

一是带动创业就业。秭归县茅坪镇九里村龚女士，常年在家务农，无意中参加了养老护理培训，培训过程中对居家养老产生了兴趣，看到了商机，培训结束后迅速购买设施设备，在自家创办公司并开展居家养老托养服务；外出务工向女士，原在宜昌市区做家政服务员。因家政服务技能高度不够，工作不是很理想，在得到培训机构的电话通知后，辞去工作，回乡参加三级育婴员培训，并自费参加养老护理员培训，目前，向女士找到一份育儿嫂照护工作，月工资 6 000 元。脱贫户金女士，培训后有强烈的就业愿望，培训机构通过联系，将其推荐到县中医医院开展病患照护工作，解决了其就业难的问题。

二是带动社区治理。全面实施“乡村振兴”战略，着力人居环境改善，实现“家美、人美、庭院美”目标。在家政服务员培训中，课程设置侧重收纳整理、保洁和家庭餐的制作，突出实际操作训练，为了让培训有实际效果，就地选择一个家庭，从保洁开始，开展收纳整理、家庭餐制作、庭院规划等操作，培训既接地气，又改善了乡村面貌。水田坝乡龙口村屈先生，培训前很少参加家务劳动，在妻子的带动下参加培训，认识到家务事也是一门技能，并和妻子一道对家庭里外进行了一次全面的保洁、整理及庭院美

化，居家环境发生了很大的变化，左右邻舍受到感染，也纷纷行动起来。

三是带动家庭和谐。培训针对性强，设置了孝老爱亲、科学育儿、家庭整理等内容，对于倡导文明新风、维护家庭和谐起到了意想不到作用。茅坪镇建东村六组严女士，家有常年卧病在床的婆婆，因照护不周，婆媳关系很紧张，通过参加养老护理培训，她认识到要护理先要调整好自己的心态，首先要尊重被护理人员的人格，其次还要有专业的护理技能，她根据所学技能，回家后，对婆婆热心关怀、贴心照护，她的护理从下蛮力到轻松省力，婆婆也从一开始的不认可到满口称赞，家庭关系得到了改善。

点评：培育品牌，发挥品牌的带动作用，也是推进职业技能培训的有效途径。秭归县根据当地实际，在“湖北护工”培训方面下了很大功夫，通过送政策到人，送培训上门，送服务到家，主动对接用人单位，推荐就业，一条龙服务，工作取得一定成效。

湖南

株洲市芦淞区：助力“三高四新” 培养“技能工匠”

近年来，芦淞区围绕“三高四新”战略，紧盯“培育制造名城、建设幸福株洲”奋斗目标，大力开展职业技能提升行动，坚持技能培训与产业发展同频共振。行动实施以来，芦淞区通过开展岗前就业培训、技能提升培训、企业新型学徒制培训、以工代训等，培养各类技能人才1.3万人，涵盖近40个职业（工种）。

一、谋划在前，推动在实，打造培养“传速带”

“快速”进入工作状态。芦淞区成立职业技能提升行动领导小组和工作专班，提前谋划，积极推动。出台行动实施方案，分解任务目标，定期调度协调，加大宣传推介，强化督查考核。“加速”推动工作进程。

一是围绕航空、服饰、新材料三大支柱产业，建立重点企业就业监测服务制度。坚持“以培供需、以需定培”的高质量培训导向，开展企业走访调研，深入了解重点企业用工变化、缺工原因、培训需求等内容。

二是“匀速”实施各项计划。根据不同产业特色制定具体执行方案，细化培训管理及评价制度。通过政府、企业、学校、学员“四位一体”，确保开班审核、过程评价和效果监测贯彻始终。

三是“加速”人才定岗培养。构建“培训＋就业”一条龙服务模式，促使培训学员结业后实现定向输出、定岗就业，以“实用、实际、实效”的技能培训更好地保障就业。

二、因企施策，量身定做，搭建培养“直通车”

一是“一对一”精准制定培训计划。全面梳理培训职工岗位情况，针对不同工种分类别、分项目、分区块开展教学。如航空企业职工的理论学习、实操练习和在岗培训按照“1249 模式”（即 12 ∶ 4 ∶ 9 比例）轮换交叉。一名职工对应一个岗位，一个岗位对应一个工种，一个师傅带一个徒弟，为培养“一专多能”人才奠定基础。

二是“点对点”精心设计培训体系。聚焦服饰产业直播带货等新业态需求，加快本土直播人才队伍培育。合理编制课程体系与培训教材，精心设置课程标准。课程标准、培训计划、岗位工种、知识体系等依次对应，环环相扣，紧密衔接。

三是“面对面”创新多种教学模式。云端打卡、智能签到交替运用，课程录播、在线直播纷纷上阵，“互联网 +”“大数据”全面推行，保证教师与学生线上教学“面对面”。教师与师傅、教室与车间、工位与岗位多个转换，保证师傅与徒弟线下教学“面对面”。学员李女士说：“疫情期间开班线上培训，在家就可以学习，还有回放功能，像我们这种年纪大记性不太好的人，可以重复学习，真是太方便了。”

三、多方协作，保障有力，构建培养“共同体”

一是发挥职能部门“助推器”作用。为积极推进职业技能提升行动的多渠道开展、多人群发动，芦淞区充分发挥区稳就业保就业工作领导小组的统筹职能，利用各成员单位和社会力量的资源优势，有针对性地进行宣传、组织、发动，全面提升培训覆盖面。

二是发挥行业协会“催化剂”作用。在株洲市服装设计师协会的全力推动下，芦淞区与株洲职工大学（工业学校）联合成立了湖南新媒体服饰产业学院。围绕生产加工、设计制版、展示表演、机械维护等，培养应用型专业人才，为服饰产业高质量发展赋能。

三是发挥校企联合“双主体”作用。积极推动龙头企业与培训机构在教学、管理、招生、就业等方面建立长期合作关系和工作机制，如骨干教师进厂培养、合作开展订单式培养、建立校外实训基地等，实现招工即招生、入企即入校、企校双师联合培养。“工学一体，产和训相互结合，既是职工又是学生，双导师共同培养，兴趣满满，收获颇丰。”参训学员反馈。

点评：职业技能培训的效果取决于培训的针对性及培训质量。株洲市芦淞区在职业技能提升行动工作中，因企施策，量身定做，“一对一”精准制定培训计划，针对不同工种分类别、分项目、分区块开展教学；“点对点”精心设计培训体系，聚焦服饰产业直播带货等新业态需求，合理编制课程体系与培训教材；“面对面”创新教学模式，通过云端打卡、在线直播等“互联网+”“大数据”技术，促进教师与师傅、教室与车间、工位与岗位转换，保证老师与学生线上教学“面对面”，师傅与徒弟线下教学“面对面”。株洲市芦淞区职业技能培训针对性强，得到企业和职工的普遍欢迎，取得了良好效果。

湘潭市：探索技能人才培育“湘潭模式”形成技能人才涌现“湘潭现象”

湘潭市有着一支数量庞大、素质优良的技能人才队伍，全市技能人才总数已达14.8万人，其中24.32%为高技能人才，他们不仅支撑着湘潭向“智造谷”“汽车城”“军工城”转型发展，同时还参与了“中国路、中国桥、中国楼”以及“嫦娥奔月”“海牛探海”等国家重点工程的建设，奉献了湘潭技能人才的力量。高技能人才涌现的“湘潭现象”，得益于湘潭对于技能人才培育工作的重视和不断探索创新，打造了技能人才培育的“湘潭模式”。

一、开“路子”，让技能人才持续学习

近年来，湘潭市把提升技能人才素质摆在突出位置来抓，先后出台了《湘潭市“金蓝领”培训工程方案》《湘潭市职业技能培训聘任企业“双师型”指导老师管理办法》《推进技能振兴　促进企业发展的实施意见》《“莲城工匠”铸造工程实施细则》《湘潭市职业技能提升行动实施方案》等多项政策，建立了以企业行业为主体、职业院校为基础、学校教育与企业培养紧密联系、政府推动与社会支持相互结合的模式，贯通从初级工、中级工、高级工、技师到高级技师的培养通道，一大批技能人才从中受益。尤其是重点在装备制造业率先实施“金蓝领”培训工程，由主管人才工作部门买单，根据培训职业

工种类别给予 4 000~5 000 元 / 人的培训补贴，在晋升职业资格后再给予 2 000~3 000 元奖励，凭借“精、实、高、严”的特色培训机制，“金蓝领”为全市各类企业培育了千余名高级工、技师和高级技师，成为全省高技能人才培训的标杆之一。日前，来自江南集团的王晓华就从最近一期的“金蓝领焊工高技能人才培训项目”班顺利毕业了，随即将所学运用到了实际工作中。他带领团队对企业生产的产品焊前预热、焊接参数、焊后保温措施等方面进行综合改进。短短 1 个月内，就顺利将产品 RT（射线检测）的合格率由 95% 提高到了 99.9%。

二、搭“台子”，让技能人才有为有位

技能人才要释放技能报国的“正能量”，离不开技能大赛等平台的搭建。近年来，湘潭市各级各部门、企业、技工（职业）院校积极为年轻“小匠”们“出圈”创造机会，举办的各类职业、职工技能大赛如“雨后春笋”，产生了 200 余名“湘潭市技术能手”。经过不断比拼培训，这些从市级竞赛舞台上涌现出的作风过硬、技能精湛的尖子人才，又被输送到省、国家级竞赛平台中接受锤炼。2016 年以来，全市共有 8 名选手在国家级技能大赛中获一等奖，26 名选手在省级技能大赛中获一等奖，展现了湘潭技能人才良好的精神风貌和高超的技术水平，再次擦亮了“湘潭工匠”的金字招牌。

另一方面，湘潭市着力引导健全技能人才培养、使用、评价、激励制度，技能人才在经济上有保障、发展上有空间、社会上有地位，如引导许多企业建立了技高者多得的技能人才收入分配和技术工人创新成果按要素参与分配制度，以湘钢为例，该企业于 2001 年启动了科技周活动，对科技和技能人才及创新项目进行评比奖励，近几年改为两年一届，奖励力度不断加大，2019 年科技周活动奖励资金共 495.3 万元，2021 年这一资金奖励支出达 610 万元，其中特别设置了科技进步特等奖项，单项奖励高达 50 万元，对正高级职称的技术人员奖励 5 万元，大大提高了技能人才的积极性，形成了以技能论英雄的氛围。

同时，劳动模范的评选、各类职称的评定，也向工匠型人才倾斜，近五年的市级劳模评选，技能人才占比在 40% 以上；在全国技能大赛中获一等奖的大批高技能人才被直接认定为专业中级职称。

三、带“弟子”，让队伍日益壮大

工匠精神贵在传承，随着一批“大国工匠”走向“前台”，让工匠精神不仅有了具象的模范代表，而且有了可学可敬的典范。为了让“亮一点”变成“亮一片”，湘潭市先后发布《关于组织实施湘潭市新时代产业工人队伍建设改革八项行动的通知》《湘潭市“匠育良才”传帮带活动实施方案》，着力鼓励名师带高徒，加强劳模创新工作室和技能大师工作室建设；着力在国家级技术能手、省级技术能手及“莲城工匠”等高技能人才中，选拔一批“杰出莲城工匠”，引导支持“杰出莲城工匠”采取可行有效的方式，对长株潭地区其他技能人才进行传帮带，在壮大长株潭技能人才队伍中展示湘潭担当、作出湘潭贡献。

湘电集团结构件事业部电焊工高级技师、高级工程师刘新新，就是“传帮带”的践行者。2011 年，他和焊装车间的另外两位高级技师、4 位技师组建了“技师义务保障队”，不定期集结到车间去观看青年焊工的技术操作，将自己摸索总结的宝贵经验拿出来分享并给予技术指导。10 年来，他利用自创的“模拟教学法”和“1+1+1”的培训模式，坚持无偿传授技艺，累计培养焊工人数达 540 人。经他一手培养出来的焊工高级工有 157 名，技师 35 名，高级技师 7 名，企业也在 2014 年成立了“刘新新工作室”，该工作室 2020 年被评为“示范劳模创新工作室”。自 2008 年“艾爱国劳模创新工作室”成立以来，至今全市已成立了 55 家劳模创新工作室，通过师傅带徒弟这种“传帮带”的方式，越来越多的技能人才在工匠精神的引领示范下迅速成长，为长株潭地区经济高质量发展贡献力量。

点评：湘潭市在实施职业技能提升行动中，注重政校企相互结合，贯通从初级工、中级工、高级工、技师到高级技师的培养通道，由政府提供培训补贴和晋升职业资格奖励。通过举办各类职业、职工技能大赛引导健全技能人才培养、使用、评价、激励制度，在劳动模范的评选、各类职称的评定，向工匠型人才倾斜。响应高技能人才培养政策建立技能大师工作室，对技能人才进行“传帮带”，壮大技能人才队伍。这些做法都将为新长株潭地区经济发展注入新的活力。

怀化市：精准施策保质量 全程监管防风险

质量是培训的“生命”，监管是防范培训风险的“安全墙”。实施职业技能提升行动以来，怀化市坚守培训宗旨，秉持资金安全，做到精准施策保质量，全程监管防风险，较好地完成了阶段性培训任务。三年来，全市完成 25.7 万人次培训，企业新型学徒制培训 2 887 人，培训效果得到企业和受训对象的一致好评。

一、坚持“三注重”精准施策保质量

一是注重精选培训对象，解决“培训谁”的问题。根据培训政策，按照突出重点、兼顾一般的培训原则，突出市县重点企业、困难企业、重点就业群体和高质量就业、稳定就业项目的培训；突出服务“三高四新”战略需要的技能人才和企业新型学徒制培训；突出安全培训和有稳就业要求的人员培训；突出培训愿望强的企业培训，使有限的培训资金用在了关键处。

二是注重精选培训机构，解决“谁培训”的问题。通过第三方评估，将优质学校确定为享受政府补贴性培训的机构。借助企业座谈会的机会把学校培训效果评价结果告之企业，让企业自主选定培训学校。把能够帮助就业、能够实现更高质量就业的培训学校和培训项目宣传给培训对象。把对培训学校和培训项目的选择权交给想培训的对象。同时，对就业率高达 90% 的学校给予重点保障，使企业和就业者能够享受优质培训。

三是注重精选培训内容，解决“培训啥”的问题。坚持就业需求和企业用工需求为导向，引导培训机构合理确定培训内容，合理安排培训时间。在就业技能培训内容确定上，引导培训机构按照用人方要求确定培训内容和课程。在培训时间的安排上，引导学校按胜任岗位技能要求定时间。宏福学校在开展家政服务员培训时，根据参训学员将全部点对点送到长三角和珠三角就业的具体要求，按照用人方要求制定培训内容，培训时间均在 20 天以上。受训合格的学员得到用人方的青睐，工资月收入 7 000 元以上，相当一部分学员月工资可达到上万元。高山学校培训叉车和挖掘机操作员，以拿到操作证

为前提安排课时，学员上岗率达到98%以上，收入每月都在8 000元以上。在企业培训内容的安排上，引导学校与企业协商定内容，引导学校以职工在工作中遇到的困难和问题定课程，增强了培训的针对性和有效性。市水务投资集团公司下属三个企业由于员工维修技能不够，设备故障常年需请人维修，企业一直处在保本运营状态。通过培训后，职工掌握了所有设备的维修技能，企业当年实现盈利。为了确保培训计划落地落实，引导学校充实教学力量。如怀化方元职业科技学校水质检测专业师资力量不够，为了上好课，学校主动聘请中南工大、长沙理工大学的教授和高级实验指导老师任教，培训效果良好。

二、坚持"四到位"精细织牢安全网

一是坚持制度执行到位。落实监管工作回头看、学校培训质量定期讲评制度，提高了学校和工作人员对培训质量重要性的认识；对不按要求组织培训的学校，运用培训管理协议明确的处置规定公开处置，增强了学校抓教学质量的责任感；对培训规范、效果好的学校，在培训申请的审批上给予倾斜，增强了学校重视质量的紧迫感，形成了抓培训质量的共识。

二是坚持线上监管到位。在运用职业技能培训自动监管系统的基础上，开发了远程视频实时监控和人脸识别考勤系统，并与"互联网＋就业创业服务平台"有效对接，安排专人网上跟踪理论课培训过程，发现问题及时按管理协议公开处置，使理论课培训在人员、时间、内容和效果四个方面都能按计划实施。

三是坚持线下监管到位。对于线上监管不了的过程，坚持线下监管全覆盖。对监管工作实施监督。把监管分成三段，分别由三个组负责，建立了谁监督、谁签字、谁负责的工作机制和下段工作必须在上段工作完成的基础上才实施的制度，使监管工作在相互监督中得到落实。对培训计划实施监管。对培训工种、培训大纲、课程设计和教材、教师、教学地点逐项审核，凡达不到要求的一律不批准开班。对实操训练进行监管。采取派员现场督查和"两随机一采一认可"模式，即对每个班不打招呼随机抽查2次以上、跟班随读，采集实操训练影像图片资料、组织培训机构和企业实操负责人对训练情况签字认可，促使训练真实有效。落实培训质量评估制度。要求学校对每个班的培训建立学员意见反馈制度，每次理论考试前，采取满意度问卷调查、面对面交流、电话回访等方式，调查掌握学员的培训满意度，对满意度达不到要求的一律推迟考试，责令补课。落实结业考试考核制度。企业职工的结业考试由培训主体（机构）在开考前3天提出申请，试卷由培训机构会同企业命制，由职业技能提升行动领导小组办公室从三套试卷中随机抽取一套。并派两名监考员在考前点名核对信息，签字确认到考人数，实施闭卷考试，严肃考试纪律。

四是坚持实名制管理到位。建立了职业技能培训专账，凡享受政府补贴性职业技能培训的每个班，将开班申请、结业考试、补贴申请等有关信息全部录入湖南省公共就业信息服务平台，以信息平台系统实名数据为唯一依据，使政府补贴性培训实现了学员全实名、资金全记录、培训过程可追溯、培训质量可监管，实实在在织牢了防风险的安全网。

点评： 怀化市在培训质量监管方面坚持“三注重”“四到位”：“三注重”即注重精选培训对象，解决“培训谁”的问题；注重精选培训机构，解决“谁培训”的问题；注重精选培训内容，解决“培训啥”的问题。“四到位”即坚持制度执行到位，坚持线上监管到位，坚持线下监管到位，坚持实名制管理到位。

广东

广州市：大力开展职业技能提升行动

一、实施以工代训为企业纾困解难

2020 年，广州市严格按照要求对符合条件的新吸纳就业困难人员的中小微企业、停工停业的中小微企业和受疫情影响较大的大型企业（外贸、住宿餐饮、文化旅游、交通运输、批发零售五大行业）发放以工代训补贴。截至 2021 年 9 月，累计支持 5.4 万家企业、129.3 万人开展以工代训，发放补贴资金 23.7 亿元。

2021 年 5 月，广州本地突发新一轮新冠肺炎疫情，针对住宿餐饮、文化旅游、交通运输、批发零售等行业出现经营困难的情况，根据市委、市政府保市场主体、稳市场预期、助经济复苏的决策部署，结合职业技能提升行动深入实施，延续以工代训扩围政策至 2021 年年底，在扶持就业困难人员就业、帮助企业稳定发展中，形成“双赢”局面。

一是根据形势，适时调整政策。作为广东省 2021 年唯一开展以工代训的城市，广州市出台面向中小微企业倾斜的扶持政策，明确大型企业可申领 2 个月补贴，中小微企业可申领满 6 个月补贴，优先审核、发放中小微企业，确保中小微企业足额领取补贴，为保障中小微企业充分吸纳就业解了燃眉之急，巩固了就业市场的基石。

二是稳定预期，携手共渡难关。住宿餐饮、文化旅游、交通运输、批发零售等行业受疫情影响严重，以工代训帮助企业稳定预期，渡过难关，化解大裁员、“规模失业”的风险。协助南方航空、广州地铁减少因客流量不足出现大幅亏损的影响，以工代训补贴南方航空 4 594 万元，补贴广州地铁 7 536 万元；扶助广州大师兄餐饮管理连锁发展有限公司 37.6 万元，协调解决原计划“分流”上千名员工、应对无客堂食窘境等问题，稳定职工队伍。

三是人才优先，弘扬培训理念。企业将以工代训补贴应用于复工复产，积极组织开展职工职业技能培训，鼓励因疫情暂时不能返工的职工停工不停学。从化区 23 家隔离酒店利用补贴资金组织近 2 000 名职工开展稳岗培训，抢抓时间提升职工的岗位适应能力；广汽乘用车有限公司获得以工代训补贴 2 450 万元，鼓励约 7 600 名员工稳定岗位，积极开展企业新型学徒制等多项补贴性培训，培养中高级技能人才 827 人，汽车产量定产从 2020 年的 28 万台提升到 2021 年的 35 万台。

二、职业培训券发放到位

广州市结合职业技能提升行动相关政策，迅速行动，多措并举，根据全市工作实际，全面推广职业培训券发放使用，进一步助推技能人才培训工作发展。突出重点人群精准发放到位，结合推进落实稳就业保民生工作，明确了职业培训券的发放对象、范围以及相关流程。面向各类有培训需求的劳动者，特别是突出向失业人员、就业困难人员等重点就业群体，以“定向券”和“抵用券”形式精准发放职业培训券，帮助他们提高技能水平，促进他们稳定就业。全市共开通了包括广东人社、穗好办、粤省事、广州人社微信公众号、电子社保卡微信小程序在内的 9 个领券渠道，为市民提供了尽可能的便捷服务。截止到 2021 年年底，全市已发放职业培训券 23 万余张，使用 3 万余张，发放和使用数量均居全省前列。

三、职业技能等级认定工作进展显著

广州市不断开拓思路，深化举措，加强宣传，采取送政策、送服务上门的方式积极发动各类企业和机构参与职业技能等级认定工作，取得了阶段性工作成效。截止到 2021 年年底，全市已备案的职业技能等级认定机构共 318 家，其中企业用人单位 270 家，技工院校 21 家，社会培训评价组织 27 家，开展技能等级认定 11 万余人次，获得技能等级证书人数达 8.5 万人次。其中高技能人才约 3.2 万人次，占比超三分之一。认定机构备案数、企业用人单位备案数、参与认定人数、获证人数、高技能人才比例及备案机构数量均位居全省第一。

一是大力开展职业技能等级认定宣传发动工作，不断拓展企业覆盖面。2021 年以来，广州市赴各区和各有关行业协会，召开了 20 多场次职业技能等级认定政策宣讲和座谈会，同时与广东省职工教育网联合制作了职业技能等级认定制度和相关文件解读、广州市企业职业技能等级认定申报流程指引、企业如何开展技能等级认定等系列线上培训课程，通过广东省职工教育网平台进行广泛展示，并通过微信、QQ 和相关新媒体等多种方式进行政策和业务解读，覆盖企业达上万家。通过举办宣讲和座谈会，使企业对国家职业资格证书制度改革、职业技能等级认定政策内容和重要性有了更深了解，提高了企业参与职业技能等级认定工作的积极性。

二是点面结合、重点突出，不断加强企业和各机构的指导和服务工作。积极组织了 10 多场次业务培训会议，参加培训的企业和相关机构达 1 000 余家，参加人数达 2 000 余人，有效帮助企业和相关机构解决了申请备案材料组织编写工作困难，为职业技能等级认定备案工作提速增量发挥了积极作用。组建职业技能等级认定微信工作群近 30 个，24 小时做好指导、服务和宣传工作，增加“一对一”指导工作的针对性，有效指导部分企业从一无所知的“小白”成功备案成为企业职业技能等级认定机构。同时，为重点服务本市战略性支柱产业、行业龙头企业及规模以上民办企业，采用点面结合的方式，先后多次赴 20 余家企业现场，就企业职业资格等级认定职业（工种）范围、级别设置、评价组织、定级评价和晋级评价方法等具体实施工作进行辅导和沟通，旨在通过各龙头企业建立起高效、科学的工作模式，为下一步各企业开展职业技能等级认定提供示范和参考。

三是进一步加强职业技能等级认定政策解读，不断扩大各项政策制度的社会认知度。为进一步加强职业技能等级认定政策宣传解读，提高政策的知晓度和认可度，顺利推进职业技能等级认定工作深入开展，广州市多渠道、创新性地开展政策解读工作，制作了职业技能等级认定政策宣传和业务工作小视频、宣传长图，并通过人力资源社会保障局外网、微信公众号、微信群等渠道进行广泛宣传解读。

点评： 广州是华南重镇，技能提升行动深入扎实。抓的这三项工作都是新事和难事，对于稳定经济，扩大就业，提高劳动者素质发挥了重要作用。在推进工作中，亦有很多创新举措，如注重宣传，广泛发动，使各项政策家喻户晓；采用多种方式，特别是网络平台，扩大并精准发放培训券；加强对企业、各机构的指导和服务工作，指导开展技能等级认定等，都值得推广和借鉴。

深圳市：以训稳岗扩岗 以技育才惠才

一、健全“多样化”的培训补贴政策，织密技能持续提升的“充电网”

深入开展职业技能提升行动，大规模组织实施“11+2”政府补贴性培训，包括劳动者技能提升培训、就业重点群体免费培训、家政从业人员“回炉”培训、线上公益培训、重点项目免费培训、企业员工岗前培训、员工适岗培训、员工技能提升培训、企业新型学徒制培训、困难企业困难职工特别培训、以工代训 11 个培训项目和专项能力考核补贴、重点群体生活费补贴 2 个专项补贴，建立“从无业到有业、从学徒到工匠、从线上到线下”的技能提升激励机制。

一是针对初次就业人员、新录用员工、在岗员工、技术骨干等不同阶段劳动者，精准实施岗前培训、适岗培训、员工技能提升培训、企业新型学徒制培训等差异化政策，为在岗劳动者持续提升技能提供制度保障。

二是鼓励预备就业、转岗转业、失业待岗劳动者参加培训并考取技能证书，将市外户籍人员、港澳台人员、外籍人员，以及家政行业、平台（电商）等新业态企业的灵活就业人员纳入补贴范围，全面提升劳动者技能储备和就业创业能力。

三是为在深贫困劳动力等就业重点群体提供项目制免费技能培训，支持“两后生”就读深圳市职业（技工）院校，联合对口帮扶地区政府部门全力推进培训基地建设、培训教材开发、公益项目制培训等三大行动，定向对接就业创业机会，服务乡村振兴、共同富裕。三年来，累计发放各类培训补贴资金约 44 亿元（其中专账资金约 41.8 亿元），累计 431 万人次享受到政府补贴性培训，有力提升劳动者素质，有力缓解“就业难、技工荒”就业结构性矛盾。

二、完善“社会化”培训实施体系，打造技能人力资源开发的“生态圈”

围绕“产教融合”的新时代职业培训命题，构建以企业为主体、以院校和培训机构为基础、以公共实训基地为引领、以线上培训平台为依托的培训实施体系，推动大规模组织开展职业技能培训，营造“共建、共治、共享”的技能生态圈。

一是发挥企业的主体作用，支持富士康、比亚迪、华大基因等企业建立技能人才培养载体，全市累计获评国家级高技能人才培训基地 2 家，国家级技能大师工作室 4 家，建成市级高技能人才培训基地 242 家、技师工作站 144 家、技能大师工作室 56 家，广泛开展传技带徒、技术攻关、课程研发、技术推广等活动。

二是发挥职业院校的示范作用，公办院校承担社会职业技能培训的收入在扣除成本后，可按不超过 60% 的比例提取补充单位绩效工资并单列管理，推进职业培训和全日制教育资源共建共享，广泛联合企业开展企业新型学徒制等培训，实现优势教学资源最大化利用。

三是发挥培训机构的基础作用，将民办培训机构设立由行政审批改为备案管理，鼓励社会力量举办职业培训，在承接政府补贴培训项目方面，民办与公办机构享受同等待遇，全市培训机构年均培训约 24 万人次。

四是发挥公共实训基地的引领作用，强化新职业、新技术、新工艺实训项目开发与推广，年均为 3 万多名高技能人才提供各类公益服务。

五是发挥线上培训平台的关键作用，主动应对新冠肺炎疫情防控常态化的新形势，公开遴选 25 家功能齐全、资源丰富、认可度高的线上培训平台，提供种类丰富、内容优质的数字化培训课程，鼓励企业与培训平台联合组织开展员工线上培训，促进职业技能培训数字化转型。

三、建设“智能化”服务监管平台，下好以训稳岗扩岗的“及时雨”

坚持以人民为中心，将职业技能培训作为落实“六稳”“六保”的重要工作举措，从“申请人出发”，梳理整合培训业务流程，将“减材料、减环节、减时限、减次数”落到实处，让数据多跑路、让群众好办事，保障培训补贴规范、安全、高效地“直达”企业和个人，充分发挥培训资金纾困、惠企、稳就业的重要作用。

一是全面优化补贴申报系统功能，与社保经办系统、商事登记系统、教育部学信网、省市职业技能证书系统等 12 个业务系统实现互联互通，系统准确获取并自动生成验核结果，最大程度降低人工干预，减少材料提交要求，全部培训补贴业务实现全流程网上办理，最大限度方便企业及劳动者申报补贴业务，真正实现“一键申报”。

二是利用信息化手段精准推送补贴政策，通过“i 深圳”“深圳人社”等微信公众号和政府网站发布政策解读和业务指引，通过南方日报“南方 +”等媒体平台开展政策解读大型直播活动，主动筛查符合条件企业名单，通过社保经办系统向 13 万家企业精准推送政策及申请链接，并通过政务短信向重点企业社保经办人、税务经办人推送申报指引，指导企业充分用好用足惠企稳岗政策。

三是在全国首创技能培训“互联网 +”实时监管平台，利用活体验证、人脸识别、随机打卡等技术手段实现培训全流程动态监督和培训资料自动归档，大幅降低企业培训组织实施成本和资料整理工作量，大幅提升补贴审核效率，有效化解业务风险和廉政风险。三年来，共向企业发放培训补贴约 40 亿元，惠及企业 13.9 万家，帮助企业有力抗击新冠肺炎疫情影响；共向个人发放培训补贴约 2.9 亿元，惠及劳动者约 20 万人，帮助个人掌握一技之长从而实现高质量就业。

四、深化“市场化”技能评价改革，畅通技能人才职业发展的“阳关道”

深入推进技能人才评价制度改革，打破唯学历论和职业壁垒，以头部企业和第三方权威机构为引领，重新构建“市场化”的技能评价格局，进一步引导健全与评价机制紧密联系的福利待遇、晋升通道体系，让技能证书成为就业的“通行证”、加薪的“金钥匙”。

一是推动技能评价制度改革走在前列，共备案华为、腾讯等 91 家市场评价主体，组织 10 万人次参加技能等级企业自主评价和第三方评价，在全国率先实现华为 ICT 企业认证与职业技能等级认定“一试双证”，对加快建设高新科技领域技术技能复合型人才队伍、逐步实现职业技能等级认定证书国际化起到示范带动作用。

二是率先开展特级技师评聘工作，指导中国广核集团开展特级技师评聘试点，进一步抬高技能人才职业发展的“天花板”，吸引更多优秀劳动者从事技术技能岗位工作。

三是健全以职业技能标准为核心，以世赛为引领、以国赛为目标、以省赛为重点、以市区竞赛为基础的“一核四级”职业技能竞赛体系，获评5个世赛中国集训基地，产生1名国际竞赛经理，3名中国技术指导专家组组长，15名选手入选国家集训队，成功承办首届全国工业设计职业技能大赛，年均举办60余项市区两级技能竞赛，吸引10万劳动者参与技能比武。

五、构建“差异化”激励保障机制，营造技能成才、技能报国的“艳阳天”

针对“宁可骑着外卖车哭，也不坐在车间里笑”的青年就业观转变，进一步强化技能的经济价值和技能劳动者的社会地位，进一步扩展技能人才施展才能的舞台，在全社会形成尊重劳动、崇尚技能的风气，引导更多的青年走技能成才、技能报国之路。

一是在培训补贴、入户积分、保障住房等公共政策中，建立按照技能等级高低分配公共资源的正向激励机制，鼓励每个劳动者持续提升技能水平。

二是每年评选10名技艺精湛、贡献突出的“鹏城工匠”，每人奖励50万元，树立“多劳者多得、技高者多得”的职业导向。

三是围绕“高、精、尖、缺”青年技能人才技能提升需求，实施“技能菁英”工程，每两年遴选100名优秀技能青年，资助每人20万元用于赴国内外发达地区研修深造。

四是落实中华技能大奖、全国技术能手等技能领军人才的奖励补贴、住房医疗、子女教育等优惠待遇，弘扬“劳动光荣，技能宝贵”的时代风尚。2019年以来，2人荣获“中华技能大奖”，65人荣获“全国技术能手”称号；5人荣获“南粤技术能手”，144人荣获“广东省技术能手”；评选“鹏城工匠”30名，认定“技能菁英”200名、“深圳技术能手”723名。一大批大国工匠、能工巧匠脱颖而出，形成人人渴望成才、人人努力成才、人人皆可成才、人人尽展其才的良好局面，技能人才的创造活力竞相迸发、聪明才智充分涌流。

点评： 深圳市在职业技能提升行动工作中，从完善政策制度、打造培训体系、优化服务流程、健全激励机制和培育社会氛围等方面入手，制定出台了一系列政策措施，开展了各种形式的扎实有效工作，取得了突出的成绩。深圳市的做法具有以下几个特点：一是培训类别和培训项目多，覆盖人群范围广。二是培训体系完善，培训资源丰富。三是优化服务流程，实现便民利民。四是深入推进技能人才评价改革，畅通技能人才职业发展通道。五是加大激励力度，提高技能人才经济社会地位。

广西

柳州市：创新推进“双千结对” 力促职业技能提升为工业高质量发展提供坚实技能人才支撑

柳州市人力资源社会保障局认真研究“双千结对”岗位培训落实落地的机制和办法，政府部门、企业和培训机构三方协同发力，有效破解以往企业培训积极性不高、培训成果难以认定、资金支出进度慢等困难和问题，为大规模开展企业职工职业技能培训进行了积极的探索和实践，提供了职业技能培训的“柳州范本”。截止到 2021 年年底，柳州市“双千结对”已达 1 706 对，开展各类补贴性职业技能培训 27.7 万人次，其中企业职工 17.1 万人，企业新型学徒制 7 558 人；累计发放专账资金培训补贴 2.4 亿元；全市技能人才总量达 53.6 万人，其中高技能人才 12.2 万人，为柳州市深入实施“实业兴市，开放强柳”战略提供了强大技能人才保障。

一、压实工作责任，形成齐抓共管合力

柳州市人力资源社会保障局紧紧围绕“六稳”工作、“六保”任务，服务经济发展大局，在自治区部署开展“双千结对”工作后，结合当地实际，立即行动，担当作为，主要领导亲自抓落实，2019 年以市政府名义印发《柳州市职业技能提升行动实施方案（2019—2021 年）》，明确将“双千结对”工作作为推行终身职业技能培训制度、开展职业技能提升行动的重要内容纳入重要民生工程，持续推动实现充分就业和高质量就业。并及时建立由财政、发改、工信、教育等 25 部门联合组成的职业技能提升行动联席会议，成立职业技能提升行动工作专班，实现政策共享、资金统筹、资源整合，为全面深入推进“双千结对”岗位技能培训打牢组织基础。各成员单位立足行业主管部门工作定位，深入龙头企业以及部分困难企业实地调研，根据企业培训需求主动上门牵线搭桥，

通过自愿结对、匹配结对、调剂结对等方式，快速推动上汽通用五菱、柳工、广西凤糖、广西金嗓子等1 138家企业与41家培训机构签订“双千结对”协议书，实现“一对一”“一对多”精准结对，建立长期合作培训关系，合作项目涉及汽车维修、数控机床、药物制剂、电工、钳工等69个柳州急需紧缺技能人才职业（工种）。

二、坚持探索创新，大幅提高培训实效

根据“双千结对”五个工作环节，柳州市积极探索实践，逐一将五个工作环节结合工作实际，进一步细化、优化工作步骤，落实落细“双千结对”岗位技能培训，切实做到供需匹配、企业满意。

第一环节，人力资源社会保障部门向“双千结对”企业发放培训券。柳州市按照分级申报审核、统一发放培训券模式，将小微企业培训需求在50人以下的，到城区人力资源社会保障部门申报；大中型企业培训需求在50人以上的，到市级人力资源社会保障部门申报，化整为零，有效节约企业申报时间，人力资源社会保障部门审核通过后发放培训券，授予培训券额度，促进企业高效开展技能培训。

第二环节，企业向培训机构提出培训要求。企业根据职工岗位、工种、技能等情况，与合作培训机构签订培训实施协议，企业通过协议量化培训验收标准，提出培训要求，培训机构配合企业共同制订培训计划，最大限度满足企业的个性化培训需求。

第三环节，培训机构按照企业要求开展培训。企业向合作培训机构提供开班相关数据材料，培训机构收集材料后通过柳州市人力资源社会保障局就业系统提出开班申请，各县（区）人力资源社会保障部门审核通过后向培训机构或企业预拨培训补贴资金。培训机构和企业以一体化教学为重要手段，实施“双师带徒”，培训机构注重理论授课，企业负责实操实训，实现优势互补，强强联合。培训过程中，人力资源社会保障部门对第三方对培训过程进行监督，确保培训落到实处。

第四环节，企业评估培训效果确认补贴金额。企业实时对培训机构的授课能力、技巧和方式进行评估，培训结束后组织参训职工开展满意度测评，对照培训验收标准和培训要求评估培训效果，并将评估结果告知培训机构，帮助其不断改进技能培训工作。企业、人力资源社会保障部门分别对培训评估结果通过宣传栏、门户网站等进行公示，接

受企业全体员工和社会公众的监督。公示结束后，企业出具评估意见，确认补贴金额。

第五环节，人力资源社会保障部门向培训机构兑付培训券补贴。培训机构根据企业的评估结果向市、县就业服务中心申请补贴，各级就业服务中心初审后向市、县人力资源社会保障部门复审，复审无异议后，由市、县就业服务中心拨付补贴至培训机构，优化流程，确保专账资金使用安全高效。通过以上五环节的工作措施，重点解决企业、职业院校、培训机构反映强烈的“堵点”“痛点”“难点”问题，提高企业职工岗位技能培训的质量和精准性，支持企业稳岗保岗，为复工复产提供了载体，贡献了力量，促进柳州市工业高质量发展。

三、狠抓资金监管，确保资金使用安全

柳州市在广西率先出台《柳州市职业技能提升行动专账资金就业补助资金促进职业技能培训补贴管理细则》等配套措施，积极与财政部门沟通，设立柳州市职业技能提升行动资金专户，建立健全财务规章制度，强化内部财务管理，履行定期对账制度，加强内部风险防控。企业和培训机构可以优先使用专账资金，人力资源社会保障部门按 60% 预拨培训补贴，有效减轻企业和培训机构的资金压力，激发企业培训的积极性和主动性，使企业“想培训”“敢培训”“能培训”，在企业不裁员、少裁员的基础上进一步提高企业职工队伍的整体技能水平。同时，柳州市在培训开班审核环节实现现场办理、快速办结，缩短审核拨付兑现培训券资金流程，3 个工作日即可办结，极大加快了专账资金支出进度。

四、完善激励机制，促进人才竞相成长

柳州市积极完善有利于技能人才竞相成长、各展其能的激励机制，创新出台《柳州市大力培育“龙城金蓝领”认定和奖励补贴实施细则》，积极开展“龙城金蓝领培育计划”，累计发放高技能人才奖励、技能大赛配套奖励、技能大师工作室、高技能人才培训基地奖励等市级奖励补贴 3 094 万元，在全市营造起“技能强市”的浓厚氛围，为职业技能提升行动注入新的活力。特别是在疫情期间，柳州市拨付 149 名高级技师和 345 名技师奖励共 803 万元，有效帮助企业稳定高技能人才队伍，为企业复工复产积蓄力量。

推动全国首批省属企业职业技能鉴定证书在柳州颁发，大力支持企业开展职业技能等级自主认定工作，坚持“谁评价、谁发证、谁负责”原则，助推企业大规模开展“双千结对”岗位技能培训，提升产业工人技能水平。

点评：柳州市根据企业培训需求主动上门牵线搭桥，通过自愿结对、匹配结对、调剂结对等方式促进企业与培训机构建立长期合作培训关系，创新培训券补贴模式，通过培训补贴预付60%，有效减轻企业和培训机构的资金压力，在审核环节实现现场兑现培训券资金流程，极大加快了专账资金支出进度，完善激励机制，大力支持企业开展职业技能等级自主认定工作，有效务实的举措助推企业提升技术工人水平。

钦州市：突出经济社会发展需要　深入推进职业技能提升行动

钦州市围绕市委、市政府“港、区、产、城、人”五大愿景，实施“建大港、壮产业、造滨城、美乡村”四轮驱动战略，着力把职业技能提升行动融入全市工作大局，作为保持就业稳定、促进产业发展、优化人才结构的重要抓手，深入推进职业技能提升行动。

一、围绕产业发展需要，大力开展岗位技能提升培训

针对工业企业对产业工人的需求，以企业新录用人员、企业在岗职工和高技能人才为重点，大力实施产业工人技能提升培训。

一是广泛宣传，确保利民政策进园入企。组织调研小分队，深入全市14个工业园区362家规模以上工业企业，通过开展座谈会、发放培训调查表和问卷调查等方式，广泛开展培训需求调查，了解掌握企业在职业技能提升培训方面的意见建议。同时，通过举行政策培训班，召开政策宣讲会，使产业工人职业技能提升培训政策进园区、进企业、进车间，让更多的产业工人参与到职业技能提升培训中。

二是“双千结对”，校企合作，推进企业职工提升职业技能。采取“企业出清单、学校出项目、学员选单、政府买单”的方式，整合培训资源，充分发挥技工院校、职业院校资源优势，搭建校企合作平台，密切产学关系，大规模开展职业技能提升培训。三年来，共组织技工院校、职业院校和各类培训机构 65 家走进园区、企业，开展“双千结对”活动，送培训进企业、送技能进车间，大力开展以基本技能、安全知识、操作规程、规章制度及从业素质为主要内容的职业技能培训，共培训企业职工 5.2 万人次。

三是大力推进企业新型学徒制培训。针对钦州市缺乏高级技工院校的情况，拓展“走出去、引进来”的工作思路，引入广西工业技师学院、广西商业技师学院、广西轻工技师学院等 11 所技工院校，开展化工总控工、化学检验员、电工、中式烹调师、餐厅服务员、西式烹调师、中式面点师、中药调剂员、钳工、焊工和邮电等职业（工种）企业新型学徒制培训工作，三年来共开展企业新型学徒制培训 2 525 人。

二、围绕就业民生保障需要，大规模开展就业技能培训

三年以来，钦州市以承接自治区“为民办实事”项目为契机，持续以稳定就业、促进就业为导向，加强职业培训统筹，整合社会培训资源，强化培训质量监控，开展形式多样的职业培训，通过培训着力提高广大劳动者的上岗就业能力、转岗转业能力和创业创新能力，以素质就业带动充分就业，实现稳定就业和体面劳动。

一是抓好农村劳动力转移就业培训。按照“实际、实用、实效”的原则，加强指导和规划，形成政府统筹、社会参与的农村劳动力转移就业培训体系。加强与人力资源市场供求信息对接，建立就业指导跟踪机制，促进职业培训与就业指导、就业推荐有机结合。开展农村劳动力转移就业培训 3.1 万人，培训后实现转移就业 1.4 万人，转移就业率达 45.5%。

二是加大失业人员培训力度。针对下岗失业人员技能差、就业能力不强的问题，依托培训机构，拓展培训领域，创新培训手法，以增强就业和创业能力为出发点，以实现优质就业为最终落脚点，开展形式多样、切合时宜的技能培训。失业人员技能培训 1 948 人，培训后实现再就业 653 人，就业率达 33.5%。

三是大力开展创业培训。积极实施大学生创业引领计划，创新培训课程，加强后续支持服务，注重创业项目指导和企业经营管理培训，提升创业培训质量，做实创业带动就业工作。开展创业培训 6 808 人。

四是积极推进职业技能培训专项计划组织实施。根据劳动者技能提升和转移就业的需要，积极开展各类职业技能专项培训，共实施职业培训脱贫攻坚培训 9 022 人，开展劳动预备制培训 74 人，开展退役军人适应性培训 1 395 人。

三、围绕优化人才结构需要，推进高技能人才队伍建设

以企业为主体，以培养为重点、以评价为基础，采取有效措施，大力加强高技能人才队伍建设。启动钦州市高技能人才培训基地和技能大师工作室建设工作，全市有 2 个技能大师工作室建设项目。抓好高技能人才的培训考核，三年来全市 1 021 人获得高级工以上证书，其中高级工 786 人、技师 217 人、高级技师 18 人。广泛开展职业技能竞赛活动。全市每年坚持开展农民工技能大赛和中等职业学校技能大赛。组织参加全区农民工技能大赛和全区职业院校技能大赛，通过以赛促训，培养高技能人才。

三年来，钦州市开展各类补贴性职业技能培训 10.6 万人次，全市技能人才总量达到 22.3 万人，技能劳动者总量占就业人员总量的比例达 32% 以上，职业技能提升行动有效促进了就业稳定、产业发展和地方经济发展。

点评：钦州市职业技能提升工作站位高、措施实、系统性强、效果好。站位高，体现在技能提升行动主动融入当地经济社会发展全局；措施实，体现在“三围绕抓培训”；系统性强，体现在顶层谋划好，群体覆盖全，发动企业、院校、机构等多主体的积极性，协同做好技能提升这篇大文章；效果好，体现在技能人才数量有较大增长，特别是高技能人增长快，人才结构得到改善。

防城港市：聚焦“六稳”“六保”多措并举推进职业技能提升行动

2019年以来，防城港市扎实做好“六稳”工作，全面落实“六保”任务，把职业技能培训作为保持就业稳定的关键举措，以“双千结对”为重要抓手，以精准培训为突破口，以“强素质、提技能、稳就业”为目标，多措并举推进职业技能提升行动，促进企业稳岗、维护社会稳定。

一、坚持“三个到位”，确保培训更顺畅

一是责任落实到位。按照职业技能提升行动工作部署，防城港市成立了工作领导小组，制定了实施方案，挂图作战，层层压实责任。市政府分管副市长亲自抓，深入广西盛隆冶金有限公司等企业现场发放电子培训券。市人力资源社会保障局成立了防城港市职业技能提升行动工作专班，对本地153家规模以上企业、475家中小微企业的培训需求和开展“双千结对”情况进行精准摸排，在全市范围开展了“送政策、送培训券、送稳岗补贴”进企业活动，由局处级领导带队，分片包干深入企业了解职工培训情况和现实需求，认真听取企业和职工意见，指导企业推进职业技能提升行动。

二是宣传引导到位。全面加强“技能提升行动”宣传力度，采取线上线下同步进行的宣传形式，充分发挥网站、微信等现代信息平台，定期发布各类培训信息，加强职业技能提升培训政策宣传，积极回应培训诉求，及时提供各类培训在线服务。同时，线下利用开展各类就业招聘活动为契机，发放培训政策宣传册2.5万册（份），现场接受群众政策咨询，提高培训工作群众知晓率，营造良好的社会舆论氛围。

三是政策保障到位。为用足、用好职业技能提升行动惠民政策，全面梳理涉企技能提升相关优惠扶持政策，将政策范围、享受补贴条件、需提供资料、办理程序等简明扼要印制成宣传册送到企业手中，现场向企业负责人宣传讲解职业技能提升行动精神及具体工作要求和补贴政策，让企业全面知晓开展企业新型学徒制培训、岗前技能培训、以

工代训、培训券等补贴政策新规。同时，落实专账资金直达区县管理，加大培训补贴资金支出力度，对按期完成培训任务的企业，在审核无误后，3 个工作日内及时足额拨付到位。三年来，全市共组织开展各类补贴性职业技能培训 11 万人次，发放补贴 6 534.3 万元。

二、坚持“三个贴近”原则，确保培训见实效

一是贴近产业发展。根据防城港市产业发展和区内外用工市场需求，结合劳动者意愿，重点围绕就业容量大的钢铁、有色金属、能源、食品、石化、装备制造等六大支柱产业，开展有组织的转移劳动力岗前培训、项目制培训、企业订单培训等，促进农村劳动力转移就业创业。

二是贴近市场需求。坚持需求导向，确保职业技能培训市场化，以开展“送政策、送培训券、送稳岗补贴”为契机，组织培训机构深入企业开展走访调研活动，全面了解摸清企业生产经营现状、职业技能培训需求，把准市场需求和企业需求脉搏，与企业一起研究制定符合企业的培训方案。截止到 2021 年年底，85 家培训机构与企业结对子，为 486 家企业制定差异化培训方案 382 个。

三是贴近群众意愿。在摸清群众培训意愿的基础上，合理设置培训专业、落实培训师资，在立足贴近群众、符合需求的原则上开展技能培训。为积极应对新冠肺炎疫情对培训工作的影响，市人力资源社会保障局会同市财政局印发了《关于应对新型冠状病毒感染肺炎疫情影响　做好线上职业技能培训工作的通知》，鼓励支持企业返岗、待岗职工和建档立卡贫困劳动力参加线上培训学习，完成培训课时并通过线上考核合格的，给予每人 300 元的培训补贴。对参加线上培训并通过线上考核合格的建档立卡贫困劳动力，还给予每人每学时 10 元的生活费补贴，最高累计不超 200 元。全市累计组织建档立卡贫困劳动力参加线上职业技能培训 6 961 人次，企业职工利用线上培训平台参加培训 5.7 万人次。

三、坚持“三个覆盖”，确保培训无盲区

一是培训对象全覆盖。通过政府购买服务的方式，由广西思达市场信息咨询有限公

司承办开展全市劳动力资源调查，摸清劳动力技能水平、就业创业意愿等基本信息，建立信息台账，实施精准动态管理。培训对象覆盖就业人员和准备就业创业的适龄人员在内的城乡全体劳动者，开展从劳动预备制到高级技师等不同层次的培训。

二是培训内容全覆盖。通过采取线上线下培训结合、部门联动、多方位动员组织培训等措施，丰富培训方式、增加培训资源供给、强化“双千结对”校企合作，强力推动职业技能提升行动。同时，将职业素养、扫黑除恶等内容纳入职业技能培训全过程，推动从单纯的职业技能培训向职业技能、职业素质、就业创业能力等综合性培训转变。

三是跟踪服务全覆盖。将职业技能提升培训和人力资源招聘有机结合，将参训人员信息纳入人力资源招聘信息平台，通过系统技术衔接、检索、信息转化对接，使每一名培训人员依据所学技能找到意愿之中的就业岗位，积极对参训学员进行回访，为他们就业创业提供指导和建议，做好后续跟踪服务，及时解决工作中存在的困难和问题。

点评：防城港市职业技能提升行动工作成绩突出，关键是做到3个“三”，相互支撑，缺一不可。其中很多做法具有创新意义，比如开展“送政策、送培训券、送稳岗补贴”进企业活动；鼓励困难群体参加线上培训学习，完成培训并通过考核的，给予培训补贴和生活补贴；落实专账资金直达区县管理，确保资金及时拨付到位等，都值得借鉴和推广。

海南

三亚市：创新游艇驾驶员培训新模式 助力海南自贸港新业态发展

近年来，海南省三亚市紧紧围绕自贸港产业结构需求，大力开展职业技能特色培训，以保障民生和实现更高质量就业。为进一步加强劳动者技能培训的针对性和实效性，三亚市结合自贸港建设新业态发展，创新三亚市游艇驾驶员培训新模式，通过政府补贴的方式助力重点就业人群参加培训以实现更高质量就业。在第三届全国创业创新活动中，“三亚船长”培训品牌荣获“创新发展类”劳务品牌奖。

一、深入调研，制定培训方案

近年来，三亚市围绕海南自贸港建设总体方案要求，逐步建设成为游艇旅游消费中心、国际游艇交易中心和游艇创新服务中心。随着自贸港建设的不断推进，游艇业的发展也不断加快，行业未来前景广阔。为更好地促进业态发展，在对游艇培训行业进行深入调研的基础上，三亚人力资源社会保障局制定了《三亚市游艇驾驶员培训工作实施方案》（以下简称《实施方案》）。

《实施方案》充分考虑到游艇驾驶员培训市场费用高（每人次约 1.8 万元），劳动者参训积极性高、就业后薪酬待遇好，企业急需这类人才但不愿意全额支付费用培养职工等情况，通过科学合理的政策设计，合理解决了“就业意愿—培训需求—市场需要”各个环节中的难点问题。

一是采取个人自费和政府扶持相结合的原则。鼓励省内外有培训意愿的社会化人员自费参加培训；对于脱贫劳动力、离校未就业高校毕业生、城乡未继续升学的初高中毕业生、农村转移就业劳动者、城镇登记失业人员、随军家属、退役军人、失海渔民等就业重点人群，政府予以部分补贴。符合条件的学员经培训合格后最高可补贴 1 万元。

二是坚持培训和就业挂钩的原则。采取培训与就业挂钩，对参训人员进行就业跟踪帮扶，实现就业增收。每期学员就业率超过 50% 以上的，即可享受政府最高补贴，补贴申请实行阶梯性补贴标准。

二、严格管理，确保培训质量

一是积极发动。在全市范围内征集有就业意愿的重点就业人群参加培训，虽然个人需要承担近万元的培训费，但报名非常踊跃。首次报名就征集到 183 名学员，人力资源社会保障部门公开征集培训机构依次排班开展培训。

二是加强管理。根据游艇驾驶考试大纲，分层次、分类别地开展内容全面、形式灵活的培训，确保培训质量，学员的通过率为 100%。

三是加强监督。人力资源社会保障部门联合海事部门不定期对培训过程进行检查，培训机构做好学员签到、培训视频等资料的留存，在申请培训补贴资金时提交审核。

三、严格把关，注重培训实效

为切实提高游艇驾驶员培训的针对性和实效性，在报名征集阶段，人力资源社会保障部门综合海事部门和企业的用工要求，严格把好资格审核关，重点审核报名人员就业意愿、学历及年龄等，注重参训学员综合质量，确保了学员考试通过率为 100%。为解决学员就业，指导游艇培训机构及时组织就业双选会，初次就业率超过了 80%，已上岗就业学员月薪均在 5 000~6 000 元左右，部分学员月薪达到 1.2 万元。

四、加大宣传，培育培训品牌

为加大重点就业人群的培训参与度，2021 年三亚市同步将游艇驾驶员项目列入三亚市职业技能竞赛项目，以达到“以赛促训、以赛促学”的目的。截止到 2021 年年底，三亚市采取市场培育与政府扶持相结合的培训方式，已为国内外航海相关机构输送专业船长、船员等从业人员 2 100 多人，培训学员考取驾驶证者 5 000 多人，成为全省最大的游艇培训集聚地。在第三届全国创业就业服务展示交流活动中，“三亚船长”作为全国独有的劳务品牌，体现海南旅游特色，最终荣获“创新发展类”劳务品牌奖。

点评：三亚市立足当地经济社会发展定位，紧紧围绕自贸港产业结构需求，开展职业技能特色培训。为促进产业发展，三亚市制定了《三亚市游艇驾驶员培训工作实施方案》，按照个人自费和政府扶持相结合的原则组织实施游艇驾驶员培训，并对培训学员帮扶就业。目前，三亚市已成为海南省最大的游艇培训集聚地，“三亚船长”也成为独具特色的劳务品牌。

重庆

云阳县：着力提质增效　培育云阳匠才

一、铸造“云阳面工”特色劳务品牌，促进县域经济发展

20世纪50年代，云阳县机械厂生产了一种加工面条的手动面条机，云阳人也是从这个时候开始学会面条加工的。改革开放之初，以江口、鱼泉、沙市一带为代表的云阳人带着致富梦想开始走出大山“看”世界。他们在西安、湖北、河南务工时，发现好些地方都是以面食为主食，但当地很少有面条加工坊，居民大多食用自己加工的手工面。精明、勤劳的云阳人发现了其中的商机，他们尝试着把家乡的面条机和加工技术带到外地生产面条，这种加工面条做起来省时又方便，很快受到当地人喜爱，也给首开面坊的云阳人带来了较为可观的收入。通过“父带子”“师带徒”“传帮带”等方式，云阳人开面馆、开面坊的“大军”风起云涌，初步形成了“云阳面工”劳务品牌。近年来，云阳县人力资源社会保障局多措并举，深度挖掘培育“云阳面工”特色精品劳务品牌。

一是坚持把打造“云阳面工”品牌作为促进劳动力更具规模、更加稳定、更高质量就业的重要抓手，积极争取将“云阳面工”申报为特色工种，纳入就业创业扶持、职业技能提升范畴。开展云阳面工技能大赛，评选“面业大师”，储备面业工匠。

二是成立协会，规范发展。引导“云阳面工”中有影响力的突出人士，牵头成立“云阳面业”行业协会，统一规范产品质量、加工工艺、诚信诚实、规范竞争，逐步实现行业规范化、规模化。“云阳面工”从业人数达20万人，经营范围发展到中小城市甚至乡镇，经营产品拓展到数十个品类，占领全国鲜湿面市场70%以上份额。

三是强化科技创新提质。推动面业企业、面业协会与科研院所合作，开展科技创新。云阳面业协会已与河南工业大学建立合作关系，在云阳建立“中华面食研发基地”，

开展科技攻坚项目。

“云阳面工”特色劳务品牌被市人力资源社会保障局推荐参加全国劳务品牌展示交流活动，获评全国“我最关注的劳务品牌”等三项荣誉。重庆陈大毛面业发展有限公司脱贫职工熊孟琼被评为全国优秀农民工。截至目前，“云阳面工”在全国范围开办面业加工企业5.6万余家，面业加工产值600亿元，工业增加值200亿元，带动加工、销售、面食经营从业人员50万人以上。

二、“三事两查一随访”着力提升培训质效

在职业技能培训中，云阳县人力资源社会保障局创新实施“三事两查一随访”制度（事前备案审签、事中视频监控、事后统一鉴定，不定时现场检查、定期抽查，电话随访），全方位加强培训监管，有力提升了培训质效。

一是培训前对培训机构教学方案、教学计划、课程安排等资料进行开班申请备案审签制，审核通过后才可以正式开班。

二是培训中适时进行全方位无死角教学视频监控，及时发现不规范的教学疑点和薄弱环节，并通知培训机构进行整改。

三是培训结束后由县职业技能鉴定中心对全部参训学员的培训质量进行统一鉴定，考核合格的颁发职业资格证书并享受培训补贴。

四是全程委托第三方机构实行不定时现场检查教学计划、教学方案执行情况，现场核对学员身份及学员出勤率，并将第三方机构出具的检查情况报告作为拨付培训补贴的依据。

五是组织专人对培训机构培训时的全程录像进行抽查，抽查结果作为对培训机构拨付培训补贴费用、次年下达培训指导性计划、评判第三方机构培训监督检查结果的依据。

六是不定时进行电话随访。对参培学员电话有错误的及时要求培训机构到县就业中心进行修改，防止有错号、空号和同号出现，随访结果及时向社会公开，促使培训机构认真开展培训。

三、开展职业技能大赛，培育云阳匠才

为挖掘、培养和选拔云阳县优秀技能人才，弘扬工匠精神，营造云阳县崇尚技能的良好社会氛围。在做好新冠肺炎疫情防控的前提下，云阳县采取“封闭式管理”“封闭式运行”“全社会参与”的方式，积极举办“云阳匠才杯”职业技能大赛。

一是完善竞赛制度，扩大竞赛覆盖面。本次大赛从市裁判库中抽取裁判 25 人参与此次大赛执裁工作，并邀请了国家职业技能裁判何先泽、曾秀琼、罗沙沙等现场评判。共吸引 416 名选手参赛。

二是优化赛项设置，紧跟市场需求。共设置中式面点师、中式烹调师、美容师、美发师、养老护理员 5 个竞赛项目，为市场就业率较高的五个职业培养选拔优秀技能人才。

点评： 云阳县积极开展职业农民技能培训，通过开展职业技能大赛，实施“三事两查一随访”制度，即事前备案审签、事中视频监控、事后统一鉴定，不定时现场检查、定期抽查，电话随访等，全方位加强培训监管，有力提升了职业技能培训的质量与效果。

重庆轨道集团：实行企业新型学徒制　开辟人才培养新途径

职业技能提升行动实施以来，重庆轨道集团积极组织开展企业新型学徒制培训工作，2019 年、2020 年分别完成了 496 名、445 名企业新型学徒制培养工作，成效显著。

一、精心组织

协调企校签订合作协议。自 2019 年 9 月企业新型学徒制工作全面启动以来，结合重庆轨道集团实际情况，制定出台工作方案。为达到培养企业新型学徒、锻炼技能人才队伍的效果，重庆轨道集团与重庆公共运输职业学院反复洽商，最终签订企校合作培养协议，采取“企校双制、工学一体”的培养模式，即企校双师带徒、工学交替培养等形

式，按照双方共同制订的培养计划培养企业新型学徒。

二、精选师徒

一对一结对传帮带。重庆轨道集团员工众多，如何从中筛选出符合企业新型学徒制工作要求的学徒，是关系到能不能如期完成培养工作的重要问题。在与上级有关部门充分沟通后，重庆轨道集团决定在具有城市轨道特色的工种中，选取能够取得职业技能等级证书的工种，并从中选出与重庆轨道集团签订劳动合同的在技能岗位上符合培养中、高级技能人才的社招新员工，作为企业新型学徒制工作的学徒。参加培训的学徒培训期间薪资不变，其他待遇按重庆轨道集团相关规定执行。同时，在符合条件的各专业优秀高技能人才中选拔思想品德、业务技能双过硬者聘为企业导师，与学徒双方签订师带徒协议，形成“一对一”的结对传帮带培养模式。导师指导学徒进行岗位技能操作训练，帮助学徒逐步掌握并不断提升技能水平和职业素养，使之达到职业技能标准和岗位要求，具备从事相应技能岗位工作的能力。

三、精准教学

为保障企业新型学徒制工作顺利开展，重庆轨道集团组织人事部、运管中心、运营公司以及重庆公共运输职业学院（以下简称运输职院）协商策划，在最大限度保障既不耽误生产又不耽误学习的情况下，采取理论脱产培训 1 个月 + 新员工三级培训 1 个月（2020 年新增实操培训）+ 一对一师带徒 10 个月，形成理论实践的无缝衔接。

一是补短板，集中完成理论课程培训。重庆轨道集团和运输职院针对学徒专业知识参差不齐、理论基础缺乏系统的情况，采取由运输职院选派优秀专业导师集中理论教学方式，根据学徒工种及职业技能等级的不同，采取一个工种专业按等级分别建一个班的方式集中进行理论知识培训。组织人事部协调联系培训资源、授课教室，根据学徒工作时间及运输职院导师上课时间，制定企业新型学徒制培训授课计划表，进行跟踪管理。

二是强安全，分专业完成三级安全教育。重庆轨道集团历来高度重视安全生产工作，在培训期间，安排了一、二、三级安全教育培训，让学徒掌握该专业相关的安全生产法律法规、安全生产规章制度、劳动安全基本知识、工作环境及危险源、岗位安全操作规程等。

三是重实践，打造师带徒一对一“私人定制”模式。在实践操作中，企业导师一对一与学徒签订师徒协议，按照岗位培训标准，根据职业道德与规章制度、专业知识、业务技能等内容制订带徒计划，每位师傅根据所带徒弟的技能水平在培训内容大同的基础上制定个性化的培训内容，在平时工作中对学徒进行实际操作的培养，并根据学徒学习进展适时调整计划内容，企业导师以自身成长获得的丰富学习方法和工作经验进行言传身教，“短平快”提升学徒技能水平。

四是迎挑战，及时解决问题、推进工作。虽然前期已经做好了充足准备，但实际工作中也面临着一些挑战，重庆轨道集团不断收集导师和学徒的意见，保持与导师、学徒的良性沟通，在保证工作顺利开展的前提下，适时弹性地调整培训时间安排，充分保障每个学徒都能够参加培训，同时做好企业新型学徒制学徒的思想稳定工作。针对实操部分，2020 年企业新型学徒制培养还专门设置了 3 天实操培训课程，加强学徒动手能力。学徒们也本着学习技术知识的主动性和积极性，坚持不错过每一堂课，不落下每个知识点。2020 年因疫情原因不能聚集开展集中培训，重庆轨道集团与运输职院沟通协调，将理论课程改为线上培训，160 学时的理论课程没有受到影响。除此之外，重庆轨道集团还主动与上级主管部门积极对接，完成了未开展职业技能等级认定职业（工种）的培训合格证考试理论、实操题库开发，为培训合格证考试做好准备。

四、主要工作经验

一是模式创新接地气，保障人才快成长。通过企业新型学徒制工作，组织企业学徒参加培训，达到人才培养模式创新目的，开辟了人才培养新途径，也增强了企业对技能人才培养工作重要性的认识，发挥了企业培训主体作用，深化了企校合作，加快了企业后备技能人才培养。

二是政府服务跟得紧，真为企业减负担。对于开办企业新型学徒制班的事前、事中、事后都给予大量关注和业务指导。针对重庆轨道集团企业新型学徒制鉴定考试、结业审核过程中出现的困难，工作人员专程到重庆轨道集团上门服务，双方一起想办法、找对策、寻出路，积极进行多方协调，确保了大多数完成培训的学徒领到了补贴。城轨行业因本身的发展历史，历来人才稀缺，目前各地城轨新线建设如雨后春笋，服务于城轨行业的专业人才更加奇缺。重庆轨道集团为了保证安全运营，只有大量招聘非专业或相似专业新员工进行培养，势必投入大量培训经费。最终重庆轨道集团 2019 年、2020 年企业新型学徒制工作顺利进行，大大减轻了员工培训经费压力，减轻了企业培养技能人才的经济负担。

三是理论联系实践，导师学徒共发展。企业新型学徒制工作开展，让参与的学徒深深感受到与原有师带徒模式的不同，不但可以从企业导师处学得经验技术，还可以通过学院老师集中理论授课与指导，提升自身理论基础知识，帮助自己将所学理论知识系统化。作为导师，所获不仅是学徒的成长，更是对本身知识梳理、成长经验总结。在教学中师傅不居高自傲，在工作中师徒互相学习，形成取长补短的良好氛围，最终相得益彰，双双获得可喜进步。

点评： 重庆轨道集团用两年时间完成 941 名企业新型学徒制培训和职业技能等级认定任务，效率高，成效好，为企业的安全生产解决了人才和技术技能方面的短板、弱项。其亮点可概括为：系统的顶层设计，精准的工作安排，接地气的培训内容和培训形式，及时跟进的评价和政府补贴资金政策措施。

四川

广元市朝天区：技能提升　打造川北康养新名片

春踏青，夏避暑，秋观红叶，冬滑雪。

曾经隐秘于川陕接合部朝天区大山之中的生态、文化瑰宝——曾家山，如今一跃成为享誉全国的蜀道文化、民俗风情、自然风光旅游目的地，秦岭南麓生态康养游的核心区域，周边各地游客纷至沓来，当地康养旅游产业发展跑出了新的“加速度”。

如何利用川北康养胜地这一独特优势资源不断擦亮天府旅游名县“金字招牌”？四川朝天区充分依托“世界避暑名山”曾家山景区资源优势，针对康养产业专业化人才缺口明显，健康照护、家政服务等康养服务需求较大等问题，乘着职业技能提升行动的“东风”，以康养培训为基础，持续提升旅游从业人员的素养和水平，努力将朝天区打造成为川北康养新名片。2019 年以来，全区开展康养技能人才培训 766 人、全域旅游就业培训 1 800 余人、创业培训 81 人，为加快建设全国知名的生态康养旅游目的地提供了重要的人力支撑和智力保障。

一、康养培训摸“家底”，夯实培训基础

“康养旅游要长远发展，配套的康养服务则应该跟上脚步。加强康养服务从业人员技能提升、职业发展保障激励，多渠道加快培养数量充足、素质优良、服务优质康养服务技能人才，从而培养造就一支规模宏大、层次分明、结构多元的康养高技能人才队伍，显得尤为重要和迫切。”朝天区人力资源社会保障局相关负责人表示。

为充分了解和掌握全区劳动力培训需求，摸清家底，朝天区借助全市实施“康养职业技能培训计划”的契机，以基层劳动保障平台为依托，以乡村劳动保障协理员为主宣传员，对辖区内有劳动力的家庭进行入户走访，在掌握劳动力已有技能水平的基础

上，逐一征询就业意愿和培训需求，摸排有培训意愿劳动力4 660名，分类建立涉及养老护理员、客房服务员等工种的培训台账5本，为后续精准开展康养培训夯实了工作基础。

“挣钱的路子就在家门口，奈何我没得技术，得亏之前培训需求摸排时我报了个名，后来通知我去参加培训，没想到也因此让我找到了就地就业的门路，还能为家乡的康养旅游做贡献，两全其美，哈哈……”朝天区曾家镇刘金花乐呵呵地说道。据了解，她在参加朝天区2020年客房服务培训后，在曾家山华美达酒店成功就业。

二、康养培训锻“巧匠”，提升康养品质

“旅游从业人员培训活动好啊，不仅能提高自身服务素养和水平，还能更好地为广大游客服务。”在2021年曾家山旅游从业人员新型“巧匠”培训班上，参训人员纷纷感慨地说。

课堂上，100余名旅游从业者一边认真听课一边做笔记，课后休息时间还拿出《客房服务员》《休闲农业与乡村旅游》等培训教材翻阅、交流讨论。

据悉，此次培训课程内容包含旅游行业法律法规、康养旅游发展情况、安全应急、文明礼仪、工作技巧等，既有理论学习又有互动体验，对解决康养从业人员工作中遇到的实际问题都有很强的针对性和实用性。

“通过参加这次康养旅游‘巧匠’培训，不管是经营的理念还是具体的服务，都让我提升了一个档次。我相信，回去以后我不仅能将自己的康养旅游产业搞得更好，还能带动周边的邻里乡亲也发展康养旅游产业。”朝天区李家镇永乐村白云农庄民宿老板赵牺平自信地说。

三、康养培训稳“就业”，提高生活水平

“通过培训，我获得了国机集团发的结业证书，日子更有盼头了。”由中设集团和朝天区政府主办、区人力资源社会保障局承办的“国机集团CMEC乡村振兴养老照护朝天区普惠培训班”，在历经6天授课及技能实操培训后圆满结束。

据了解，本期普惠培训班学员总计76名，年龄跨度从26岁到近60岁，学历从小

学到大学不等。培训班特别邀请了北京知名养老照护专家及培训师团队，采取课堂理论学习与实践操作相结合、培训内容与就业需求相结合的方式，提供养老照护职业素养、法律维权、食品安全、消防安全等针对性课程。

“我一直在市内打零工，收入很低。通过这次培训，我不仅可以学习先进的养老理念、专业的操作技能再次就业，增加收入，同时也能给家中老人提供更专业、更贴心的照护。”参加培训的陈丽激动地说，培训为她找到了新的生活方向。

点评：四川省广元市朝天区技能提升行动工作的最大亮点是直接有效地服务于当地康养产业，培养“巧匠”，打造康养培训品牌，同时带动乡村振兴工程，打造了政府牵头、企业和培训机构紧密配合的技能人才培养县域模式。

达州市：山海联盟增特色　订单培训出成效

近年来，宣汉县就业服务管理局借助浙川东西部劳务协作平台，聚焦巩固脱贫攻坚成果与乡村振兴有效衔接，创新开展“宣汉海员”订单式特色劳务品牌培训工作，共输出学员近200名，通过与浙江舟山航海学校联合培养，订单培训，实现培训合格人员全部免费推荐就业，取得浙川两地劳务协作供需双赢的成果，深得浙川社会、就业家庭广泛认可和好评。

一、高位部署，谋划推动“铺路子”

县委常委会专题研究东西部劳务协作工作，听取“宣汉海员”特色订单式就业培训推动情况汇报，研究解决实际困难和问题。成立宣汉县浙川东西部劳务协作领导小组及办公室，将“宣汉海员”特色劳务品牌作为深化浙川东西部协作和定点帮扶工作的有效载体和重要考核内容。明确“宣汉海员”培训目标和年度任务，落实县委分管领导亲自谋划推动、县级部门协同配合，人力资源社会保障就业部门具体落实的工作机制，精心安排部署，严格工作落实，确保工作取得实效。

二、深化协作，聚力合作“搭台子”

创新劳务协作形式，实行宣汉与舟山联合培养“宣汉海员”模式，并纳入年度浙川东西部劳务协作项目，匹配项目资金支持，学员在舟山航海学校培训期间，培训费、住宿费、考证费等由舟山市人力资源社会保障局保障，学员生活费、服装费、保险费等由宣汉县补贴。建立劳务协作定海、宣汉两地定期互访机制，及时研究解决“宣汉海员”招生、培训、管理过程中的问题。充分发挥校企地三方合作优势，政府搭桥引导，把学校、企业、学员联结为一体，构建“政校企生联动协作”，突破就业培训地域制约，开创东西部劳务协作、互利共赢的有效道路。

三、优化服务，精准用力“强底子”

强化“宣汉海员”政策宣传。联合人力资源公司，合力“线上线下”，利用抖音、微信等自媒体，通过张贴海报、发放简章、入户动员、召开会议等形式，大力宣传海员招生政策，解答问题，确保“宣汉海员”就业培训深入人心。大力摸排招生对象，建立学员台账，积极联系意向学员，“一对一”跟踪服务，解答疑点困惑，提高工作针对性，助力实现海员梦想。采取“点对点”一站式包车护送模式，实现出家门—上车门—到校门，随车配备了体温枪、应急药品等防疫物资，全程提供保姆式服务，解决学员长途奔波难题，确保学员出行安全有保障。成立“宣汉海员”班临时党支部，服务学员培训教育管理，增强培训效果。

四、订单培训，推荐就业“鼓袋子”

实行“订单式”培训，由宣汉县广泛宣传，摸清劳动力现状和意愿，组织输送学员到舟山进行海员岗前培训，培训合格推荐就业。2018 年至 2021 年底，已组织 5 期海员培训，第 1、2、3 期的 85 位学员已全部完成学业考取证书，并已全部推荐就业。由于“宣汉海员”订单式特色劳务品牌效果显现，2021 年报名参与培训人员积极踊跃，全年分两批组织培训，111 名“宣汉海员”前往舟山参加海员培训，培训人员超过了前三年“宣汉海员”总和还多出 26 名，培训学员主要是退役军人、脱贫人口和就业困难人员，还有近 20 名大中专毕业生。“国内航线能拿到 8 800 元 / 月，国际航线能拿到万元以上，每三个月都会根据行情调整上涨；累积经验后，我准备去考三管证书，现在三管工资已经达到 1.8 万元 / 月了，三副工资 2.4 万元 / 月，职业上升空间大。”“宣汉海员”让参训学员和宣汉老百姓的钱袋子更鼓了，第三期学员邓奇星培训结束后在舟山新一海公司就业，他对未来更加充满了信心。

宣汉县就业局将继续以“宣汉海员”培训为契机，进一步创新机制、强化管理，组织更多学员前往舟山参加海员培训，预计未来 5 年将培训“宣汉海员”2 000 名，实现更多“山里人”的“海之梦”，助力乡村振兴，实现共同富裕。

点评：劳务合作对于西部地区仍然是脱贫致富的重要途径，宣汉县坚持与浙江一所海员学校合作，大力开展“订单式”培训共同打造“宣汉海员”培训品牌，通过培训输出了 200 多海员，让“山里人”实现“海之梦”，为西部乡村振兴创造了经验。

巴中市：打造“5+1”智慧平台　破解培训监管难题

巴中市把建设就业培训监管平台作为就业培训领域系统治理的重要抓手，针对“培训班次办没办、培训人员准不准、培训时长够不够、培训过程实不实”等问题，坚持统规统建、试点先行、稳步推进，在全省率先探索建成“5+1”智慧监管平台，形成了“省—市—县—校—点”五级在线监管体系，就业培训实现了从开班到结业全过程、全方位、全时段智能化监管。建设成果获评全省优秀公共就业创业服务成果一等奖，并在全省就业高峰论坛上展示，经验做法被省人力资源社会保障厅在全省宣传推广。

一、建成“五平台一空间”，有效破解“监管效率提升难”问题

巴中市人力资源社会保障局联合运营商研发了视频汇聚平台，租用了云存储空间，并与省人力资源社会保障厅研发的培训监管平台、V2.0 业务平台、培训机构平台、“就业通”等系统融会贯通，构建了“五平台一空间”多系统数据互联互通、全流程业务融会贯

通、各业务环节形成闭环、全网络信息运行顺畅、全过程记录回溯完整的在线监管模式，监管人员无需多头跑路核查、多处比对数据、多方汇总情况，既节约了培训监管的人力、物力成本，更提高了培训监管的精准度和实效性。

二、畅通“五链条一报告”，有效破解“培训过程监管难”问题

通过运用“五平台一空间”，融合区块链可追溯性、防篡改技术，构建了培训现场直播监管、全程录像回放追溯、动态截图随机取证、学员学时精准管控、教学过程预警提示的监管链条，实现了从开班到结业全过程记录并自动生成监管报告的“五链条一报告”全方位、数字化监管体系，有效破解了现场核查难、过程追溯难、随机抽查难、学时掌握难、开课把控难等监管难题。截止到 2021 年年底，已全程录像 248 个培训班次，自动截图 2 645 张，精准监管 8 443 人、培训时长 1.7 万学时。

三、推行“五渠道一定位”，有效破解“学员身份校验难”问题

为充分适应参训学员多样化考勤需要，全面推广应用省培训监管平台的“生物特征识别（人脸、指静脉、指纹）、电子培训券、考勤机”五种渠道 +“GPS 定位”于一体的“双重”验证体系，对参训人员身份实现精准核验，对参训课时实现精准记录，切实杜绝了学时造假、冒名顶替等问题。同时，将人脸识别功能嵌入“四川 e 就业、培训机构 App”，让参训学员、授课老师均可利用手机自主考勤打卡，提高了考勤便利度。目前，实现人脸验证、指纹验证 1.54 万人次、电子培训券验证 382 人次。

四、聚焦“五协同一对接”，有效破解“监管设备兼容难”问题

针对不同厂家、不同型号的监控设备难以融合接入的问题，制定了监控设备协议转化、存储压缩的视频汇聚平台接口标准，确保不同厂家、不同型号的监控设备通过视频汇聚平台协议转换后，以标准接口与省监管平台无缝对接，达到资源灵活适配、通道均衡分配、故障快速诊断、终端便捷管理、运维快速高效的“五协同一对接”目标。目前，视频汇聚平台已支持 21 个品牌、70 余款型号的监控设备顺畅接入省监管平台，保持无障碍运行。

五、紧盯“五自动一分析”，有效破解“综合分析研判难”问题

为及时精准掌握各项培训的培训班次、参训对象、人员结构、工种类别、就业去向、补贴拨付等情况，充分应用省培训监管平台上集培训开班、参训人数、人员结构、工种类别、结业情况、就业去向等 16 项统计分析功能于一体的“培训服务总览”模块，实时对各班次、各层次、各类别、各方面等进行大数据综合统计分析，实现了信息数据自动汇聚、开班日程自动产生、综合情况自动统计、展示图表自动生成、监管报告自动推送的“五自动一分析”目标，所有培训情况均可通过数据化、可视化一屏展示，为精准监管、科学决策提供了真实可靠的依据。

点评：资金安全是职业技能提升行动工作需要牢牢守住的底线。巴中市把建设就业培训监管平台作为重要抓手，通过“5+1”智慧监管平台，有效破解培训资金监管难题，实现了从开班到结业全过程、全方位、全时段智能化监管，打造了“人防 + 技防”“制度 + 科技”监管安全网，其做法具有较高的借鉴推广价值。

贵州

毕节市：多举措抓实职业技能培训助力按时打赢脱贫攻坚战

近年来，毕节市统筹实施农民全员培训和职业技能提升行动，坚持把技能培训作为促进贫困劳动力就业增收的重要举措，围绕产业和就业需求，不断创新工作举措，精准开展贫困劳动力技能培训，为全市决战脱贫攻坚、决胜同步小康贡献力量。2019 年以来，全市共培训建档立卡贫困劳动力 39.7 万人次，培训促进就业 29 万人；培训易地扶贫搬迁劳动力 8.3 万人次，培训后实现就业创业 6.3 万人。

一、抓实质效提升，围绕产业发展“做文章”

紧紧围绕毕节市产业发展规划，以建档立卡贫困劳动力和易地扶贫搬迁劳动力为重点，精准实施技能培训，助力农村产业革命向纵深推进。

一是围绕产业建培训基地。鼓励和引导农业产业企业（基地）围绕地方特色农业产业，因地制宜设立职工技能培训中心、创建培训基地，全力开展以工代训、企业新型学徒制培训、项目制培训。例如，威宁县围绕“三白”蔬菜产业和食用菌产业、纳雍县围绕桑蚕产业、赫章县围绕中药材产业、七星关区围绕刺梨产业、金沙县围绕白酒酿造产业，共建立培训基地 26 个，累计开展培训 10.3 万人次，培训后均吸纳到产业基地上就业。

二是支持农业企业、农业合作社因需施培。对村党支部领办的“村社一体”合作社吸纳贫困劳动力到产业基地就业的，支持自主开展培训，进一步扩大培训范围和增强培训效果。例如，威宁县出台政策支持村社一体合作社围绕“三白”产业培训贫困劳动力 2 205 人，既扶持了合作社的发展，又提高了贫困劳动力的技能，促进参训贫困劳动力就业增收。

三是大力实施“产教融合”工程。鼓励培训机构与农业企业、产业基地、扶贫车间、种养大户开展产教合作，实施“以工代训”、学徒培养等培训项目，促进劳动力培训后即实现就业，为产业发展提供合格工人。全市累计开展企业职工培训 5.5 万人次，其中以工代训 2.1 万人，企业新型学徒制培训 1 527 人，岗前培训 1.2 万人次。累计围绕农业产业共开展实用技术培训 17.2 万人次，其中蔬菜种植技术培训 1.9 万人次、生态畜牧技术培训 3 万人次、茶叶种植技术培训 0.3 万人次、中药材种植技术培训 0.4 万人次、精品水果种植技术培训 0.6 万人次，辣椒种植技术培训 1.3 万人次，食用菌技术培训 0.2 万人次。

二、抓实感恩教育，激发培训对象“内生力”

坚持感恩教育与技能培训并重，出台了《毕节市“感党恩·讲文明·树新风·提素质”培训工作方案》，优化课程设置，优选培训师资，采取课堂讲授、多媒体动画教学、军训等方式，在培训过程中加强感恩教育、政策宣讲、文明礼仪培训，不断激发群众感党恩、知政策、讲文明、弃陋习、懂纪律、讲规矩。同时依托贵州省农民培训视频点播系统、新时代农民讲习所等方式开展综合素质提升培训，不断激发贫困劳动力内生动力。截止到 2021 年年底，开展农民综合素质提升培训 454.6 万人次，其中感恩教育培训 168 万人次。

三、抓实劳务协作培训，充分借助帮扶力量

充分利用对口帮扶城市师资、资金、课件、教材等资源开展职业技能培训，其中，争取广州市帮扶资金 1 420 万元用于开展贫困劳动力职业技能培训；采取到帮扶城市学校及帮扶城市送教上门方式，培训“南粤家政”及“粤菜师傅”师资 204 人。三年来，广州市共送教上门 10 多个批次，共完成劳务协作培训 3.4 万人次，培训后促进就业 2.1 万人。

四、抓实机制创新，推动培训效果“最大化”

一是创新培训方式。采取“课堂学理论 + 田间学实操 + 外出学经验”分段培训模式，线上线下相结合，大力开展“订单”培训、岗前培训、以工代训等短平快的精准培

训，切实提高培训的针对性和实效性。

二是创新评价方式。建立培训与就业挂钩机制，将培训后初次就业率达 30% 以上作为评价培训效果的“硬指标”，严格兑现培训补贴，不断增强培训实效性。切实推动技能人才评价制度改革，强化技能等级评价，壮大技能人才总量。

三是创新监管方式。推广应用“远程视频 + 现场检查 + 跟班管理”常规监管模式，对在田间地头开展的培训，采取“培训机构 + 培训组织部门 + 乡镇（园区）”三方监管模式，不断增强培训的灵活性和真实性。

点评：毕节市精准实施技能培训，围绕产业建培训基地，支持农业企业、农业合作社因需施培，实施“产教融合”工程，坚持感恩教育与技能培训并重，开展综合素质提升培训，不断激发贫困劳动力内生动力。在创新培训方式上，采取“课堂学理论 + 田间学实操 + 外出学经验”分段培训模式，开展“订单”培训、岗前培训、以工代训等短平快培训；在创新评价方式上，建立培训与就业挂钩机制，将培训后初次就业率达 30% 以上作为评价培训效果的“硬指标”；科学分段教学，量化评价指标，三方共同监管，职业能力建设工作出成果。

云南

绿春县大兴镇：用好政策　助力乡村振兴

为全面做好新冠肺炎疫情防控常态化条件下的绿春县农村贫困劳动力职业技能提升工作，绿春县人力资源社会保障局根据全县乡村振兴的总体安排部署和相关工作要求，按照有劳动能力的建档立卡贫困户每户至少有 1 人参加培训，有劳动能力有培训意愿的贫困劳动力掌握 1~2 门实用技术，对 2021 年全县的农村贫困劳动力职业技能培训线下培训工作提前安排部署，委托昆明立新职业培训学校负责完成绿春县大兴镇的培训工作，狠抓职业技能培训工作落实。

一、对培训机构严格把关

绿春县大兴镇通过招投标进行农村贫困劳动力职业技能提升培训工作，由资质齐、师资力量强、培训经验丰富的中标机构开展培训。为了确保培训取得实效，县人力资源社会保障局还要求培训机构要充分考虑农村贫困劳动力学员的培训需求、学习时间、方式等，用学员最受欢迎的方式来开展培训，提高贫困劳动力学员参加培训的积极性，真正做到学有所获，学有所用，掌握技术，增加收入。

二、用好政策，加强对农村脱贫劳动力职业技能培训政策的宣传

通过与 11 个村委会协调对接，及时将脱贫劳动力学员可继续享受 60 元 / 人 / 天的生活补贴、20 元 / 人 / 天的交通补贴政策宣传到户，让学员能够安心参加培训，打消在培训期间没有收入的顾虑。

三、做到学用结合

结合绿春县农村贫困劳动力职业技能培训需求情况，主要开设了茶叶加工技术培

训、家禽养殖、特色果蔬种植等多个工种的培训班。培训班每期学员不超过60人，培训时间一般为6天左右。理论课程采用更为直观的PPT授课，同时，还安排了实操课程，培训结束后所有学员参加考试考核，检验培训效果，考核合格人员将取得合格证；考虑到疫情防控的特殊形势，大部分培训班还将疫情防控知识纳入教学内容，在开班动员会上宣传好疫情防控知识。

四、加大对职业技能培训工作的督导抽查工作

对培训班的授课采取定期、不定期监督，人力资源社会保障局领导亲自作动员，以就业局为主的培训工作检查领导小组参与到每个培训班的培训质量监督中并到考试考核现场开展督导检查，及时掌握培训进度和培训效果。同时还在培训班结业时有针对性地推荐务工岗位，开展外出务工宣传动员。

点评：云南省红河州绿春县职业技能提升行动的有力开展关键在于目标明确、措施得力，教学内容做到了学用结合。此外，资金补贴到位，并加强资金申领和使用全程监管，确保了职业技能提升行动的质量。

西藏

墨竹工卡县：开展格桑花开创业培训促进高校毕业生创业就业

职业技能提升行动实施以来，西藏自治区按照人力资源社会保障部要求开展各类专项技能提升培训，特别是“马兰花计划”实施以来，广泛开展未就业高校毕业生和返乡农牧民创业就业培训。2019—2021 年全区累计开展创业类培训 1.6 万人次。西藏自治区拉萨市墨竹工卡县以高校毕业生和返乡农牧民创业作为促进就业的重要抓手，在江苏省对口支援西藏前方指挥部和社会各界的大力支持下，积极探索就业援藏新途径，搭建墨竹籍大学生就业创业培训平台，开创性地实施了“格桑花开创业特训营”活动，帮助大学生做好走出校园、走出课堂、进入社会、创业就业的准备，促进墨竹籍大学生高质量就业。

2019 年 11 月，墨竹工卡县举办第一届“格桑花开就业创业特训营”，此次培训打破以往单一开展培训的固有模式，将培训与上岗实训相结合，创新开展“1+3+N”模式（即：封闭培训 1 个月，见习实习 3 个月，拿到 N 个管理工具，掌握 N 项技能，实现南京就业创业和西藏就业创业等 N 种可能性）。截止到 2021 年年底，“格桑花开就业创业特训营”已成功举办两届，两批 67 名特训营学员顺利结业，就业率实现 100%。2021 年 10 月，第三届“格桑花开就业创业特训营”招募学员 35 人，在南京开启全新的“1+3+N”学习活动。

“格桑花开就业创业特训营”经过三年的实践，在促进农牧区高校毕业生就业创业方面取得了可喜成绩。

一、创新培训模式

特训营学员在 1 个月的培训时间里，接受理论辅导、案例分析、经验分享、参观体验等课程，通过现场教学分享就业创业经验，组织学员到企业参观、学习、交流和对接，着力提升参训学员的管理、执行、领导等综合能力。在 3 个月的见习时间里，根据学员就业创业方向和专业特点，推荐到相关企业岗位见习，将理论运用于实践，进一步增强学员的综合能力。

二、培训成果影响力大

鉴于首届“格桑花开就业创业特训营”成果显著，为不断巩固首届特训营成果，2020 年 4 月，墨竹工卡县发布“格桑花开人才 +”计划，创新推出“九个一”：一个特训营、一个成长营、一个数据库、一个公众号、一座创富桥、一本政策通、一支创基金、一家创集团、一个创年会，打好组合拳。2020 年 6 月，组织 50 名已实现就业创业的大学生开启成长营课程，通过线下集训、在线课程、论坛沙龙、企业游学等形式，开展人才跟踪培养。2020 年 10 月，制定出台《墨竹工卡县关于支持大学生就业创业十条政策（暂行）》，促进墨竹籍大学生区外就业、区内市场就业以及创业，进一步引导高校毕业生转变就业观念，拓宽就业创业渠道，提高就业创业质量。2021 年 4 月，举办墨竹工卡县“格桑花开·大学生就业创业”首届年会，推出“格桑花开平台 + 计划”。2021 年 8 月，开展政商企校联合共建，将格桑花开成长营升格为格桑花开成长学院，共招募学员 50 名。截止到 2021 年年底，通过实施“格桑花开人才 +”计划，累计跟踪培养学员 437 名，开创了人才培养、大学生就业创业的新途径。2021 年 12 月，开发格桑花开人才库管理平台，建立墨竹工卡县高校毕业生人才管理库。

点评：西藏自治区墨竹工卡县在江苏对口支援下，政商企校联合开展“格桑花开就业创业特训营”，三届累计跟踪培养学员 437 名，成绩较为显著，为促进西藏自治区大学生就业创业探索了路径。

陕西

宝鸡市：探索推行“四位一体”企业新型学徒制培训新模式

近年来，宝鸡市按照“校企双制、工学一体”思路，探索开展以“招工即招生、入企即入校、企校双师联合培养”为主要内容的企业新型学徒制培训，初步构建了学习过程与工作过程于一体、实操课题与工作任务于一体、教学场地与工作现场于一体、学习者与工作者于一体的“四位一体”企业新型学徒制培训模式，让企业员工接受企业培训与学校教育“二对一”培训，学校系统教学、企业加强实操，全力打通企业技能人才培养供给的“最后一公里”。2019 年以来，宝鸡市累计开展企业新型学徒制培训 1 万余人，预拨培训补贴资金 4 000 余万元，为各类企业培训了一批急需紧缺人才，持续助推实业立市、工业强市、质量兴市。

一、突出特色，完善企业新型学徒培养新机制

坚持以服务企业需求和产业发展需要为宗旨，按照“一工种一方案、一企业一模式”的总体思路，充分发挥工厂“案例教学”模式，根据不同职业（工种）设置不同学习课程、进度计划、考核标准等，组织相关技工院校制定完成了 30 余个常用职业（工种）培训教学方案。不断完善企业新型学徒制培训制度体系，编制《宝鸡市企业新型学徒制工作指南》，制定出台《宝鸡市企业新型学徒制培训操作办法》《宝鸡市企业新型学徒制培训工作流程》、企校“双导师”队伍管理制度、教学管理制度等多项标准性、制度性文件，为开展培训提供了制度支撑。实行学分制教学质量评价，按照理论学分、实操学分、考勤学分、在岗训练学分等四部分对学员进行综合考评，建立了切合实际、行之有效的学习效果评价体系。同时，加大补贴支持力度，按照中级工每人每年 6 000 元、高级工每人每年 10 000 元标准给予企业培训补贴，充分调动企业、院校参与企业新型

学徒制培训的积极性。

二、选优配强，建立“企校双师”新模式

突出企业、院校“双主体”，依托宝鸡技师学院、宝鸡铁路技师学院等技工院校，充分发挥技师学院办学优势，以本市产业、行业和企业需求为导向，深入工业园区、产业聚集区开展需求调研和指导服务，摸清培训需求和堵点难点，制定企业新型学徒制培训方案，引导企校深度融合。企业选拔首席技师、技能大师、技术能手等优秀高技能人才担任学徒导师，以指导学徒进行岗位技能操作训练为重点，讲授实操技能和生产经验；培训院校选择专业知识广、操作技能强的优秀教师作为学徒指导教师，强化专业理论知识与实践技能的衔接，有效促进学徒技能水平与职业素养“双提升”。2019 年以来，1 000 余名优秀企业导师、院校教师加入企业新型学徒制授课队伍，受到参训学员的一致好评。

三、形式灵活，创新教学培训新举措

结合企业生产和学徒工作生活实际，将教室搬进车间，将课堂放在线上，采取工学结合、工学交替、“线上 + 线下”等弹性方式开展培训，工作日在企业岗位训练学习，周末及业余时间通过“掌上学”“网上学”“帮扶学”等方式灵活开展，全力打造“四位一体”企业新型学徒制培训模式，有效解决工学矛盾突出问题。搭建“职培云”宝鸡分平台，鼓励企业将通用素质培训、易于理解的理论知识放在线上开展，线下集中讲授理论难点及学员疑点，确保培训效果。在培训开展过程中，针对集中实操较难实施的问题，支持企业和学校根据实际，联合制定学徒培训方案和课程标准，共同开发课程资源和工学结合教材，鼓励企业结合生产需要，由导师带领学徒，分小组按课题依次开展实操训练，有效提高实操针对性，解决了集中实操难以开展、效果不佳的问题。构建了全年不低于 600 课时标准（其中 10%~20% 通用素质课程、20%~40% 专业基础课程、25%~35% 课题实操、25%~35% 在岗训练）的弹性课程体系，有效增强了学用结合度和培训灵活度。

四、落实待遇，激发人才成长新活力

培训结束后，学徒按规定进行职业技能等级认定，企业按照学徒取得的技能等级落实工资待遇。宝鸡机床集团有限公司、宝鸡法士特齿轮有限责任公司等企业先后建立五星级技能人才待遇标准、技能人才奖励机制等激励措施，实现了学徒技能水平与薪资报酬同步提升。宝鸡石油机械有限责任公司将导师带徒情况与岗位评聘、年度考核相结合，对优秀导师在年终评优、岗位晋升中予以优先考虑。通过采取一系列激励措施，充分激发了“师”“徒”参与培训的积极性、主动性，促进学徒能力培养与企业岗位需求无缝对接，既解决了企业对紧缺人才的需要，又提高了技术工人工资待遇，实现企业、导师、学徒三方共赢。

点评：作为加快企业青年技能人才培养的重要举措，企业新型学徒制的推行需要政府激励推动、企业加大投入、培训机构积极参与，三者缺一不可。宝鸡市的做法成功之处就在于充分发挥了政府、企业和技工院校三者的作用，政府通过建立完善企业新型学徒制制度体系、给予资金支持等进行激励推动；企业立足自身生产经营和技能人才需要，充分发挥技能人才培养主体作用；技师学院利用办学优势，通过校企合作共同培养技能人才。在政府、企业、院校的共同努力下，宝鸡市顺利开展了以“招工即招生、入企即入校、企校双师联合培养”为主要内容，以学习过程与工作过程于一体、实操课题与工作任务于一体、教学场地与工作现场于一体、学习者与工作者于一体的“四位一体”为主要培养模式的企业新型学徒制培训，打通了企业技能人才培养供给的“最后一公里”。

延安市：发展地方特色“延安小吃”助力“六稳”“六保”居民增收

2020 年初新冠肺炎疫情突然暴发，对企业复工复产和劳动者就业创业带来了严重影响，延安市人力资源社会保障局确定了“助企业就是稳就业，稳就业就是安民心”的工作思路，迅速调整培训模式，全面开展线上培训、企业新型学徒制培训、以工代训等助企业、稳就业培训活动。共下拨培训补贴资金 9 450 万元，500 家企业 3.6 万名职工和就业重点群体参加线上培训；260 名职工参加企业新型学徒制培训；747 家企业、4.1 万名职工参加以工代训。既缓解了企业燃眉之急，又打造了一支素质高、技能强的职工队伍。

疫情缓解以后，市委、市政府提出大力发展地方特色小吃产业，切实做好“稳就业”“保居民就业”的工作要求，将地方特色小吃技能培训作为职业技能提升行动的精准发力点，借鉴学习青海省海东市发展“一碗面”产业的经验做法，按照“发展地方特色‘延安小吃’，助力“六稳”“六保”居民增收”的工作思路，在全市全面推动了地方特色小吃技能培训活动。

一、主要做法

一是早谋划，早行动，高位推动特色地方小吃技能培训。按照市委、市政府安排部署，市人力资源社会保障局党组高度重视，积极谋划，迅速落实，成立了特色小吃技能培训工作专班，建立了工作机制，高效推进全市特色小吃技能培训工作。截止到 2021 年年底，13 个县（市、区）共开展 45 期地方特色小吃技能培训，共培训城镇待业人员、农民工、贫困劳动力等 4 099 人（其中贫困劳动力 334 人），实现就业创业 2 960 人（其中贫困劳动力 127 人），就业率达 70% 以上。

二是给政策，给资金，充分调动各方力量参与培训。提取 1 300 万元职业技能提升行动专账资金专项支持特色小吃技能培训，并将补贴标准上浮 20%。对有创办特色小吃企业或个体意愿的学员，给予个人最高 20 万元、企业最高 200 万元的免息创业担保贷款，向创办小吃实体个人发放 5 000 元的一次性创业补贴，有了政策、资金的支持，县（市、区）开展工作信心十足，培训机构积极性强，劳动者热情高涨。

三是强服务，强措施，全力帮扶学员实现就业创业。充分征求劳动者培训意愿，结合本地特色小吃产业，科学制定培训方案，合理设置培训工种，精准组织实施培训，确保每一位培训学员都能学到真本领，掌握一技之长，就业四方吃香。同时建立学员就业创业跟踪服务台账，及时跟进服务措施，积极对接各大餐饮企业，为企业和学员搭建供需平台，助力学员就业；对有创业意愿的学员，提供免费创业指导、创业担保贷款等服务，扶持学员成功创业，确保培训一人、就业一人，创业一人、带动一片。通过地方特色小吃技能培训，5 个多月近 3 000 名学员找到了满意的工作，进入各大酒店、饭店从事小吃制作相关工作；234 人享受到了创业担保贷款，放贷金额 2 757 万元。

四是重宣传，重引导，营造积极参训的良好社会氛围。陕西省人力资源和社会保障厅和延安市人民政府共同主办“全省职业技能提升行动现场推进会暨 2020 年延安地方特色小吃技能培训成果展示技能大赛”，延安市 13 个县（市、区）代表队 350 余人参加活动。比赛共角逐出 15 名金、银、铜奖获得者，现场颁发了奖杯、证书及奖金，并为创业代表发放了创业贷款。参训者纷纷表示：“有了人力资源社会保障部门发的证书，相当于有了‘金字招牌’，更有了贴息贷款，就业创业都不愁了。”本次活动省人力资源社会保障厅给予充分肯定，指出延安市以地方特色小吃技能培训为突破口，大力开展职业技能提升行动，助推重点群体就业创业工作取得显著成效，值得全省推广。

二、经验启示

一是齐心协力，共同努力是保障。市委、市政府高度重视地方特色小吃技能培训工作，多次调研、积极推动，要求整合资源，完善机制，进一步拓宽培训领域，转变培训方式，全面提升职业技能水平，为城乡有劳动能力的居民扩大就业、增加收入发挥更大作用。工会、妇联、共青团和企业院校齐上阵，形成了党委政府领导、人力资源社会保障部门牵头、相关部门参与、职业院校实施，你追我赶的热烈氛围，上下齐心、多方共同努力，有力推动了地方特色小吃技能培训工作。

二是服务产业，关注民需是关键。地方特色小吃紧密联结生产和消费，原材料来源于一产农业种养殖，加工制作依赖于二产加工制造业，经营销售拉动三产餐饮服务业，对一二三产带动融合有直接作用，同时又是外卖、物流、网络营销等新业态的重要组成部分，“小产业”能撬动“大经济”。地方特色小吃技能易于上手、经营方式简便灵活，短期培训有实效，掌握技能即就业，借着“地摊经济”“夜经济”“小店经济”的兴起，能很好地满足就业困难人员迫切就业的意愿和小成本开店创业需要，同时也能满足相关企业的用人需要。自地方特色小吃技能培训开展以来，全市各大酒店、餐饮企业、小吃店主高度关注，城乡各类劳动者广泛参与。延长县二后生烤肉老板介绍道：“二后生烤肉用的是本地养殖的新鲜猪肉、牛羊肉，撒的是延长本地种的辣椒面，才能保证烤肉新鲜、味道地道。”在富县培训班上，多家自媒体营销者在现场通过快手、抖音等平台进行网络直播，介绍当地农特产品和美食，不到一小时就有1万多人点击关注。宝塔区、安塞区报名人数大大超出预期，培训班次一再增加。洛川县地方特色小吃技能培训开班，近千名群众参加。社会各界一致认可此项工作十分有必要，稳就业措施很得力。

三是促进就业，扶持创业是根本。就业创业是技能培训的出发点和落脚点，如何提升小吃制作技能，带动产业发展，促进就业创业，增加居民收入，市人力资源社会保障局把握政策，创新举措，通过大力支持各县（市、区）因地制宜开展地方特色小吃技能培训，将特色小吃产业纳入职业技能鉴定体系、纳入企业新型学徒制体系、支持围绕特色小吃产业创业、支持建设特色小吃就业扶贫基地和社区工厂、支持建设特色小吃产业园区、提升特色小吃知名度和影响力等一系列举措，扩大产业，促进就业，扶持创业。参训学员纷纷表示：“感谢政府搭建的这个培训平台，最有名的小吃师傅现场教学，不愁学不到本事了。”宝塔区二道街夜市经营者白金龙高兴地说道：“以前不知道做什么，经过技能培训以后，就置办了这么个摊位，一个月下来能挣三四千元，给家里增加了不少补贴。”子长煎饼摊主满怀信心：“荞麦红辣椒红摊出子长新天地，煎饼白豆腐白打造红都大产业，我想把煎饼摊做成连锁店，现在有这样的梦想，要为梦想实现而努力。”

点评：以政府专项资金支持特色小吃技能培训，这是根据地方特色，创新职业技能培训内容，以小发力点带动服务大发展，实现学员就业助推地方经济发展。同时，对于有创业意愿的学员，提供免费创业指导、创业担保贷款等服务，确保培训一人、就业一人，创业一人、带动一片，提高广大劳动者参与培训的热情度，推动技能培训发展。

紫阳县：一把修脚刀　修出脱贫路

全国每3位修脚师中，就有一位来自陕西紫阳县。近年来，一把修脚刀成为紫阳县的战贫利器。靠着修脚师技能培训，许多贫困乡亲一技傍身脱了贫。

“八山一水一分田”的紫阳县，是典型的秦巴山区深度贫困县。全县35万人口中，每年有8万多人外出务工。过去，由于缺乏一技之长，他们大多从事矿工、建筑工等职业，就业不稳定，安全事故多。

“素质是立身之基，技能是立业之本。”面对习近平总书记的殷殷嘱托，各地人力资源社会保障部门千方百计推进技能扶贫，紫阳县在实践探索中走出了一条“党政主导+龙头带动+基地培训+定向就业”的技能扶贫之路。截止到2021年年底，该县在外从事修脚行业的人数超过4万人，人均年收入5万元以上。

靠着这门手艺，高滩镇天桥村村民龚成的生活大变样。几年前，由于接连遭遇孩子重病、岳父去世、自己坠崖重伤，他的生活一度陷入困顿。一次从村干部那里了解到修脚技能培训的信息后，他立即报名参加，结业后成为一名普通的修脚技师。由于工作努力、业绩出色，他一步步晋升为远元集团河南分公司郑州市场片区经理，前年年薪已超过30万元。他不仅成为了全村第一位靠技能脱贫的贫困户，还带动周围近60余人脱贫致富。

紫阳县与修脚技能培训“结缘”是在2014年。那时，从紫阳县走出的修脚行业龙头企业陕西远元集团用工需求旺盛，而作为劳务输出大县，紫阳县需要解决大量人员就业问题，双方一拍即合。围绕市场需求，紫阳县为龙头企业搭建就业平台，采取订单定向培训模式，与远元集团合作开展修脚师培训。

政府出资出场地，企业派老师授课，对学员实行“三包两免一补”全免费政策，包吃包住包就业，免学杂费及教材用品费、免费配备生活必需品，补助往返交通费，贫困学员补助生活费。培训结束后，安排学员至对口的远元集团就业，学员也可根据意愿自行就业。

尽管免费政策好、就业有保障，但刚开展时却受到了冷遇。“究其原因，还是大家不了解这个行业，一开始接受不了。”县劳动就业培训中心副主任周刚英说。随着各级干部扑下身子、倾情投入，广泛宣传、上门动员，并且头几期学员走上岗位后挣了钱，口口相传，群众热情逐渐高涨。

“刚开始 1 个月 2 个班次，结业一个再开一个。后来发展到最高峰时 1 个月开 8 个班次，2017 年一年就培训了 7 000 多人。”周刚英介绍，培训基地也由以前的 2 间教室扩大到 2 层楼。在培训班上，还有不少是夫妻、兄弟、姐妹齐上阵，甚至还有不少外省市学员慕名而来。

12 天全封闭技能培训，助身有残疾的城关镇天星村村民王华银打开了就业门路。凭着一技之长，他从贫困户变身收入稳定的修脚师，不到 2 年就还清了家里的外债。高桥镇铁佛村原本是一个贫困村，全村 928 户村民，如今常年在外从事修脚行业的达 1 300 人，2017 年全村农民人均年纯收入达 2.5 万元，累计在当地信用社的存款超过 2 亿元，成为当地远近闻名的富裕村。

随着技能培训渐成规模，加强统筹、规范管理十分必要。紫阳县整合捆绑县“雨露工程”“阳光工程”“人人技能工程”等项目资金，由人力资源社会保障部门牵头抓总，财政部门整合资金，教育部门提供场地，考评部门加强督查考核，龙头企业（协会）负责培训师资力量，形成上下齐力、部门联动的协同推进格局。

技能扶贫，重在精准。紫阳县建立在册贫困劳动力参训台账，实行培训一人、就业一人、销号一人。县培训中心、劳动监察部门主动做好就业监测和劳动保障维权工作，形成“培训 + 输出 + 就业 + 维权”的全程服务保障机制，保障入职人员合法权益。面对突如其来的新冠肺炎疫情，紫阳县及时部署，通过点对点免费直达包车、专列等方式，组织万余名人员尽早返岗就业。

技能唤醒了贫困山区中的战贫力量，点亮了群众脱贫致富之路。截止到 2021 年年底，全县已累计开展修脚师培训 400 余期，先后进入远元集团务工的修脚师就有 1.3 万余人次，月平均工资在 4 500 元以上，其中年薪 50 万至 100 万元的达 100 多人。此外，紫阳人在全国各地开办修脚店面超 9 000 家，年产值 80 亿元，年创造劳务收入 20 亿元，成为贫困山区县域经济转型发展的重要路径。

6年深耕，技能培训硕果累累，成为紫阳战贫的“金字招牌”。紫阳修脚师获评“全国知名劳务品牌”，紫阳技能扶贫获评“第二届中国扶贫典型案例”“全球减贫案例”等荣誉。借鉴这一成功经验，紫阳县不断拓展技能培训内容，大力开展电商创业、职业茶农、特色烹饪、家政月嫂等技能培训，已累计免费培训3.6万余人，其中培训贫困劳动力1.8万余人。靠着一技在身，贫困乡亲们实现稳定就业，彻底斩断穷根奔小康！

点评：“一把修脚刀，修出脱贫路”，紫阳县技能提升行动在实践探索中走出了一条“党政主导＋龙头带动＋基地培训＋定向就业”的县域技能扶贫之路。截止到2021年年底，全县在外从事修脚行业的人数超过4万人，人均年收入5万元以上。紫阳县的技能提升模式坚持了需求导向、产训结合、企业深度参与，实现了劳动者就业与增收多赢效果。

甘肃

兰州市：推广应用电子培训券　服务高校毕业生

一、出台配套政策，加大院校毕业生培训支持力度

制定下发《关于做好全市毕业年度高校毕业生参加职业技能培训有关工作的通知》和《关于深入推进创业培训“马兰花计划”有关工作的通知》，扩大培训对象范围，加大政策支持。全面推开电子职业培训券发放使用工作，利用在兰普通本科院校、技工院校、职业院校数量较多的优势资源，以毕业年度高校毕业生为突破口，大力推进电子职业培训券发放和使用管理，积极组织院校毕业生参加培训，掌握职业技能。

二、实行属地化管理，完善工作推进机制

兰州市人力资源社会保障局会同市教育局召开全市院校毕业生职业技能培训工作座谈会，详细解读运用电子职业培训券推进院校毕业生参与职业技能提升培训相关政策，各院校和各区县人力资源社会保障部门现场进行了业务对接，采取订单式、项目制、“职业培训包”等培训模式，结合院校毕业生职业技能培训需求，打包开展“一次创业培训、一次康养职业技能培训、一次急需紧缺职业（工种）培训”，增强培训实效，提升就业创业综合能力。按照属地化管理工作要求，安宁、榆中、城关等院校集中的县区人力资源社会保障部门、教育部门工作人员积极深入辖区院校，动员院校通过微信公众号、班级工作群等渠道，加强政策宣传解读，有效调动辖区各类院校的积极性，促使广大院校毕业生知晓职业技能培训政策，熟悉电子职业培训券申领和使用流程，积极参加各类培训项目。截至 2021 年年底，已有西北师范大学、兰州财经大学、甘肃政法大学、兰州城市学院、兰州现代职业学院等近 20 所在兰普通高校、技工院校和职业院校参与电子职业培训券发放管理和职业技能培训工作。

三、遴选优质培训资源，提供“点菜式”培训服务

坚持好中选优的原则，从各县区备案培训机构中遴选培训实力强、教学管理规范、培训口碑好的兰州铁路技师学院、兰州资源环境职业技术学院、甘肃五福茶艺职业培训学校、甘肃好好职业培训学校等 22 家职业培训机构作为推荐机构，优先承接毕业年度高校毕业生职业技能培训项目。积极开展院校毕业生职业技能培训需求意向摸底，以院校毕业生培训需求职业（工种）为基础，突出兰州特色，院校毕业生“点菜”、人力资源社会保障部门“配菜”，结合《兰州市 2021 年急需紧缺职业（工种）目录》，汇总形成《职业培训券兰州市已备案培训机构名单及推荐工种》，推荐了兰州牛肉拉面、茶艺师、美容师等 16 个就业前景好、市场需求大的职业（工种），供各类院校毕业生选择。

四、定向券＋通用券，满足“个性化”培训需求

协调省人力资源社会保障厅、财政厅下发《关于向在兰院校毕业生发放职业培训券的通知》，面向兰州地区（含兰州新区）范围内各类普通本科院校、技工院校、中高职院校中具有兰州户籍或拟在兰求职就业的毕业年度未就业高校毕业生发放电子职业培训券，参加创业培训的放宽至普通本科高校、技工院校、中专、高职院校的在校学生，截止到 2021 年年底，全市共面向院校毕业生发放电子职业培训券 2.3 万张，使用 1 万余张。发券方式上，实行定向券和通用券两手抓、两促进，对于已确定培训职业（工种）需求的院校毕业生，发放定向券；对于尚未选择培训职业（工种）的院校毕业生，发放通用券，在兰期间可根据自身培训意愿选择培训机构参加培训。

五、加强组织管理，提升培训券使用效率

印发《电子培训券使用流程》和《职业培训券学员端操作说明》，要求院校毕业生通过本人电子社保卡签到渠道申领职业培训券，自主选择不超过 3 个职业（工种）免费参加培训，同时须在 3 个月内前往相应培训机构使用，提升发券和用券效率。建立兰州市职业培训券发放工作微信群，县区就业服务管理机构和每个推荐培训机构各确定 1 名经办人员，由培训券技术人员集中开展培训，确保掌握职业培训券发券、用券、核券流程。院校毕业生参加培训时出示职业培训券便可参加技能培训，按要求打卡签到；培训机构

管理人员通过电子社保卡等微信小程序验证职业培训券真伪，协助参培人员打卡签到，开展核销职业培训券等工作；人力资源社会保障部门根据培训券培训开展情况，结合职业培训券使用情况，拨付培训补贴资金，确保职业培训券发挥作用。

六、发挥资源优势，鼓励技工院校、职业院校承接培训

注重发挥技工院校、职业院校在基础设施、师资力量、教学体系等方面的优势，鼓励其在办学专业范围内承接政府补贴性培训项目。对承担社会化职业技能培训的技工院校、职业院校，在核定绩效工资总量时予以倾斜。支持技工院校、职业院校开展培训所得收入的 50% 用于学校公用经费，学校培训工作量按一定比例折算成全日制学生培养工作量，职业院校内部分配时，向承担培训教学工作的一线教师倾斜。2021 年以来，兰州铁路技师学院、兰州资源环境职业技术学院积极参与政府补贴性职业技能培训项目，已先后承接企业新型学徒制培训、就业技能培训、创业培训共计 2 500 余人次，取得了良好的培训效应。

点评：兰州作为西部城市，在推广应用电子培训券服务高校毕业生方面取得一定成效。动员广泛，机制灵活，职业（工种）选择适合要求，特别是采用“定向券＋通用券”的方法，满足“个性化”培训需求的经验值得推广。

青海

海南州："四个第一"把方向 "四有新意"显成效

海南州坚持"四个第一"导向，不断提高服务质量，创新服务模式，全面实施职业技能提升行动，有效提升了就业重点群体、企业职工等城乡劳动者职业技能水平和就业创业能力。

一、以促进就业为第一目标，重点群体就业技能有新提升

坚持就业导向，在科学谋划、统筹推进上持续发力，不断提高重点群体综合技能。

一是组织实施高起点谋划。在充分结合经济发展和劳动力就业需求的基础上，全面整合工信、妇联、农牧等部门培训资源，提请州政府印发了《2021 年度职业技能提升行动实施方案》，统筹职业技能培训工作稳步推进。

二是计划落地多渠道联动。针对城镇失业人员、农牧民、高校毕业生等不同类型劳动者培训意愿，在扎实做好新冠肺炎疫情防控工作的前提下，采取技能培训进企业、进乡镇、进社区、进家庭，灵活实施职业技能提升项目，有效满足劳动力多样化、个性化培训需求。

三是工作成效全方位体现。2021 年，全州共开设中式烹饪、青绣、农家乐等 31 个职业（工种）的技能培训项目 200 期，培训城乡劳动力 9 300 人次，其中培训城镇人员 695 人，培训农牧区劳动力 8 605 人。累计培训未就业高校毕业生 281 人，脱贫劳动力 1 283 人。

二、以校企协同为第一动力，企业职工岗位技能有新突破

坚持稳岗导向，在优化服务、政策落实上精准用力，扎实提升企业职工工作能力。

一是模式创新聚合力。统筹制定了《海南州企业新型学徒制培训实施方案》，明确培养对象、培养模式等主要内容，细化人力资源社会保障部门、培训学校、企业责任，规范申报审核、培训实施和补贴申请等具体流程，建立企业、学校、学徒“三位一体”的培训机制，实现了培养模式与企业需求的有机融合。

二是摸排调研挖潜力。积极组织各级人力资源社会保障部门工作人员深入企业对发展现状、用工情况和人才需求、培训需求等情况进行摸底调研，先后与共和县祁连山金河水泥有限公司、贵德县紫恒国际饭店、中国邮政贵南县分公司、黄河上游公司兴海县班多电站分公司等企业多次衔接，协调培训机构开展企业新型学徒制培训。

三是学徒培养增动力。规范落实企业新型学徒制补贴政策，采取先支后补、事后结算的方式，对开展企业新型学徒制培训的企业按规定给予每人每年 4 000 元的职业培训补贴，用于企业开展学徒培训工作。

三、以基地建设为第一工程，技能实训服务体系有新发展

坚持服务导向，在推动整改、发挥作用上开足马力，着力搭建技能实训服务平台。

一是基地建设整体推进。2021 年以来，累计争取省级专项资金 837 万元和地方财政配套资金 300 万元，先后开展州职业技能实训基地、教师用房电子设备及办公家具的安装调试验收以及消防验收等各项工作，基地建设实现了圆满收官。

二是问题整改有序推进。为进一步做好省级审计中反馈的实训基地长期没有开园运营的问题整改工作，2021 年，海南州人力资源社会保障局先后召开专题党组会议 4 次，项目推进会 2 次，不断理清项目建设情况，查找存在的问题，明确整改任务，确保了相关问题及时整改到位。

三是作用发挥持续推进。海南州职业技能实训基地建成后，先后举办了全州劳务输出服务人员能力提升培训班、第七届青海省大学生创业大赛海南州赛区辅导培训会 2 期，培训 130 人，主办了 2021 年共和县残疾人职业技能竞赛等活动，173 名选手参加了藏绣、电焊、家政服务、中式烹饪等 13 个项目的比拼，充分发挥了实训基地的公共属性和社会效益。

四、以绩效考核为第一责任，职业培训规范管理有新成效

坚持公平导向，在绩效评价、结果应用上靶向施力，全面确保职业技能培训质量。

一是练就制度保障的“宽肩膀”。结合海南州实际，在全省范围内率先制定了《民办培训机构年度绩效考核细则》，职业技能培训监管体系不断健全完善。

二是牵住培训入口的“牛鼻子”。为有效消除公职人员勾结中介牟利风险隐患，确保项目招标的公开、公正、透明，从省政务服务监督管理局等七部门发布的 2020 年青海省公共资源交易代理机构场内信用评价考核前 20 家信用 A 级机构中，确定年内无投诉和违规及不规范行动扣分的招标公司承担 2022 年度全州职业技能提升培训招标任务。

三是细耕绩效考核的“责任田”。抽调州县就业部门负责同志组建联合考核组，先后 2 次赴海南州、西宁市、海东市、黄南州对 33 家承担 2021 年海南州技能培训任务的培训机构，从办学情况、教学管理、培训效果、财务管理等方面进行综合绩效考核，并将培训机构总体考核等次列为下年度技能培训招标的重要依据，进一步激发了各类培训机构开展技能培训的主动性和积极性。

点评：青海省海南州坚持就业导向，科学谋划、统筹推进，全面实施职业技能提升行动，取得了很大成绩。针对城镇失业人员、农牧民、高校毕业生等重点群体，采取技能培训进企业、进乡镇、进社区、进家庭，灵活实施职业技能提升项目，有效提升了就业重点群体职业技能水平和就业创业能力；针对企业职工，开展企业新型学徒制培训，明确人力资源社会保障部门、企业和培训学校责任，校企合作培养技能人才，满足了企业技能人才需求；争取财政资金支持，加大职业技能实训基地建设，提高了职业技能培训能力；加强职业技能培训监管体系建设，严格实行培训绩效考核，保障了培训工作规范有序和资金安全。

宁夏

固原市：大规模开展技能培训　助推劳动力增收脱贫

固原市是宁夏回族自治区脱贫攻坚的主战场。近年来，固原市坚持把技能扶贫作为激发贫困群众内生动力、提高贫困劳动力就业水平的主要措施，加强领导、统筹施策、稳步推进，取得了明显成效，主要采取“344”工作模式，推动职业技能培训工作上台阶。

一、突出“三类培训”

一是大力开展城乡劳动力技能培训。以脱贫销号村建档立卡户中35岁以下劳动力为重点，集中开展社会服务、机械操作、建筑工程、农业种养殖等各类培训。农村劳动力特别是建档立卡贫困劳动力通过学技能、提素质，达到补短板、拓就业、促增收的目的。自2019年以来，全市累计开展各类补贴性职业技能培训11.4万人次（其中建档立卡贫困户4.2万人次），参加职业技能认定6.7万人，有4.8万人取得国家职业资格证书、等级证书。

二是大力开展创业培训。把创业培训与创业扶持政策落实相结合，将有创业意愿和培训需求的城乡劳动者全部纳入创业培训范围，紧盯创业群体培训需求，突出创业实训，加强创业指导，提升创业能力。2019年以来，共开展创业培训6 210人次，其中，培训后当期实现自主创业3 156人，创业带动就业2.7万人。

三是大力开展产业工人培训。对入驻园区企业、转移就业基地的职工开展订单培训，对转移输出到企业的农民工开展岗前培训，对就业吸纳能力强的企业开展技能提升培训。2019年以来，共为194家企业的1.8万名员工进行了岗前、在岗和以工代训等培训。

二、狠抓“四个精准”

一是狠抓培训对象精准。紧盯市场、企业、群众需求，对有培训意愿和就业能力的贫困户、已脱贫户，逐村逐户进行调查摸底、登记造册、广泛宣传，实现培训全覆盖，确保培训对象精准，实现由“要我培训”到“我要培训”转变。

二是狠抓培训内容精准。围绕打造固原保姆、固原月嫂、固原厨师等劳务品牌，拿出 30% 的培训指标，用于开展家政服务、养老护理、中式烹调、刺绣、手工编织等就业技能培训，按照区域经济发展和培训特点，开展“一县一品”创建活动。根据自治区九大产业和全市“5+4”产业发展需求，有针对性地开展容易就业、收入较高的职业工种，培训工种从以前较少的几个发展到目前 30 多个。

三是狠抓培训机构精准。深化“放管服”改革，全面推行职业技能培训机构“告知承诺制”，从全区定点培训机构中好中选优，让师资力量强、信誉度高的培训机构承担培训任务。制定《固原市职业技能培训机构管理办法》，加强对培训班的规范化、标准化管理，确保培训质量。

四是狠抓培训结果精准。建立完善职业指导、技能评价、就业服务与技能培训协同联动机制，通过培训促进就业，增加收入。将小型招聘会办在培训班上，鼓励劳动密集型企业、农业合作社、扶贫车间等各类创业载体吸纳培训学员就近就地就业。加强与福建、新疆、珠三角及区内重点用工企业劳务对接，帮助有一技之长的农村劳动力外出就业，加快实现农村劳动力从简单的劳动务工向技能就业转变，培训后就业率达到 76.1%。2021 年，农村劳动力转移就业 33.7 万人，实现工资收入 73.4 亿元，农民人均可支配收入中工资性收入占 40% 以上。城镇居民人均可支配收入 3.3 万元，增加 2 494.3 元，增长 8.3%，增速居宁夏五市第一。

三、强化“四个保障”

一是强化组织保障。市委市政府高度重视技能扶贫工作，把职业技能培训作为推进脱贫攻坚、实施扶贫扶志的治本之策，成立工作领导小组，各县（区）也成立相应的领导小组。人力资源社会保障部门牵头整合农牧、扶贫等部门培训资源，各部门主动出击，密切配合，采取“五统一”培训模式开展培训，形成工作合力，确保技能培训全行业、全产业链覆盖，有效推动全市劳动力素质提升技能培训工作。

二是强化政策保障。在贯彻落实自治区技能培训相关政策的基础上，结合固原实际，相继出台了《固原市劳动力技能培训规划（2015—2020年）》《固原市关于进一步提高劳务产业组织化程度促进贫困群众增收的指导意见》《固原市关于打赢脱贫攻坚战三年行动职业技能培训工作的实施意见》《固原市职业技能提升行动实施计划（2019—2021年）》，明确培训政策、培训任务、培训目标、培训内容，确保全市技能培训工作有计划、有步骤、有重点开展。

三是强化资金保障。在用好自治区培训指标和培训资金的同时，各县区及时建立职业技能培训行动资金专账，对本地资金不足的积极向自治区申请调剂。同时，实行分账核算、专款专用，对培训进展情况和专账资金支出情况实行通报制度，依法依规做到即培即兑，提高资金使用效率。

四是强化机制保障。坚持问题导向和目标导向，建立健全督查通报机制，每月对各县（区）培训、鉴定情况进行督查通报。将技能培训工作纳入县（区）效能目标管理考核体系，与就业创业任务完成情况一并考核，推动技能培训和转移就业工作有效衔接。

点评：固原市在脱贫攻坚方面突出城乡劳动力技能培训、创业培训、产业工人培训，通过调查研究采取一系列措施，使得培训对象精准、培训内容精准、培训机构精准、培训结果精准，各项保障措施有力，强化组织保障、政策保障、资金保障、机制保障，推动“一县一品”地方特色职业技能培训工作上新台阶。

新疆

喀什地区：加快技能人才培养　全面推进乡村振兴

喀什地区坚决贯彻落实自治区党委、人民政府关于做好职业技能提升行动和农村劳动力培训全覆盖工作安排部署，加强组织领导，强化工作措施，扎实推进职业技能培训标准化建设、规范化运行，有序开展农村劳动力职业技能轮训，加快培育高素质劳动者和技术技能人才，为推动巩固拓展脱贫攻坚成果同全面推进乡村振兴有效衔接、实现社会稳定和长治久安提供有力人才支撑。

一、领导重视，高位推动

地委、行署高度重视职业技能提升行动和农村劳动力培训，分别由地委组织部、宣传部、地区人力资源社会保障局牵头负责，明确职责，细化措施，各县市、乡镇参照成立培训工作领导小组，建立健全地、县、乡三级联动的领导体系，形成行业部门和县市协调联动、齐抓共管的培训格局，确保培训工作组织有力、落实到位。全面对有组织转移劳动力开展“技能＋国语＋基本劳动素质培训”，各类企业开展岗前、在岗技能提升、转岗等培训，全面提升劳动力稳定就业能力。

二、创新“五种教学方式”

坚持理论与实践相结合，采取案例式、体验式、观摩式、互动式、实物教学等教学方式，提升教学效果。案例式教学，采取现身说法、讲解案例、观看警示片等形式开展法治教育、防极端化教育；体验式教学，组织学员到学校周边设置的种植、养殖实训基地，教师现场授课，学员亲身参与；实物教学，将蔬菜、瓜果、苗木等实物搬到课堂开展农业实用技术培训，激发学员兴趣；观摩式教学，组织学员到农业示范园、园区企业、乡村振兴示范点、示范户等地现场观摩，开阔学员视野，有效提升学员外出就业积极性；互动式教学，师生之间、学员之间开展互动交流，分享学习心得，邀请致富带头人讲解致富经验，与学员进行互动，相互启迪、取长补短。其中喀什技师学院阿卜杜如苏力·萨塔尔老师在2021年6月举行的“羊肉烘烤”项目自治区选拔赛上，以第一名成绩继续留在队中，并在全国乡村振兴职业技能大赛中获得“羊肉烘烤”项目金牌。来自喀什地区伽师县2018级机电工程系毕业生买吾兰江·沙吾提，在2019年6月举办的喀什地区职业技能大赛中获得了焊工项目一等奖；2019年11月，在三区三州职业技能大赛中，获得了焊工项目学生组的铜奖。喀什技师学院旅游2001班的学生古丽呀尔·艾孜提艾麦尔，今年才19岁，在全国乡村职业技能大赛喀什地区选拔赛中获得餐厅服务项目学生组第一名；参加自治区选拔赛时，也不负众望地取得了自治区选拔赛第一名，最终在全国乡村职业技能大赛中拿到了全国赛餐厅服务员项目学生组的铜牌。他们将自己的亲身经历和感受分享给大家，以此激励师生，立足本职，弘扬工匠精神，相信未来就掌握在自己手中。

三、紧扣“四个结合”

结合乡村振兴和人居环境整治，在培训过程中加入养成教育培训，着力增强劳动力组织纪律观念和培养良好生活习惯；结合劳动力就业意愿，按照“缺什么、学什么”的原则，开展职业技能和实用技术培训，着力保障实现2022年人均增收1 000元的目标；结合文化润疆工程，开展国家通用语言文字教育、文化体育娱乐活动和唱红歌活动，增强中华民族共同体意识；结合群众工作需求，开展法制教育和防极端化教育，用身边的事教育身边的人，引导群众自觉学法、遵法、守法、用法。

四、创新培训，增强实效

分层分类开展冬季大培训，30岁左右人员集中在县市技工学校封闭式培训，每期培训45天；40岁左右人员集中在乡镇农牧民学校走读式培训，每期培训10至15天，免费提供午餐；45岁左右人员利用村级夜校走读式培训，每期培训10至15天；截至2021年年底，“冬季大培训”共开展培训9.5万人。

五、“馕产业”培育就业新引擎

以市场为导向，以促进就业扶贫为重点，充分发挥喀什馕产业在脱贫攻坚、增加就业、增收致富的重要作用，采取县市馕产业园＋打馕合作社＋传统手工馕个性化定制作坊，让馕产业成为带动就业的支柱产业之一。举办“2021 年喀什地区馕品技能大赛”，通过大赛不断提升打馕工人技能，大力培养打馕产业工人，截至 2021 年年底，已培训馕师（中式面点）1.1 万人次。

六、强化资金保障

统筹用好自治区支持资金、乡村振兴资金、人力资源社会保障资金、援疆资金，保障好教学、实训以及学员的住宿、学习用品等，合理确定补贴标准，做好学员伙食保障。已支出职业技能提升补贴资金 6 218.676 万元，涉及 68 532 人次。

点评：喀什地区技能培训的亮点在于：一是创新了接地气的“五种教学模式”；二是紧扣经济社会发展与劳动者技能和综合素质的四个提升相结合；三是培训补贴与学员的生活交通补贴的综合施策，调动学员积极性；四是在于有“馕产业”培育就业新引擎，打造了技能＋就业创业＋增收＋社会和谐稳定的良性生态系统。

兵团

第八师：全面提升就业和创业能力 职业技能提升培训开启新征程

开展职业技能培训是实施就业优先政策，实现更高质量、更充分就业的重要举措，是贯彻人才强国战略和创新驱动发展战略的重要支撑，是推动“六稳”“六保”任务的重要抓手。按照党中央、国务院决策部署，在兵团党委、兵团人力资源社会保障局领导下，八师石河子市闻令而动、尽锐出战，在构建终身职业技能培训制度大格局下，在工作措施上突出“实”，在培训模式上突出“新”，在保障力度上突出“强”，全面推进职业技能提升行动在八师石河子市落实落地。

一、强化政策落实，加大培训力度

2019 年以来，师市聚焦就业重点群体、特色产业岗位、市场急需职业（工种），深入开展职业技能培训，共培训学员 10.1 万人次，累计发放职业技能培训补贴资金 6 381.85 万元。尤其是 2020 年，为应对新冠肺炎疫情，积极贯彻落实国家职业技能提升行动“互联网 + 职业技能培训计划”，以市场需求为导向，鼓励支持广大劳动者特别是城镇登记失业人员、毕业学年高校毕业生等 5 类人员参加线上职业技能培训，支持中小微企业强基础、渡难关，共培训学员 2.1 万人，发放培训补贴资金 857 万元。

二、职业技能提升培训亮点工作

一是全方位抓好企业新型学徒制培训。产教深度融合，引导职业院校与行业、企业共建技能人才培养和技术研发平台，培养适应现代企业发展和企业技术创新需要，面向各类企业全面推行企业新型学徒制，提高培训质量。其中，2019 年天富集团与天富学院签订企业新型学徒制合作协议，培训 100 人，石河子职业技术学院与天业学院签订企业新型学徒制合作协议，培训 752 人，共计培训 852 人；2020 年石河子职业技术学院与天山铝业签订企业新型学徒制合作协议，共计培训 3 个专业 1 000 人；2021 年石河子职业技术学院与合盛硅业、天山铝业签订企业新型学徒制合作协议，共计培训 6 个工种 1 150 人。

培训采用理论与实际相结合、线下线上相融合、分散学习与集中教学互补充，充分整合企业与学院的优质资源，以学员为中心，提高学习的针对性和自主性，将理论知识应用于工作实践中，提高工作效率，提升技能水平。创新培训模式，提高培训积极性，根据当下年轻人的喜好，理论授课增加了互联网平台授课方式，建立了专门网站，并推出“微课”教学，教师将制作好的课程 PPT、视频、微课上传，学员可以根据个人实际情况自由安排时间上网学习，并完成作业及任务。实践培训以“师带徒”的形式完成，师傅“手把手”带徒，使工作变学习，学习促工作。

企业严格遵循“政府引导、企业为主、院校参与”的原则，采取“企校双制、工学一体”的培养模式，建立健全的“积分制”人才识别体系，让每一位员工能够真正“站得稳、留得住、走得远”。院校与企业通过强化师资力量、场地设备、工艺创新等方面的合作，使培训取得了一定的成效。天山铝业各子公司及事业部在企业新型学徒制实施工作过程中，加强过程管控。管控工作具体到每个节点都有培训辅导、有任务跟进、有评比奖励、有验收考核。培训中善于总结、善于学习，将好的工作经验相互分享，不断完善做到更好。

石河子职业技术学院严格筛选最优秀的教师成为校企双师联合培养人，定期赴企业开展理论培训与实操指导工作，使学员综合素质全面提高。企业内部同时实行“师带徒”导师指导培养模式，指导学员进行岗位技能操作训练，使学员达到职业技能标准和岗位要求，具备从事相应技能岗位工作的基本能力。通过一年的校企联合培养，有 761 名企业新型学徒制学员顺利取得中级国家职业资格证书，实现学校培养与企业用人的有效衔接。

二是精准把握以工代训培训政策落实。面对突如其来的新冠肺炎疫情，为有效应对疫情形势和经济下行压力对就业的影响，做好常态化疫情防控下的稳就业工作。积极开展以工代训促企业稳岗扩岗行动，对全市中小微企业和受疫情影响较重的外贸、住宿餐饮、文化旅游、交通运输、批发零售等“五大行业”企业，全面落实“以工代训”补贴政策。累计发放补贴资金403.6万元，补贴1.3万人次，惠及企业53家。

加强组织领导，强化政策支撑。强化以工代训政策落实的组织保障，成立工作领导小组，对以工代训政策进行集中学习、研讨，吃透文件精神，为全面落实政策提供理论保障。领导小组对政策落实情况采取定期与不定期督导检查，对落实中存在的痛点、难点问题进行破解，确保以工代训工作有序开展。

创新方法手段，提高政策落地质量。推动申领简化提速，便利企业更快享受补贴。积极探索“承诺制”改革，明确企业在申请新吸纳就业补贴时，仅需提交审批表、花名册、工资发放证明、社保明细、基本账户信息和企业承诺书，无需再提供以工代训行为、补贴支出情况等证明，显著提升了办事体验。对企业提交的补贴申报业务进行及时审核和公示，压缩业务办理时间；对经公示符合条件的企业及时进行资金拨付，保障政策落实的时效性。企业创新方法手段，结合企业技术特点、师资力量、工人技能水平等组织有针对性的培训。石河子市公共交通有限责任公司在疫情期间开展以工代训481人，根据公司发展人才需求，积极拓展培训渠道，线上搭建培训平台、线下外聘培训师资、对内组建内训师资队伍。在公司各部门各岗位中，广泛选拔品德素质好、技能水平高、业务能力强、人际威望高的骨干作为导师人选，经考核合格后入选导师库。对入职后的新员工指定导师，进行以工代训培训，进一步优化人才结构，提升公司的人才储备。

强化宣传引导，实现政策精准推送。主动对接有关部门，共同做好政策宣传，根据职责分工，对本部门、本行业领域内的企业进行点对点、有针对性的政策宣传。通过开展政策宣传进企业、进园区等政策宣传主题活动，利用微信公众号等渠道，“点对点”精准开展入企政策宣讲，变“企业找政策”为“政策找企业”，切实扩大了政策知晓度。

三是订单式技能培训，精准提升职业能力，促进更高质量就业。积极围绕市场紧缺的职业开展职业技能培训，将急需紧缺职业培训与就业相结合，通过订单式培训模式，将职业技能培训与用人单位紧密结合，根据用人单位需求开展培训，达到培训即就业的效果。石河子安保职业技能培训学校于2021年6月开展70人保安员初级工培训班，培训中将职业道德、职业规范、消防安全、就业指导等内容贯穿全过程，坚持加强培训质量与培训效果管理，切实提升学员技能。经过培训，64 人取得国家职业资格证书，并在石河子市金盾保安守护押运有限责任公司就业，保安员培训班就业率达到 91.4%，月平均工资为 3 500 元左右。

四是推进农村电子商务发展，抓好新业态培训。充分发挥电子商务在新就业新业态中的积极作用，着力解决师市待业人员和团场特色种养殖户理念不新、观念陈旧等问题，通过直播带货、直播销售等新产业新业态的模式，拓宽销售渠道、提高销售水平，增加产品收入。开展电子商务师、网店运营、网店操作、网络销售、微店组建与服务等电商类培训 2 266 人次。通过培训，让大家了解到当前农村电商在新业态经济的发展和运用，把握农村电商发展的趋势，更为学员们提供了互相交流、互相学习、互相促进的平台，也为团场职工能够资源共享、共同提高、快速成长、抱团发展搭建桥梁，让广大团场职工在农村电商新业态就业模式下建设力量更强劲、步伐更坚实、贡献更突出。

五是健全技能人才多元化评价体系。师市依托大中型国有企业，建立高技能人才带头人制度，发挥技能人才在解决技术难题、进行技术创新和带徒传技方面的重要作用。截止到 2021 年年底，经师市人力资源社会保障部门考核鉴定（认定）并取得证书的技能人才总数为 6.8 万人次，其中初级工 1.5 万人次，中级工 2.7 万人次，高级工 5 238 人次，技师 582 人次，高级技师 124 人次，专项能力鉴定 2 万人次。

六是拓宽技能人才晋升空间和发展渠道。天富集团推行管理队伍、专业技术队伍、生产技术队伍、政工人才队伍“四支队伍”建设，每年开展“四支队伍”高级专家、技师评聘工作，其中高级专家、技师享受所在单位领导班子成员工资待遇，人均年收入达到 18 万元。天业集团建立了管理岗、技术岗、操作岗三个并列的职级对应关系：集团副总、首席工程师、首席技师处于同一职级，分公司经理、高级工程师、高级技师处于同一职级，正科级管理干部、工程师、技师处于同一职级，科员、助理工程师、高级工处于同一个职级。较好地化解了技能人才职业生涯规划的“天花板”问题，极大地调动了技术骨干的工作积极性。

七是推进高技能人才“带徒传技”。截至 2021 年年底，师市共有 5 个国家级大师工作室。其中，天富集团依托国家级杨建立焊接大师工作室、国家级程威电工大师工作室，以培训和专业技术攻关为目标，大力开展各职业（工种）技能培训、内部教材开发、竞赛交流等培训活动，历年来已累计培养技能人才 986 人，其中高技能人才 442 人；承办全国、兵团等级职业技能竞赛集训提高班 3 次。技能大师绝技绝活及技术技能创新成果得以加速传承和推广。

八是岗位练兵和技能竞赛活动助力高技能人才成长。积极举办师市职业技能竞赛活动，共举办 4 次师市范围内职业技能竞赛活动。积极参加兵团职业技能竞赛活动，八师代表队获得团体一等奖 6 次。积极参加国家级职业技能竞赛，2020 年师市选派 5 名裁判员、7 名参赛选手加入兵团代表队，参加第一届全国职业技能大赛，选手刘家成在云计算赛项上荣获优胜奖，入选世界技能大赛云计算国家集训队。2021 年，石河子职业技术学院在第七届中国国际“互联网 +”大学生创新创业大赛总决赛中获金银铜奖各一枚，取得参加该赛事以来最好成绩，实现了新疆和兵团职业院校金奖“零”的突破。

九是贯彻落实技能人才评价工作。根据兵团技能人才评价的总体要求，师市着力构建技能人才评价体系，推动企业、培训机构和职业院校申报技能人才评价机构。截止到 2021 年年底，已批准成立 2 家职业技能鉴定所、6 家用人单位评价机构、6 家社会评价组织、1 家技工院校评价机构和 7 家专项能力考核鉴定机构。技能人才评价体系完整，评价范围丰富，已开展各类技能人才评价 38 456 人次。

点评：新疆生产建设兵团八师石河子市全面推进职业技能提升行动，聚焦就业重点群体、特色产业岗位、市场急需职业（工种），深入开展职业技能培训，全面推行企业新型学徒制，积极开展以工代训促企业稳岗扩岗行动，惠及企业 53 家；针对农村电子商务等新业态发展需要，开展电子商务师、网店运营等电商类培训，积极探索和完善多元化技能人才评价体系。

稳就业　惠民生　促发展
——职业技能提升行动成果集